Krallenfrösche Zwergkrallenfrösche Wabenkröten

Pipidae in Natur und Menschenhand

Kriton Kunz

135 Fotos
3 Grafiken
2 Tabellen
13 Zeichnungen

Para Ana Lucía

Bildnachweis Umschlag
Titelbild: *Pipa aspera* Foto: D. Massemin
Hintergrund: *Pipa pipa* Foto: D. Massemin

ISBN 3-931587-75-4

An der Kleimannbrücke 39/41
48157 Münster
Geschäftsführung: Matthias Schmidt
Lektorat: Heiko Werning
Layout: Angela Neuhäuser
Druck: Remarks-R, Riga

Inhaltsverzeichnis

Vorwort

„Angesichts der fortschreitenden Zerstörung der Umwelt holt sich der gestresste Stadtmensch gerne ein Stückchen heile Natur ins Wohnzimmer." So oder ähnlich lassen die Autoren ungezählter Aquaristik- und Terraristikbücher ihre Einleitung beginnen, um dann jeweils ungeniert für ihre ganz speziellen Lieblinge zu werben.

Das Buch, in dem Sie gerade lesen, ist den Fröschen aus der Familie der Zungenlosen (Pipidae) gewidmet. Ich mache aber beileibe keine Werbung für diese Tiere! Ganz im Gegenteil, ich rate Ihnen dringend, sich die Anschaffung der feuchten Kameraden besser dreimal zu überlegen. Sie planen, sich nur ein einziges Pärchen Zwergkrallenfrösche als Beibesatz für Ihr Zierfisch-Aquarium zuzulegen? Lediglich zwei, drei Wabenkröten sollen Ihnen einen Ausschnitt des südamerikanischen Regenwaldes nahe bringen? Das meinen Sie jetzt, aber in Kürze werden Sie mehrere Becken für Krallenfrosch & Co. eingerichtet haben. Glauben Sie mir, ich spreche aus Erfahrung! Vor vielen Jahren bemerkte ich bei einem Zoohändler ein halbes Dutzend Zwergkrallenfrösche, die völlig falsch gehalten wurden und dahinvegetierten. Meine Verbesserungsvorschläge stießen leider beim Verkäufer auf taube Ohren, und die armen Tierchen magerten mehr und mehr ab. Zwergkrallenfrösche sind sehr preiswert, beanspruchen nur wenig Platz, und außerdem hatten sie mich schon als Kind als Highlight unseres Aquariums begeistert. Also kaufte ich kurz entschlossen die sechs Frösche, um sie vor dem sicheren Tod zu retten. Nur kurze Zeit, nachdem ich sie wieder hochgepäppelt hatte, stellten sich erste Nachzuchterfolge ein. Dann lernte ich den erfahrenen portugiesischen Pipiden-Spezialisten Noémio A. M. de Sousa kennen. Hatten mich die Zwergkrallenfrösche ohnehin schon in ihren Bann geschlagen, so taten nun der rege Briefwechsel und Erfahrungsaustausch mit diesem versierten Züchter ein Übriges. Seitdem ließ mich die Begeisterung für Pipiden nicht mehr los. Ich richtete an sämtlichen möglichen und unmöglichen noch freien Plätzchen Aquarien für die Frösche ein, bemühte mich um jeden erreichbaren Schnipsel Literatur über ihre Biologie und Zucht, veröffentlichte eigene Beobachtungen und knüpfte Kontakte zu Gleichgesinnten.

Was aber fasziniert Pipidenfreunde so an ihren Lieblingen? Obwohl zumindest die Große Wabenkröte doch recht bizarr und die Krallenfrösche ziemlich ulkig aussehen, ist es wohl weniger ihr Äußeres, das Pipiden so anziehend macht – auf bestechende Farben gar wird man zumindest bei oberflächlichem Hinsehen beim größten Teil der Arten verzichten müssen, schwärmt man nicht gerade zufällig für Matschbraun oder Steingrau. Dafür entschädigen jedoch vollauf das oft „zutrauliche", muntere, aufmerksame und etwas clowneske Wesen sowie vor allem das äußerst vielseitige Verhaltensrepertoire der Tiere, das im Fall der Zwergkrallenfrösche sogar schon den Vergleich mit Pfeilgiftfröschen provozierte. Bspw. besetzen diese kleinsten Vertreter ihrer Familie Reviere, die sie in heftigen, auf den Betrachter allerdings eher tragikomisch wirkenden Ringkämpfen verteidigen. Bei Krallenfröschen ist es u. a. das ungestüme und etwas rüpelhaft anmutende Fressverhalten, das den Zuschauer fesselt. Und bei den Wabenkröten muss natürlich an erster Stelle die spektakuläre Art der Brutpflege genannt werden, die bereits die große Naturforscherin Maria Sybilla Merian an der Wende zum 18. Jahrhundert in Erstaunen versetzte.

Ich könnte nun noch endlos weiterschwärmen, könnte z. B. die spannende Jagdmethode der Zwergkrallenfrosch-Quappen und das beeindruckende Schwarmverhalten der Krallenfrosch-Larven erwähnen oder von den hoch spezialisierten Sinnesorganen der Pipiden berichten – aber dann würden Sie am Ende glauben, ich wolle doch Werbung für Pipiden betreiben.

Speyer, im April 2003

Dank

Ohne die großzügige und uneigennützige Hilfe vieler Personen hätte das hier vorliegende Buch in dieser Form nicht verwirklicht werden können.

Besonders herausheben möchte ich die wirklich ganz außergewöhnliche Gastfreundschaft, die ich in der „Station de Zoologie expérimental“ der Universität Genf genießen durfte. Prof. Dr. Duri Rungger und Dr. Charles Thiébaud luden mich ein, die dort gehaltene, weltweit einzigartige Sammlung fast aller bekannten *Xenopus*-Arten und Unterarten zu besichtigen, und gestatteten mir, Fotos der Tiere – darunter auch noch unbeschriebene Taxa – für dieses Buch anzufertigen. Darüber hinaus versorgten sie mich ebenso wie Prof. Dr. Hans Rudi Kobel, der außerdem das Manuskript kritisch durchsah, mit weiteren, teils noch unveröffentlichten Informationen und halfen mir auch sonst in jeder Hinsicht in einer ebenso liebenswürdigen wie zuvorkommenden Weise weiter. Slim Chraiti übernahm mit großer Geduld die technische Seite der Digitalfotografie, André Solaro fing für die Fotos Frösche aus den Haltungsbecken, erlaubte mir aber auch, mich im Labor frei zu bewegen und selbst Frösche zu „angeln“, beantwortete mir viele Fragen und kam mir in allen meinen Wünschen entgegen, wie überhaupt das gesamte Team in Genf, dem mein herzlichster Dank gilt!

Auch die im Folgenden in alphabetischer Reihenfolge genannten Personen trugen maßgeblich zum Gelingen dieses Buches bei: Manfred Beier, ein hervorragender Kenner der Materie, machte sich die Mühe, gleich zwei Manuskriptversionen kritisch zu lesen, und brachte wichtige fachkundige Anmerkungen sowie Literaturtipps ein. Christian O. Buchacher stellte mir großzügig äußerst interessante, unveröffentlichte Beobachtungen zu *Pipa arrabali* zur Verfügung. Der erfahrene Tiermediziner und *elaphe*-Redakteur Tobias Eisenberg sah den Part über Quarantäne und Krankheiten kritisch durch und brachte fachkundige Ergänzungen ein. Dr. Frank Glaw verdanke u. a. den Hinweis auf den Ruf von *H. curtipes* sowie den Kontakt zu Dr. Gaetano Odierna, der für mich freundlicherweise die Chromosomenzahl einer von mir gepflegten Form Tropischer Krallenfrösche bestimmte und weitere Untersuchungen zur Genetik dieser Tiere durchführte. Angela Neuhäuser vom Natur und Tier - Verlag sorgte für das gelungene Layout und ging bereitwillig auf meine Vorstellungen ein. Mit Dr. Wendy Olson pflege ich einen regen Gedankenaustausch zur Systematik der Zwergkrallenfrösche und verdanke ihr außerdem wertvolle, unveröffentlichte Informationen aus ihrem *Hymenochirus*-Labor. Matthias Schmidt, der Geschäftsführer des Natur und Tier - Verlags, nahm das Manuskript in sein Buchprogramm auf und kam mir bei Wünschen zur inhaltlichen Gestaltung sowie zur Ausstattung jederzeit sehr entgegen. Darüber hinaus danke ich ihm herzlich für das hervorragende und vertrauensvolle Arbeitsverhältnis. Mit Noémio A. M. de Sousa stehe ich seit langem in regem Briefverkehr und Gedankenaustausch über Pipiden. Ihm verdanke ich eine Vielzahl interessanter Frösche ebenso wie wertvolle Informationen und nicht zuletzt den wichtigsten Anstoß zu meiner intensiven Beschäftigung mit der hier vorgestellten Amphibienfamilie. Meine polyglotte ehemalige Kollegin, Claudia Stieneker, stellte Kontakte ins Ausland her, die sich in vielerlei Hinsicht als für den Entstehungsprozess dieses Buches sehr wichtig erwiesen. Martin Truckenbrodt, mit dem mich seit langem eine „Froschfreundschaft“ verbindet, betreibt eine im Wortsinn ausgezeichnete Website zum Thema Pididen und las das Manuskript kritisch. Last, but not least gab mir Heiko Werning, Chef-Redakteur der Fachmagazine REPTILIA und DRACO, dem ich an dieser Stelle auch aufs Herzlichste für die vertrauensvolle Zusammenarbeit danke, den letzten Schubs, mit einem Manuskript über Pipiden zu beginnen, und lektorierte es in seiner gewohnt souveränen und fachkundigen ebenso wie sehr augenzwinkernden Art und Weise.

Äußerst interessantes und seltenes Bildmaterial überließen mir großzügig Christian O. Buchacher, Dr. Brunella Colombelli Thiébaud, Slim Chraiti, Dr. Frank Glaw, Prof. Dr. Walter Hödl, Dr. Jürgen Fleck, William W. Lamar, David Massemin, Dr. Gaetano Odierna, Dr. Elisabeth Rungger-Brändle und Prof. Dr. Peter Weygoldt. Allen genannten Personen, allen Autoren der für dieses Buch ausgewerteten Arbeiten sowie allen Zeitschriften-Redaktionen, die freundlicherweise Abdruckgenehmigungen für die Zeichnungen erteilten, mein herzlichster Dank! Ein besonderes Dankeschön meiner Familie!

Herzliche Grüße ans gesamte Team des Natur und Tier - Verlags nach Münster!

Informationsergänzung

Der Einsteiger wird vom Zoohändler – der in den meisten Fällen die Bezugsquelle der Frösche darstellt – in vielen Fällen allein gelassen oder sogar falsch beraten. Davon zeugen neben dem manchmal jämmerlichen Zustand der Frösche in den Becken gewisser Händler auch die hohen Stückzahlen verkaufter Tiere: Erhielten die Kunden stets eine sorgfältige Beratung, so wären sie imstande, die meist leicht züchtbaren Tiere selbst zu vermehren, und der Handel mit professionell „produzierten" Tieren müsste stark zurückgehen. So aber wundert sich der nicht informierte Aquarianer, dass seine Zwergkrallenfrösche schon nach ein paar Tagen zugrunde gehen, obwohl er sie doch so reichlich mit Zierfischflocken fütterte, wie es ihm vom Zoohändler angeraten wurde. Er kauft sich also für ein paar Euro neue Tiere, das Desaster wiederholt sich, und er verliert das Interesse.

Angesichts dieses Missstandes konzentriere ich mich in diesem Buch darauf, vor allem Anfängern in der Pipidenhaltung die Pflege und Nachzucht der häufig angebotenen Arten ausführlich zu schildern und einige grundlegende Einblicke in die Biologie und die Bedeutung der Pipiden als Labortiere zu vermitteln.

Wer bislang noch keine Erfahrung mit der Aquaristik oder mit Amphibien generell gesammelt hat, sollte sich unbedingt gründlich durch allgemein einführende Werke informieren (siehe Literaturverzeichnis), denn ich kann hier auf das Basiswissen nur so weit eingehen, als es speziell die „Stars" dieses Buches betrifft.

Pipiden, allen voran der Große Krallenfrosch (*Xenopus laevis*), sind zusammen mit dem Axolotl (*Ambystoma mexicanum*) die am besten erforschten Amphibien überhaupt. Bei der unübersehbar reichen Literatur musste daher eine sehr strikte Auswahl getroffen und manches verkürzt dargestellt werden, viele speziellere Aspekte ließen sich, wenn überhaupt, nur ganz am Rande streifen. Jedoch bietet das Literaturverzeichnis eine Auswahl meiner Meinung nach besonders interessanter Zeitschriftenbeiträge und Bücher, anhand derer Sie sich zu einzelnen Themenkomplexen weitergehend orientieren können. Die Spannweite reicht dabei von Aquaristikeinführungen über ökologische und taxonomische Untersuchungen bis hin zu laborrelevanten Methoden; die Literatur zur Haltung und Nachzucht ist wohl sogar zum größten Teil erfasst.

Jungtiere von *Xenopus laevis* wie dieses gelangen massenhaft in den Handel. Foto: K. Kunz

Viele der gelisteten Artikel werden Sie in der Regel nur per Fernleihe bestellen können. Ihre Bibliothek informiert Sie gerne über diesen preiswerten Service. Da die Literatur, wie gesagt, derart reichhaltig ist – eine Datenbank im Internet listet bspw. über 25.000 Arbeiten zu physiologischen, genetischen und verwandten Aspekten von *X. laevis* –, musste ich übrigens im Sinne des besseren Leseflusses die Angabe von Zitaten im Text leider stark einschränken; jedoch sind alle ausgewerteten Arbeiten im Literaturverzeichnis angeführt.

Neben dem Studium spezieller Fachliteratur empfiehlt es sich in jedem Fall, auch aktuelle Terraristikzeitschriften wie die REPTILIA sowie Aquaristikmagazine zu lesen. Auf diese Weise bleibt man erstens stets auf dem aktuellen Wissensstand, und zweitens finden Sie dort Kleinanzeigen, in denen manchmal auch Nachzuchten von Pipiden zu fairen Preisen angeboten werden.

Für alle, die sich ernsthaft für Amphibien oder Reptilien interessieren, ist die Mitgliedschaft in der Deutschen Gesellschaft für Herpetologie und Terrarienkunde (DGHT) ein absolutes Muss (Adresse im Anhang). Gegen einen Jahresbeitrag erhalten Sie u. a. die beiden Verbandszeitschriften „elaphe“ und „Salamandra“ sowie das „Anzeigen Journal“, in dem Liebhaber ihre Nachzuchten offerieren. Auf der Homepage der DGHT (www.dght.de) gibt es viele interessante Angebote, von Diskussionsforen über eine Liste versierter Tierärzte bis hin zu aktuellen Neuigkeiten rund ums Hobby. Überhaupt bildet das Internet mittlerweile eine nicht mehr wegzudenkende Informationsquelle, die auch erstaunlich viele Sites zum Thema Pipiden aufzuweisen hat. Die empfehlenswerteste ist die meines „Frosch-Freundes“ Martin Truckenbrodt unter www.pipidae.de bzw. www.pipidae.net. Neben umfassenden Beiträgen zur Biologie, Haltung und Zucht von Pipiden finden Sie dort auch Links zu den interessantesten übrigen Pages zum Thema sowie ein Diskussionsforum und die Möglichkeit, Kleinanzeigen aufzugeben bzw. zu lesen.

Eine Überlegung wert – falls Sie nicht ohnehin Mitglied in einer dem „Verband deutscher Vereine für Aquarien- und Terrarienkunde e.V.“ (VDA) angeschlossenen Gruppierung sind – ist eine private Mitgliedschaft in diesem Verband, über den man bspw. Versicherungen gegen Schäden an Dritten und am eigenen Gut abschließen kann (Adresse im Anhang).

Ein weitgehend aquatiler Frosch aus Südostasien, der allerdings mehr auf das Leben an der Wasseroberfläche spezialisiert ist: *Occidozyga*. Auch diese Tiere besitzen nicht nur als Kaulquappen, sondern noch als umgewandeltes Tier Seitenlinienorgane.
Foto: K. Kunz

Was sind Pipiden?

Überwiegend aquatile, also vorwiegend im Wasser lebende Froschlurche (Anura) kennt man aus verschiedenen Familien, so von den Kröten (Bufonidae), Scheibenzünglern (Discoglossidae), Südfröschen (Leptodactylidae) und Echten Fröschen (Ranidae). Einige Gattungen, die auch mehr oder weniger bevorzugt wasserlebende Arten umfassen, sind bspw. *Atelognathus*, *Barbourula*, *Batrachophrynus*, *Bombina*, *Bufo*, *Occidozyga*, *Phrynoglossus*, *Rana*, *Telmatobius* und *Trichobatrachus*.

Das Besondere an der Familie Pipidae (Zungenlose) ist jedoch, dass alle ihre etwa 34 zurzeit bekannten Arten überwiegend aquatisch leben und dementsprechend in Körperbau und Verhalten hoch spezialisierte Anpassungen an den Lebensraum Wasser aufweisen. Diese zeigen sich u. a. im Bau des stark verknöcherten Schädels und der Wirbelsäule sowie des Beckens, der abgeflachten Gestalt, seitlich abstehenden Extremitäten, mehr oder weniger dorsal liegenden Augen, schwach oder gar nicht entwickelten Augenlidern, dorsal und weit vorn gelegenen Nasenlöchern, die verschließbar sind, dem Fehlen einer beweglichen Zunge sowie eines äußerlich sichtbaren Trommelfells, gut entwickelten Seitenlinienorganen, dem Besitz sehr großer Lungen, die neben ihrer Atmungsfunktion auch hydrostatische Bedeutung haben, relativ schwachen Vorderextremitäten usw. Viele dieser Spezialisierungen finden sich auch bei aquatilen Froschlurchen aus anderen Familien, etwa die abgeflachte, strömungsgünstige Körperform, die stark dorsal liegenden Augen und Nasenlöcher, die es den Tieren gestatten, beim Atmen weitgehend untergetaucht und damit vor Feinden verborgen zu bleiben, oder der Besitz der Seitenlinienorgane, eines hoch spezialisierten Sinnessystems, auf das ich weiter unten noch zu sprechen komme. Zeigen nicht unmittelbar verwandte Lebewesen in Anpassung an gleiche Umweltbedingungen ähnliche Körpermerkmale, so spricht man von Konvergenzen.

Vor allem aus verschiedenen anatomischen Details, etwa dem Bau des Mittelohrs, kann man ableiten, dass Pipiden von an Land lebenden Vorfahren abstammen und lediglich sekundär wieder zu einer aquatischen Lebensweise übergegangen sind. Fossile Pipiden kennt man aus der unteren Kreide von Israel, der oberen Kreide bis ins Miozän Afrikas, dem späten Oligozän in Arabien und der oberen Kreide sowie dem Paleozän Südamerikas. Bis vor

Dank der dorsal gelegenen Nasenlöcher und Augen kann dieser *Xenopus laevis* fast völlig untergetaucht an der Oberfläche ruhen und behält dabei dennoch potenzielle Feinde im Blick. Foto: K. Kunz

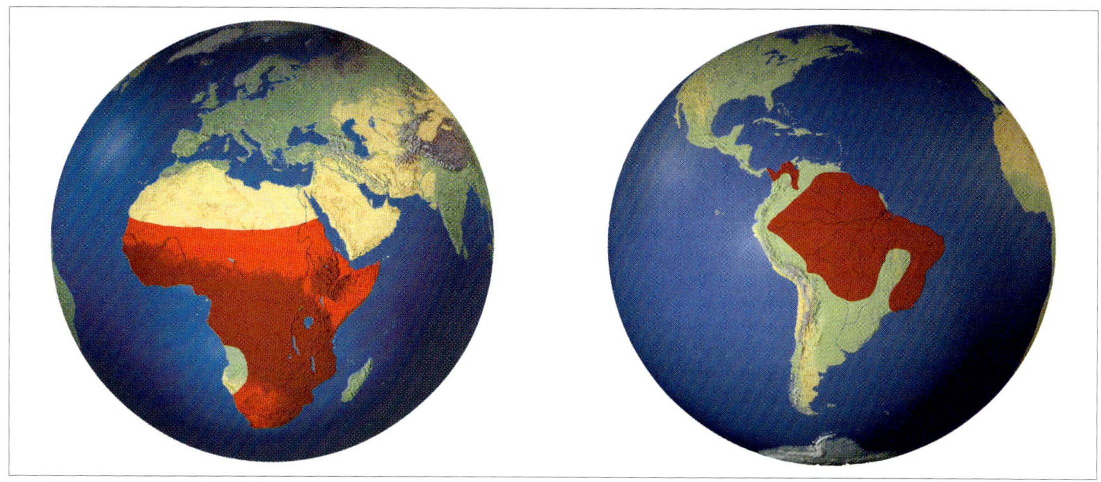

Verbreitung der rezenten (noch lebenden) Arten von *Hymenochirus*, *Pseudhymenochirus*, *Silurana* und *Xenopus* in Afrika und der neuweltlichen *Pipa*-Spezies.

rund 90 Millionen Jahren gab es noch Verbindungen der südamerikanischen mit der afrikanischen Landmasse, sodass in der Vorzeit ein Artenaustausch zwischen beiden stattfinden konnte. Die ältesten bekannten Pipidenfossilien zählen 120 Millionen Jahre, doch da sie schon eine deutliche Anpassung an ein aquatisches Leben zeigen, muss die Familie bereits lange vorher existiert haben.

Pipiden sind mit den Gattungen *Hymenochirus*, *Pseudhymenochirus* (nur eine Art: *P. merlini*), *Xenopus* und *Silurana* (oft nur als Untergattung von *Xenopus* geführt) über fast das gesamte Afrika südlich der Sahara sowie mit *Pipa* im tropischen bis subtropischen Südamerika bis nach Panama verbreitet. Die Zwergkrallenfrösche (*Hymenochirus* und *Pseudhymenochirus*) scheinen näher mit den südamerikanischen *Pipa*-Arten (Wabenkröten) verwandt zu sein als mit ihren afrikanischen Verwandten und werden daher mit *Pipa* in der Unterfamilie Pipinae vereinigt, *Xenopus* und *Silurana* ([Eigentliche] Krallenfrösche, Tropische Krallenfrösche) in der Unterfamilie Xenopodinae.

Über die Physiologie gerade von *Xenopus* ist derart viel bekannt, dass ich hier nur einige besonders interessante Aspekte herausgreifen kann.

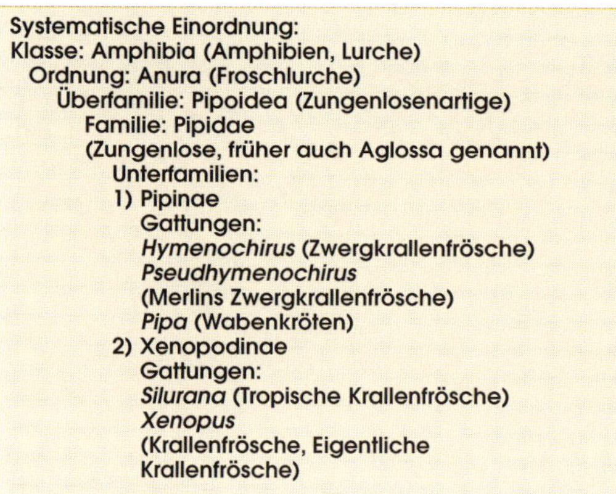

Systematische Einordnung:
Klasse: Amphibia (Amphibien, Lurche)
Ordnung: Anura (Froschlurche)
Überfamilie: Pipoidea (Zungenlosenartige)
Familie: Pipidae
(Zungenlose, früher auch Aglossa genannt)
Unterfamilien:
1) Pipinae
Gattungen:
***Hymenochirus* (Zwergkrallenfrösche)**
Pseudhymenochirus
(Merlins Zwergkrallenfrösche)
***Pipa* (Wabenkröten)**
2) Xenopodinae
Gattungen:
***Silurana* (Tropische Krallenfrösche)**
Xenopus
(Krallenfrösche, Eigentliche Krallenfrösche)

Ein Modell zu den Verwandtschaftsverhältnissen der Pipiden nach CANNATELLA & TRUEB (1988a, b)

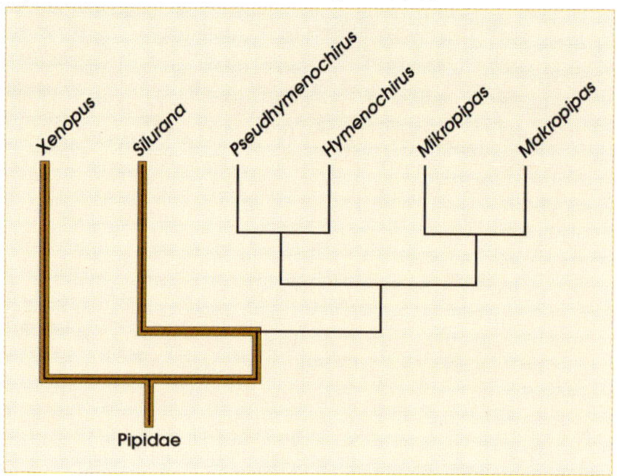

Einiges zur Physiologie

Atmung und Herzschlag

Wie erwähnt, besitzen Pipiden sehr große und leistungsstarke Lungen, wahrscheinlich die bestentwickelten sämtlicher Amphibien. Obwohl alle Zungenlosen an der Oberfläche Luft holen, wurde doch bei *Xenopus laevis* nachgewiesen, dass der Hauptanteil des Gasaustausches unter Umständen auch über die Haut stattfinden kann: 58,5 % des Sauerstoffbedarfs wurden unter experimentellen Bedingungen bei 15 °C aus dem Wasser gewonnen, und sogar 90 % des Kohlenstoffdioxids gaben die Tiere über die Haut ab. So sitzen denn auch immerhin 34 % der Kapillaren in der Haut. Unter Eis überwinternde *X. laevis* sind sogar gänzlich auf Hautatmung angewiesen. Allerdings erfolgen normalerweise in der Ruhephase 70 % der Sauerstoffzufuhr über die Lungen. Die Frösche vermögen sehr effizient zwischen beiden Systemen zu wechseln: An der Oberfläche atmet der Krallenfrosch vor allem über die Lungen – dann läuft der Gasaustausch auf einer hohen Rate. Diese sinkt jedoch rapide ab, wenn das Tier taucht: Die Blutgefäße in der Lunge verengen sich, sodass der Blutfluss in den Lungenarterien reduziert wird, das Tier somit weniger Sauerstoff verbraucht und länger unter Wasser bleiben kann.

Da während des Auftauchens zum Atmen die Gefahr steigt, von Fressfeinden bemerkt zu werden, wird diese Phase oft auf ein Minimum reduziert, wie bei *Xenopus laevis* im Freiland untersucht wurde: Die Tiere entlassen häufig vor dem Aufsteigen (innerhalb von 2–3 s aus 60 cm Tiefe) eine Gasblase, sodass sie beim Kontakt mit der Oberfläche sofort die Lunge füllen können, was weniger als eine Sekunde in Anspruch nimmt. Dabei durchbricht nur die Schnauze das Oberflächenhäutchen. Auch nach dem Abtauchen atmen die Frösche oft eine Gasblase aus – sie haben blitzschnell ihre Lungen gefüllt und können nun „in Ruhe“ das benötigte Luftvolumen regulieren. Eine Beobachtungsreihe im Labor ergab, dass ungestörte Frösche etwa zwei- bis achtmal pro Stunde an der Oberfläche Luft holten. Die Atemfrequenz ist allerdings hochgradig abhängig von der Wassertiefe – zwischen einem Wasserstand von 12,5 cm und 1 m beobachtet man einen 30fachen Unterschied.

Individuen einer Gruppe holen mehr oder weniger synchron Luft, bspw. in einer Laborstudie sieben von zehn Tieren innerhalb von 5 s, während je 10 min vor- und nachher keine Atmungsaktivität zu verzeichnen gewesen war. Die Frösche zeigen vor dem Aufsteigen bereits eine Intentionsbewegung (Orientierung zur Oberfläche, evtl. Zurücklegen einer kurzen Strecke zur Oberfläche), die benachbarte Artgenossen animiert, sich ebenfalls zum Luftschnappen bereit zu machen. In größeren Teichen halten sich auch häufig Gruppen von Fröschen relativ eng beisammen. Die Simultanität beim Atmen wird als Schutz vor Fressfeinden gedeutet: Das gleichzeitige Auftauchen mehrerer Frösche könnte einen Räuber verwirren, und die durch das Auftauchen des ersten Tieres ausgelösten Wellen würden diejenigen der nachfolgenden Tiere weniger auffällig machen. Außerdem sind die Intervalle zwischen dem Auftauchen zum Atmen sehr variabel und liegen etwa zwischen 2 und 60 min je Individuum sowie zwischen 4 und 25 min für gemeinsames Atemholen, sodass ein Fressfeind nur schwer abschätzen kann, wann wieder ein Frosch emporsteigt. Bemerken getauchte Tiere im Freiland eine Gefahr über sich, so schwimmen sie oft nicht weg, sondern verharren ruhig und warten mit dem Atemholen einige Minuten. Im Aquarium ist die synchrone Atmung weniger stark ausgeprägt.

Ab und zu machen Exemplare von *X. laevis* ohne jegliches Hämoglobin (Blutfarbstoff, der Sauerstoff bindet) Schlagzeilen. Ob die Tiere allerdings bereits von Anfang an in diesem Zustand waren, oder ob der Hämoglobinabbau – aus welchen Gründen auch immer – erst einige Zeit vor der Entdeckung solcher Individuen einsetzte, ist nicht immer ganz leicht zu beantworten.

Wie bei anderen Fröschen kann man auch bei Pipiden Mundhöhlenatmung beobachten, das sog. Schlabbern oder Gurgeln, das besonders bei *Hymenochirus* stark ausgeprägt ist. Die Tiere ruhen dann mit mehr oder weniger ausgestreckten Gliedmaßen an der Wasseroberfläche, bevorzugt zwischen Wasserpflanzen, und strecken den Kopf oft bis zu den Augen aus dem Wasser. In unregelmäßigen Abständen pulsiert nun die Kehle und sorgt für den Gasaustausch. Manchmal hängt die ganze Sippe auf diese Art an der Wasseroberfläche. Ob das Schlabbern auch eine kommunikative Bedeutung besitzt, ist nicht bekannt.

Wie alle Körperfunktionen, so hängt auch die Herzschlagfrequenz der wechselwarmen Pipiden stark von der Körpertemperatur ab: Bei *Xenous laevis* beträgt sie acht Schläge/min bei 2 °C und 40–60 bei 25 °C.

Immunsystem

Obwohl prinzipiell einfacher aufgebaut als das von Säugern (bspw. geringere Diversität der Antikörper, keine Lymphknoten), gibt es hier keine wirklich fundamentalen Unterschiede.

Hautsekrete und Fressfeinde

Wer schon einmal im Labor einen *Xenopus laevis* zur Untersuchung fixieren musste, der weiß, dass dieses Tier zu Recht „*laevis*", also „der Glatte" heißt: Die Frösche produzieren Hautsekrete mit einer Vielzahl diverser Substanzen aus verschiedenen chemischen Kategorien, die sie äußerst schlüpfrig machen. Diese Stoffe dienen der Regulation des Wasser- und Elektrolythaushaltes, verringern aber auch den Wasserwiderstand beim Schwimmen. Außerdem sorgen u. a. die sog. Magainine für die Abwehr von Bakterien, Viren und Pilzen. Dass Verletzungen aufgrund dieser antimikrobiellen Eigenschaften sehr schnell heilen, machte die Pharmaindustrie aufmerksam, die nun entsprechende Salben für die Anwendung am Menschen produziert. Auch die Eier enthalten übrigens solche antimikrobiellen Schutzstoffe.

Aggressive Hautsekrete halten darüber hinaus zumindest bestimmte Fressfeinde ab, sich die Frösche einzuverleiben – bei Enten, Schildkröten und manchen Schlangen bspw. kann das Fressen von Krallenfröschen zu einer krampfähnlichen Maulstarre oder zumindest starken Abwehrreaktionen führen. Inwieweit diese Sekrete aber im natürlichen Biotop tatsächlich vor Fressfeinden schützen, ist weitgehend unbekannt. Von *Xenopus* weiß man, dass er von Fischen, Ottern, Vögeln, Schlan-

Seine strömungsgünstige Körperform und die den Widerstand noch weiter herabsetzenden Hautsekrete machen *Xenopus laevis* zum schnellen Schwimmer. Foto: K. Kunz

Dieses *Silurana*-Weibchen kratzt mit den Krallen der Hinterfüße die alte Haut herunter,...

... zieht sie ab...

... und frisst sie. Fotos: K. Kunz

gen (das Typusexemplar von *X. laevis victorianus* stammt übrigens kurioserweise aus dem Magen einer Schlange) und Schildkröten erbeutet wird, was in etwa auch dem Feindspektrum der übrigen Taxa entsprechen dürfte. Manche Schlangen scheinen sich sogar zu einem großen Teil von Pipiden zu ernähren, so etwa *Grayia smythii* in Ghana oder im Niger-Delta von *Silurana tropicalis*. Bei *Pipa arrabali* stellte man einmal sogar eine Spinne als Prädator fest.

Häutung

Wie alle Amphibien häuten sich auch Pipiden regelmäßig, normalerweise etwa alle paar Wochen bis Monate. Dieser Vorgang läuft meist recht hektisch ab: Die Tiere biegen ihren Rücken konkav durch und bringen ihre Füße seitlich derart nach vorn, dass sie mit den Krallen (so sie welche besitzen) die oberste verhornte Hautschicht an Flanken und Rücken aufreißen und abstreifen können. Kaum zu glauben, als wie beweglich sich die Gliedmaßen der Frösche bei diesen Manövern erweisen. In der Regel wird die Haut im Ganzen abgestreift, vielleicht mit Ausnahme einiger kleiner Fetzchen. Meist wird sie sofort gefressen, hin und wieder auch von Artgenossen, manchmal treibt sie dagegen als „Geist" durchs Wasser.

Regeneration

Als Beispiel für die Regenerationsfähigkeit von Pipiden sei erwähnt, dass junge *Pipa arrabali* abgetrennte Finger und Zehen innerhalb weniger Wochen ersetzen. Erwachsene Tiere regenerieren Finger ebenfalls innerhalb weniger Wochen, Zehen langsamer. Ein von Manfred Beier gehaltener *Xenopus laevis* bspw. ersetzte einen kompletten Unterarm samt Fingern (schriftl. Mittlg.).

Sinne

Geruch und Geschmack

Der Geruchssinn ist hervorragend ausgeprägt, was in den meist trüben Wohngewässern der Tiere natürlich von großem Vorteil ist. *Pipa-* und *Xenopus-*Arten lassen sich bei Feldstudien mit Fleischstücken ködern, deren Duft sie nicht widerstehen können – selbst bereits auf viele einzelne Aminosäuren reagieren die Tiere mit Suchverhalten. Aber auch während der Paarungszeit spielt der Geruchssinn eine tragende Rolle. So steigert sich die Rufaktivität der Männchen oft deutlich, wenn fortpflanzungsbereite Weibchen vorhanden sind oder man sie auch nur in Hälterungswasser solcher Weibchen setzt. Weibchen von *X. laevis* zeigen eine positive Chemotaxis bei testosteronbehandelten Männchen (suchen also aktiv Exemplare auf, die mit diesem Geschlechtshormon manipuliert wurden), nicht aber bei kastrierten. Und bei *Hymenochirus* produziert eine Drüse in der Achselregion einen Duftstoff, der Weibchen anlockt.

Die deutlichen Präferenzen, die viele Individuen für bestimmte Futtersorten zeigen, deuten auf einen ebenfalls gut entwickelten Geschmackssinn. Auch in der Haut der Frösche liegen übrigens chemorezeptive Organe – die Tiere können also sozusagen mit der Haut „schmecken".

Gesichtssinn

Bei *X. laevis* wurde zwar ermittelt, dass durch die maximal nach oben und vorn gerichteten Augenachsen sich die Gesichtsfelder der beiden Augen weitgehend decken; dennoch dienen zumindest bei *Xenopus/Silurana* und den *Pipa-*Arten die Augen wohl vor allem dazu, Feinde über sich

Hier sind schön die nach oben gerichteten Augen von *Xenopus laevis* zu sehen. Foto: K. Kunz

Bei diesem *Xenopus fraseri* sind deutlich die langen Augententakel zu sehen. Foto: K. Kunz

wahrzunehmen, bspw. durch den auf sie fallenden Schatten eines Stelzvogels. Diese Hauptfunktion der Augen wird auch daraus deutlich, dass ein nicht eingewöhntes Tier im Aquarium auf Bewegungen über sich mit Flucht, auf solche seitlich oder seitlich unten dagegen kaum oder nicht reagiert – Fische als Fressfeinde bspw. werden eher über das Seitenliniensystem wahrgenommen. Bei hungrigen „zahmen" Fröschen dagegen kann man beobachten, dass die Tiere Bewegungen über sich, aber auch neben dem Becken mit der Fütterung in Verbindung bringen und herbeischwimmen.

Obwohl das Tectum opticum („Sehzentrum" im Gehirn) im Vergleich zu anderen Fröschen reduziert ist, nimmt *Xenopus* dennoch Formen, Farben sowie geringste Helligkeitsunterschiede wahr.

Wozu übrigens die bei einigen *Xenopus*-Arten recht lang ausgeprägten Tentakel an den Augen dienen, ist nicht ganz klar. Fest steht nur, dass sie die Ausführgänge der Tränendrüsen bilden.

Seitenorgane

Bei aquatilen Wirbeltieren wie Rundmäulern, Fischen, Kaulquappen und manchen adulten Amphibien findet man Seitenorgane, auch Seitenlinien- oder Lateralisorgane genannt. Während bei terrestrischen (an Land lebenden) Amphibien die Seitenorgane nur bei Larven vorhanden sind, besitzen Pipiden ihr ganzes Leben lang dieses effektive Sinnessystem. Jedoch unterliegen Histologie (Gewebebau) und Innervation der Neuromastenzellen (Sinneszellen) während der Metamorphose einem Wandel: Die einzelnen sensorischen Bereiche sin-

Schematische Darstellung der Seitenlinienorgane von *Xenopus laevis* und *Silurana tropicalis* (Nach: Le Quang Trong 1974, Bulletin de l'Institut Francaise de Afrique Noire, 36 (2)).

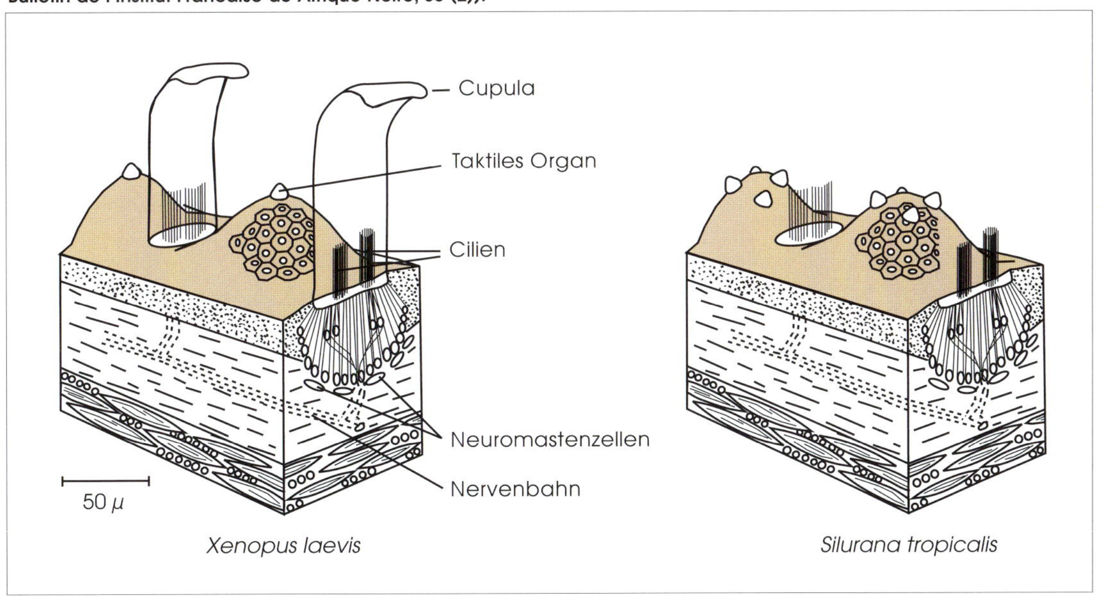

Bei diesem *Xenopus-fraseri*-Männchen sind die Seitenorgane sehr gut zu erkennen. Foto: K. Kunz

durch Ablenkung der Cupula in die eine Richtung angeregt und in die andere Richtung gehemmt werden. Von jedem der rund 180 (160–300) Seitenlinienorgane (bei *Xenopus*) erhält das Tier Informationen über Strömungen, Wasserbewegungen an der Oberfläche, von Objekten unter Wasser und wohl auch von solchen Strömungen, die durch seine eigenen Bewegungen erzeugt werden. Seitenlinienorgane sind also sensitiv für Wasserbewegungen bzw. die Schnelligkeit von Wasserströmungen. Dabei muss der Frosch natürlich das „Rauschen" bspw. durch vom Wind erzeugte Wellen oder durch die natürliche Strömung

ken tiefer, zwischen den einzelnen Organen entwickeln sich taktile (Bewegung bzw. Druck wahrnehmende) Strukturen, und einige Reihen der larvalen Seitenorgane werden reduziert oder gehen komplett verloren. Bei der Metamorphose kommt zur Innervation des Seitenliniensystems noch ein kleiner inhibitorischer (hemmender) Nerv dazu, der möglicherweise die Seitenorgane teilweise „abschaltet", während der Frosch schwimmt.

Bei Pipiden, die durch ihre vielen, bei *Xenopus* bis zu 2 x 0.5 mm messenden Gruppen von Seitenorganen oft wie zusammengenäht aussehen, ist der für dieses Sinnessystem zuständige sog. Torus semicircularis des Gehirns besonders gut ausgebildet. Zahl, Lage und Ausrichtung der Seitenorgane variieren nicht nur von Art zu Art, sondern auch ein wenig zwischen verschiedenen Individuen einer Spezies. Wie bei allen Amphibien handelt es sich auch bei den Seitenorganen der Pipiden um frei stehende Neuromasten-Organe. Ihre jeweils meist vier bis zwölf rezeptiven Strukturen (Cupulae) ragen zumindest bei *X. laevis* flaggenartig etwa 100 µm ins Wasser, senkrecht zum Seitenorgan. An der Basis einer jeden Cupula inserieren die Härchen von 40–80 sensorischen Haarzellen, die

eines Gewässers ausschalten können. Wie sich bei Studien an *Xenopus* herausstellte, ermöglichen die Seitenlinienorgane die Ortung der Richtung von Wasserwellen bspw. eines Beutetieres bis auf mindestens ± 5° genau.

Selbst ein augenloser *Xenopus*, bei dem alle dorsalen Organe zerstört und nur die ventralen intakt gelassen wurden, reagierte normal auf Wasserbewegungen. Und auch, wenn man ihm ausschließlich die dorsalen Organe einer Körperseite ließ, beeinflusste dies nicht sein Reaktionsvermögen. Augenlose *Xenopus* kann man daher ohne „Wettbewerbsnachteile" mit unversehrten Fröschen zusammen pflegen. Sie unterscheiden sich in ihrem Verhalten so gut wie nicht von anderen Artgenossen und erbeuten selbst z. B. einen Guppy im freien Wasser zielsicher.

Interessanterweise vermag aber selbst noch ein Frosch völlig ohne Seitenlinienorgane auf Wasserbewegungen zu reagieren – im Gegensatz zu Fischen mit zerstörten Seitenorganen –, wenn auch etwas weniger akkurat auf Stimuli von vorn und viel weniger genau auf solche von hinten. Wie die Frösche diese Orientierungsleistung ohne Seitenliniensystem dennoch einigermaßen bewältigen, ist

Hier gut zu sehen: Die mehrfach geteilten Fingerspitzen von *Pipa pipa*, die mit empfindlichen Tastsensoren ausgestattet sind. Foto: D. Massemin

im Detail noch ungeklärt, doch beruht sie wohl zumindest auch auf den Informationen durch winzige, über die ganze Haut verbreitete Sinnesknospen (Tangorezeptoren), die in der Lederhaut sitzen und über denen sich die Oberhaut als meist helle, winzige Wärzchen erhebt. Diese fallen besonders bei *Silurana* auf und werden oft für ein Unterscheidungskriterium zu *Xenopus* gehalten – offenbar ist die Arbeit von Kramer, der diese Sinnesorgane für *Xenopus* bereits 1933 an *X. laevis* nachwies, weitgehend übersehen worden. Es wurden aber auch schon das Labyrinth und die Lunge als mögliche „Ersatzorgane" für das Seitenliniensystem in die Diskussion gebracht.

Tastsinn

Während das Seitenliniensystem sozusagen den Ferntastsinn darstellt, ist vor allem bei *Silurana, Xenopus* und *Pipa* auch der „normale" Tastsinn ganz hervorragend entwickelt. Besonders auffällig sind die dafür besonders gestalteten und vielfach geteilten Fingerspitzen bei den *Pipa*-Arten, denen sie auch zum Namen „Sternfingerunken" verhalfen. Während die Hautoberfläche der Finger sonst rau ist, sind die Epidermis-Zellen der verzweigten Fingerspitzen glatt. Die Dorsalseite der Finger, der Hand und des Vorderarms sind mit spitzen, kegelförmigen Wärzchen bedeckt. Diese Teile sind dem Maul zugewandt, und ihre raue Oberfläche hilft beim Manipulieren der Beute. Da Pipiden meist recht trübe Gewässer bewohnen, kommt ihnen ihr ausgezeichneter Tastsinn hier sehr zustatten.

Gehör

Wenn Pipiden auch kein äußerlich sichtbares Trommelfell besitzen, so ähnelt doch das Mittelohr von Krallenfröschen stark dem terrestrischer Anuren, während das der übrigen Pipiden eher an Urodelenohren erinnert. Das Trommelfell ist eine knorpelige Scheibe unter der Haut, die beiden eustachischen Röhren bilden einen verbundenen, luftgefüllten Kanal, der das System mit der Mundhöhle koppelt. *Xenopus laevis* hört in einem weiten Frequenzbereich. Die Tiere unterscheiden selbst zwischen Frequenzen, die nur 0,5 Hz auseinander liegen.

Bei diesem Zwergkrallenfrosch, der statt eines Weibchens den Finger klammert, ist deutlich die Region des unter der Haut liegenden Trommelfells zu sehen. Foto: K. Kunz

Verhalten

Ernährung

Pipiden sind überwiegend dämmerungs- oder nachtaktiv. Vor allem eingewöhnte Tiere suchen im Aquarium aber auch tagsüber häufig nach Nahrung, bspw. *Pipa carvalhoi, P. parva* und Zwergkrallenfrösche.

Obwohl zumindest *P. pipa* und *P. snethlageae* überwiegend Lauerjäger sind, befleißigen sich alle Pipidenarten neben dieser Ansitzmethode auch noch der aktiven Jagd. Krallenfrösche und vor allem die kleinen *Pipa*-Arten streifen im Zickzackkurs langsam über den Grund, wühlen mit den Händen in der Blattschicht oder im Boden und stecken den Kopf in alle Spalten. Haben sie Futter gewittert, berührt, gesehen oder über das Seitenliniensystem wahrgenommen, so werden die Bewegungen schlagartig sehr hektisch, die trichterförmig nach vorn gebreiteten Arme führen ständig raffende Bewegungen aus. Selbst die sonst so ruhige *Pipa pipa* schwimmt dann aufgeregt umher. Die Fingerspitzen besonders der *Pipa*-Arten sind, wie erwähnt, äußerst empfindliche Tastsensoren. Merkwürdigerweise wurden im Gegensatz zu *Pipa* bei *Xenopus* oder *Silurana* meines Wissens diesbezüglich noch so gut wie keine intensiven Studien betrieben, obwohl auch die Fingerspitzen der Krallenfrösche sich deutlich vom Rest des Fingers unterscheiden. Sie sind rundlich abgesetzt und unpigmentiert.

Sobald die Frösche ein Beutetier ertastet haben oder in Reichweite wissen (bei *P. pipa* bis zu 10 cm!), wird es ins Maul gestopft bzw. – eventuell nach einem Vorstoß – eingesaugt: Die Muskulatur des sog. Hyobranchialapparates erweitert im Zusammenspiel mit dem Kiemenbogenskelett den Mundboden nach unten, wodurch im Maul ein Unterdruck entsteht, der die Beute hineinreißt: „Saugschnappen" nennt man das. Unterstützt wird dieser Vorgang durch den spezialisierten Bau der ventralen

Dieses Weibchen von *Silurana tropicalis* stopft sich einen kleinen Regenwurm ins Maul. Foto: K. Kunz

Schultergürtelteile und weitere Muskeln. Mit eingeströmtes Wasser pressen die Tiere aus und befördern die Nahrung durch den zurückdrängenden Mundboden und die vom Gaumendach hereintretenden Augäpfel in den weitlumigen Anfangsteil der kurzen Speiseröhre (Schnappschlucken). Zwar besitzen Pipiden keine Zunge, jedoch zumindest bei einigen Arten eine Schleimhautfalte, die am Festhalten der Beute beteiligt ist. Ist die Beute zu groß, als dass sie allein durch das oben geschilderte Verhalten bewältigt werden könnte, so wird mit den Händen kräftig nachgestopft, und die Finger streifen anhaftende Schmutzpartikel ab. Gitterartig vors Maul gelegt verhindern die Finger auch beim Ausstoßen des Wassers, dass die Beute wieder entkommt. Unverdauliche, versehentlich mit eingesogene Partikel spucken die Frösche unter kauenden Bewegungen wieder aus – dieses Ausspucken ist übrigens schon bei den Kaulquappen zu beobachten. Stoßen die Tiere auf Beute, so strecken sie oft ein Bein nach vorn: Ich deute das als Strategie, einem Beutetier den Fluchtweg abzuschneiden. Besonders sperrige Beutetiere, wie etwa ein großer Regenwurm, werden bei den Krallen tragenden Arten zerfetzt, indem der Frosch seinen bewehrten Fuß nach vorn streckt und entsprechend einsetzt. Diesen Krallen übrigens verdankt *Xenopus* seinen aus dem Griechischen abgeleiteten Namen: „Merkwürdiger Fuß“.

Es kommt in der Hitze des Gefechts auch schon einmal vor, dass die Gliedmaße eines Artgenossen ins Maul gerät, doch schadet dies offenbar so gut wie nie. Individuen mancher Taxa geben im „Fressrausch“ tickende Geräusche von sich.

Zwergkrallenfrösche gehen die Sache viel bedächtiger an. Bei entsprechendem Nahrungsangebot – z. B. Wasserflöhe, *Chaoborus*-Larven – jagen sie zwar auch im Freiwasser, viel lieber aber streifen sie langsam über den Boden oder klettern durch das Pflanzengewirr. Suchen die Tiere am Boden nach Futter, so fühlt man sich an eine Rotte Wildschweine erinnert, denn die Frösche stecken ihre Nase buchstäblich in alles hinein. Einem anvisierten Beutetier nähert sich der Zwergkrallenfrosch auf Sprungweite. Dann streckt er sich plötzlich durch, wobei die Arme bzw. Hände den Vortrieb

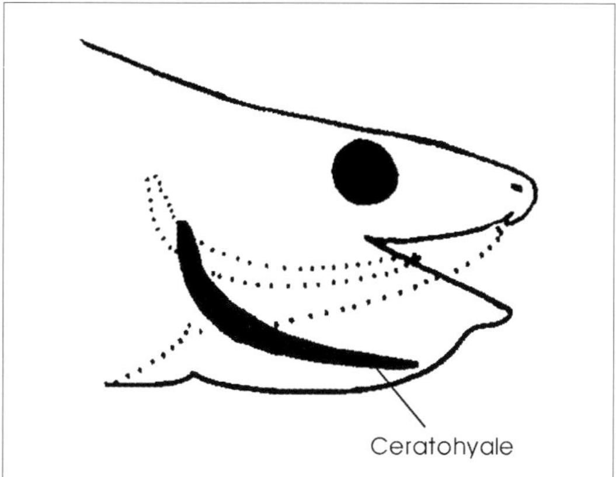

Beim Fressstoß dieses Zwergkrallenfrosches drücken die sog. Ceratohyalen den Mundboden nach unten, sodass ein Unterdruck entsteht, der die Beute ins Maul reißt. Die gepunkteten Linien zeigen die Ruhelage an. (Aus: Sokol 1969, Herpetologica 25/1)

unterstützen, und die Beute wird eingesaugt – danach kehrt der Frosch wieder in seine vorige Stellung zurück; die Füße ändern während des gesamten Vorgangs kaum oder gar nicht die Position. Im Gegensatz zu *Silurana*, *Xenopus* und *Pipa* nutzen Zwergkrallenfrösche die Hände nicht, um Beute ins Maul zu stopfen, denn zwischen ihren Fingern befinden sich im Unterschied zu denen der genannten Gattungen Schwimmhäute; der von ihnen erzeugte Wasserschwall wäre eher hinderlich als förderlich. Außerdem bestünde ja das Risiko einer Beschädigung der Schwimmhäute. Darum bringen die kleinen Frösche mit ihren Händen lediglich etwas sperrigere Beute in mundgerechte Position. Allerdings bevorzugen sie Beutetiere, die auf einmal eingesaugt werden können, also vor allem kleinere Krebschen, Insektenlarven, Würmchen usw. Aber wenn es sein muss, dann nutzen auch Zwergkrallenfrösche ihre Krallen an den Hinterfüßen, um Beute zu zerteilen – oder von der festhaltenden Futterpinzette loszureißen. Am Mundrand besitzen sie außerdem verhornte Papillen, die es der Beute erschweren, zu entkommen. Diese Papillen finden sich bereits bei den Larven, auch bei *Pseudhymenochirus*. Viele, aber nicht alle Individuen von *Hymenochirus* fressen zwar auch unbewegliche Beute, wie etwa die eigenen Eier, jedoch wird bspw. Frostfutter erst nach längerem

Kontakt mit der Schnauze eingesaugt, während *Xenopus*, *Silurana* und die meisten *Pipa*-Arten auch unbewegtes Futter problemlos annehmen und ins Maul schaufeln.

Pipiden sind oft sehr gierige Fresser und vermögen ungeheure Mengen zu vertilgen. Für manche *Xenopus-*, *Silurana-* und *Pipa*-Arten ist auch ein körperlanger Regenwurm kein unlösbares Problem. Sind sie dann aber wirklich einmal satt, so lehnen sie weiteres Futter mit einer „abschlägigen" Geste ab. Bei Erregung, etwa vor bzw. während der Paarung, oder wenn die Tiere gestresst werden, würgen sie manchmal das Futter wieder aus – was aber auch dann vorkommt, wenn sie sich schlicht und ergreifend überfressen haben.

Geraten zwei Tiere an ein und dasselbe Beutetier, bspw. einen Regenwurm, so schwimmen sie „tauziehend" wild umher, bis entweder der eine Frosch die Beute aus dem Maul des anderen gezogen hat oder aber bis das Futtertier in zwei Teile zerissen ist.

Wenn auch von manchen Individuen von *P. pipa* berichtet wird, die im Aquarium nur Fische mit flachem Körperbau als Futter annahmen, so sind Pipiden doch in aller Regel nicht wählerisch, sondern fressen an Insekten, Krebstieren und anderen Wirbellosen, was ins Maul passt. Seltener fallen ihnen Fische oder Amphibien zum Opfer – auch der eigenen Art (Kronismus), besonders die Kaulquappen, die in manchen temporären Gewässern sogar die Hauptnahrung darstellen können. Selbst von Vogelküken im Magen von *Xenopus laevis* wurde schon berichtet. Da die Tiere aufgrund ihrer Klauen an den Hinterbeinen in der Lage sind, zu große Beute zu zerteilen, vermögen sie beachtliche Brocken zu bewältigen.

In einigen Fällen fand man auch schon pflanzliche Überreste im Magen von Krallenfröschen, doch ist fraglich, ob die Tiere diese Pflanzenteile „absichtlich" verzehrt hatten. Bei Feldstudien fällt übrigens oft ein recht hoher Prozentsatz von Tieren mit leerem Magen auf.

Noch nicht abschließend geklärt ist die Frage, in welchem Ausmaß zumindest Krallenfrösche auch an Land Beute machen. Fest steht, dass sehr häufig terrestrische Wirbellose wie Ameisen oder Termiten bei Magenuntersuchungen gefunden werden, die teilweise sogar die Hälfte bis den Hauptanteil der aufgenommenen Nahrung ausmachen, wie sich bei Studien an *Xenopus fraseri, X. muelleri, X. vestitus* und *Silurana tropicalis* herausstellte. Im Magen von sechs *X. muelleri* fanden sich bspw. sechs kleine *Xenopus*-Quappen, zwölf Termiten, zwei Käfer, eine Ameise, ein Gleichflügler und etwas Schlamm, also hauptsächlich terrestrische Beutetiere. Für einige *S. tropicalis* wurden 25 Soldaten- und Arbeitertermiten, fünf Ameisen, drei Wanzen, eine Käferlarve sowie Fragmente anderer Insekten bestimmt. Früher diskutierte man für solche Befunde verschiedene Möglichkeiten. Zunächst ist natürlich an auf das Wasser gefallene Wirbellose zu denken. Der Hinweis, dass Termiten von afrikanischen Fischern häufig als Köder genutzt werden, ist dagegen in den meisten Fällen als Erklärung abwegig.

Dagegen ist mittlerweile bekannt, dass Pipiden nicht so strikt ans Wasser gebunden sind, wie früher angenommen. Und so veröffentlichte MEASEY im Jahr 1998, was aufmerksame Pipidenpfleger längst wussten, dass nämlich zumindest *Xenopus* (nach eigenen Beobachtungen auch *Silurana*; wahrscheinlich *Pipa* ebenfalls) Beute außerhalb des Wassers machen kann, und zwar mit den schnellsten für diese Tiere nachgewiesenen Bewegungen (10 m/s). Wie gesagt, eigentlich nichts Neues, denn jeder Pfleger gerade von *Silurana*-Taxa kann bestätigen, dass die Frösche oberhalb der Wasseroberfläche laufende Wirbellose entdecken und durch Herausschnellen bis zu mindestens halber Körperlänge erbeuten.

Die Verweildauer der Nahrung im Verdauungstrakt beträgt bei *Xenopus* weniger als zwölf Stunden.

Lernfähigkeit

Pipiden sind recht „clever". Bspw. lernen Exemplare der meisten Arten rasch, dass das Abnehmen der Deckscheibe „Futter" bedeutet, verlassen ihre Verstecke und schwimmen suchend umher oder kommen an die Oberfläche, um hier ihre Ration in Empfang zu nehmen. Manche Tiere sollen dabei sogar ein Zeitgefühl beweisen und kurz vor der Uhrzeit der regelmäßigen Fütterung unruhig werden.

Auch auf ein Klopfen an die Scheibe, Frequenzen von Wasserwellen oder Ähnliches als „Essensglocke“ lassen sich viele Frösche gewöhnen und nehmen ihr Futter bald aus der Hand, obwohl sie anfangs vor ihr zurückschrecken, da eine Bewegung von oben im natürlichen Lebensraum der Tiere oft Gefahr signalisiert – man kann die Frösche also selbst entgegen ihren Instinkten konditionieren. Ein weiterer Beleg dafür: *Xenopus*, die durch leichte Stromstöße gelernt hatten, das normalerweise bevorzugte Dunkel zu meiden, merkten sich diesen Zusammenhang über 24 h. Tiere, die als Kaulquappen auf Dunkelvermeidung trainiert worden waren, behielten dieses Verhalten selbst nach der Metamorphose noch bei.

Xenopus, die eine Woche lang bei einer Wasserdruckwelle mit bestimmter Frequenz belohnt, bei einer anderen „bestraft“ worden waren, zeigten das entsprechende Wahlverhalten selbst noch nach einer vierwöchigen Pause. Ihre Fähigkeit, sich daraufhin auf zwei neue Frequenzen einzustellen, verbesserte sich rasch und lag im Bereich von Ratten oder Tauben für ähnliche Experimente. Auch auf Gerüche, Farben und Formen lässt sich *Xenopus* prägen.

Trainierbarkeit, Bewegungsmechanik

Xenopus laevis, die man an 18 aufeinander folgenden Tagen dazu animierte, eine 1,5 m lange Strecke im Sprint zurückzulegen, brauchten bereits nach einigen Tagen nur noch 70 % der Anfangszeit. Frösche, die 56 Tage lang jeweils 51 m hatten zurücklegen müssen, verbesserten sich im Mittel um 0,72 s/Tag und benötigten am Ende ebenfalls nur noch 70 %.

Den Vortrieb beim Schwimmen besorgen übrigens allein die mit großen Schwimmhäuten versehenen Füße. Nur bei *Hymenochirus* und *Pseudhymenochirus* sind zu einem gewissen Grad auch die nur bei diesen beiden Gattungen ebenfalls mit Schwimmhäuten ausgestatteten Hände beteiligt. Die Bewegungsabläufe beim Schwimmen sind im Prinzip die gleichen, mit denen Pipiden an Land ihre Sprünge ausführen.

Typische Rufhaltung von *Hymenochirus boettgeri*
Foto: K. Kunz

Rufe

Alle bisher daraufhin untersuchten Arten bringen mehrere Ruftypen hervor, bspw. einen Spontan- oder Anzeigeruf, oft auch als Paarungsruf bezeichnet, einen Annäherungsruf, einen Rivalenruf, einen Beschwichtigungsruf und einen Befreiungsruf. Die Männchen lassen ihren Anzeigeruf meist vom Boden aus ertönen. Selbst die Weibchen wenigstens der *Hymenochirus*- und *Xenopus*-Arten sind nicht stumm, sondern können einen Befreiungsruf äußern, wenn sie nicht zur Paarung bereit sind. Nach Sochurek (1954) besitzt das Weibchen von *X. gilli* sogar eine sehr deutliche Stimme. Neueren Untersuchungen zufolge antworten zumindest die Weibchen von *X. laevis* einem rufenden Männchen („rapping“), wie es nur von sehr wenigen Amphibienarten bekannt ist. Das Männchen reagiert mit einem bestimmten Ruftyp, und schließlich quaken die beiden Partner im Duett. Bei manchen Spezies wurde beobachtet, dass die Weibchen aktiv zu einem rufenden Männchen hinschwimmen, so etwa bei *Pipa carvalhoi* und *Xenopus laevis*.

An *X. borealis* wurde erstmals ein für Anuren neuer Lautapparat entdeckt: Der Larynx (Kehlkopf) des Männchens ist eine große, knorpelige Box, die in vier luftgefüllte Kammern unterteilt ist. Zwei Knorpelscheiben, deren glatte Innenflächen normalerweise in engem Kontakt stehen,

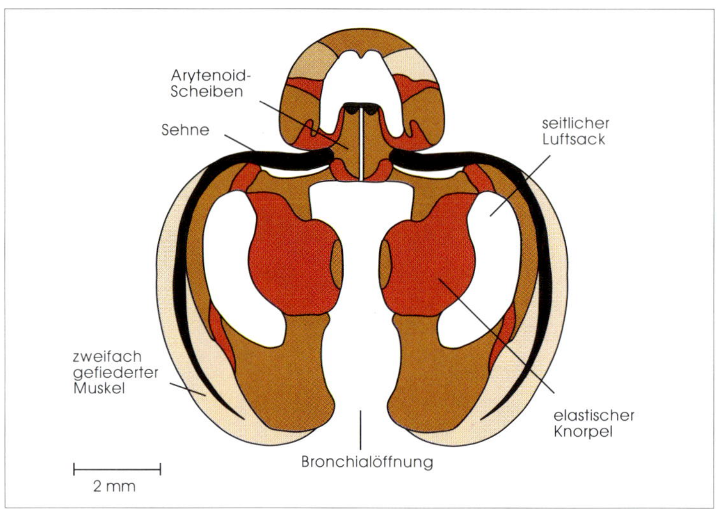

Der Lautapparat von *Xenopus borealis* (Yager 1982). Die beiden Arytenoid-Scheiben stehen in Ruhe in unmittelbarem Kontakt zueinander. Beim Ruf werden sie durch Muskelkraft so vehement auseinander bewegt, dass ein Implosionsgeräusch hörbar wird.

werden von großen Muskeln beim Rufen so schnell auseinander bewegt, dass der zwischen ihnen entstehende Unterdruck eine Implosion nach sich zieht, die dann, von der Box als Klangkörper verstärkt, als Klick hörbar wird. Ob dieses Prinzip auch bei der Lauterzeugung aller übrigen Pipiden in dieser Art funktioniert, ist noch nicht abschließend geklärt.

Schallblasen fehlen bei Pipiden, und ein rufendes Tier kann man höchstens an seinem typischen Verhalten ausmachen. So stützen sich etwa ein rufender Zwergkrallenfrosch oder *Pipa carvalhoi* meist auf den Fingerspitzen ab und strecken die Arme dabei etwas abgewinkelt aus; *Xenopus fraseri* bspw. hält seine Arme dagegen oft eher in einer ausladend runden Stellung. Die Finger müssen den Boden aber nicht berühren, häufig tariert sich das Tier so aus, dass es keinen Kontakt zum Grund hat. Jedoch nicht nur aus dieser ruhenden Position heraus, sondern auch beim Umherschwimmen rufen zumindest manche Arten; besonders mein Männchen von *X. andrei* aus der Zuchtlinie der „Station de Zoologie expérimental“ der Universität Genf ist ein ausgeprägter „Schwimmrufer“.

Zwar rufen die Tiere ganz überwiegend nachts, aber auch längere Rufserien am hellen Tage konnte ich schon bei *Pipa parva, Hymenochirus boettgeri, Xenopus andrei, X. boumbaensis* und einem *fraseri*-Artigen nachweisen, wobei Letzterer sogar häufig in der Ruhestellung an der Wasseroberfläche ruft – ein bisher in der Literatur nicht erwähntes Verhalten. Nach Walcker (1968) ruft *X. muelleri* ebenfalls am Tag und nachts. Bei anderen Arten, wie *Pipa carvalhoi, Silurana tropicalis, Silurana* cf. *epitropicalis, Xenopus amieti, X. laevis* oder *X. wittei*, hörte ich tagsüber bisher stets nur vereinzelte Rufe.

Kämpfe

Ring frei! Die nächtlichen Kämpfe der männlichen Zwergkrallenfrösche und Wabenkröten sind ebenso interessante wie den Betrachter erheiternde „Veranstaltungen“ – wenn die Tiere selbst das auch wohl ein bisschen anders sehen...

Hymenochirus boettgeri etwa besetzt ein kleines Revier, von dem aus er seinen Anzeigeruf ertönen lässt. Kommt ein anderer Frosch vorbei, so führt der „Platzhirsch“ tanzende Bewegungen mit seinen Hinterbeinen aus. Möglicherweise lässt er damit den Seitenlinienorganen eines potenziellen Konkurrenten die Botschaft seiner Anwesenheit zukommen, oder aber diese Bewegungen sollen dem sich nähernden Tier die Duftstoffe aus der Postaxillardrüse zufächeln. Weicht das andere Männchen nicht aus, so gehen die beiden Tiere einander gegenüber in Position und quaken sich mit einem bestimmten Ruftyp an. Immer wieder führen sie wechselseitig Rammstöße gegen den Kontrahenten aus. Es fällt auf, dass sie den Kopf dabei stets nach oben abgewinkelt halten – und das hat seinen guten Grund, denn bei den Rammstößen gelingt es manchmal einem der Gegner, den anderen von oben im Nackenbereich zu klam-

Diese *Hymenochirus*-Männchen gehen einander gegenüber in Stellung und quaken sich an.

Dann rammen sie den Gegner...

...und versuchen, ihn in den Schwitzkasten zu nehmen.

Ist dies einem der beiden gelungen, schießen die Tiere kurz wild durchs Becken...

...und sinken schließlich zu Boden.

Der Überlegene hält seinen Gegner noch eine Weile fest und gibt ihm oft ein paar Rucke mit. Fotos: K. Kunz

mern, ihn sozusagen in den Schwitzkasten zu nehmen, oder aber ihn nach einer blitzschnellen Drehung von hinten im Rückenbereich zu klammern. Daraufhin schießen die beiden Streithähne unter heftigem Gezirpe und Gequietsche für kurze Zeit wild durchs Becken und an die Oberfläche, bis sie dann schließlich wieder absinken und irgendwo im Pflanzengewirr oder am Grund liegen bleiben, wobei man dann bemerken kann, dass der Geklammerte oft sogar wie beim Ringen regelrecht geschultert ist. Das überlegene klammernde Tier versetzt dann manchmal dem Verlierer noch einige Rucke. Hält sich der Unterlegene eine Weile ruhig, wird er wieder freigegeben, was ihn aber häufig nur sogleich dazu bewegt, dem Sieger ohne Zögern eine neue Kampfrunde anzutragen.

Auch die Männchen der Wabenkröten sind rauflustige Gesellen, und ihre Zwistigkeiten ähneln sehr denen ihrer kleineren Verwandten. Bei *Pipa carvalhoi* kann man wie auch bei *Hymenochirus* beobachten, dass ein Männchen ein anderes von hinten klammert. Es streckt dann abwechselnd das rechte und linke Bein vor und kratzt damit ein- oder zweimal über den Kopf des Gegners, ähnlich wie bei der Paarung. Umklammerungen werden aber auf Zittern oder Beinstoßen nach hinten und seitwärts hin meist rasch gelöst.

Männchen von *P. pipa* vermögen offenbar die Klicks des Kontrahenten zu orten und schwimmen in dessen Richtung. Die Gegner richten sich Kopf an Kopf aus und bewegen sich langsam aufeinander zu, wobei sie mit der Schnauze fast oder tatsächlich an Brust oder Kehle des Rivalen stoßen, um dann wieder zurückzuweichen. Der Kopf wird dabei abgewinkelt gehalten, jedoch versuchen die Tiere offenbar zumindest bei dieser Verhaltensweise nicht, sich zu klammern. Manchmal kippen sie jedoch bei ihren Gängen auch in einer langsamen Kreisbewegung um. Landen sie dabei auf dem Rücken, verharren sie einige Sekunden unbeweglich, bevor sie sich wieder umdrehen und das Gefecht fortsetzen. Zwischen den Attacken ertönen oft einzelne metallische Klicks (10–24 s Abstand). Stoßen die Tiere zusammen, folgen schnelle Klicksserien von 6–8,5 s Dauer (3,2 Klicks/s). Klopft man an das Aquarium, etwa mit einer Münze, so kann man damit häufig eine Klickserie des Männchens auslösen. Es wurde auch schon beobachtet, dass ein Männchen von vorn über ein anderes schwamm und dieses mehrfach ruckartig mit den Innenarmen berührte, wobei beide in rascher Folge klickten und das andere Männchen zitterte wie ein nicht paarungsbereites Weibchen, bevor es mit einem Fußtritt nach vorn den Gegner wegdrückte. Später klammerte das erstgenannte das zweite von vorn an den Flanken, arbeitete sich dann unter heftigen Bewegungen bis zum Bein vor und „biss" das andere Tier in den Schenkel (allerdings besitzt *P. pipa* keine Zähne), bevor es davonschwamm. Beide Männchen klickten während dieses Geschehens. Weiterhin geschieht es manchmal, dass ein Männchen ein bereits verpaartes mit der Schnauze rammt. Dieses kann mit Maulaufsperren und Tritten reagieren. Mit Zittern, dann aber mit Bissen und Tritten vertreibt ein verpaartes Männchen auch Kontrahenten, die es selbst oder das Weibchen zu klammern versuchen. Gerät ein Artgenosse, auch ein Weibchen, störend in den Weg des Paars, kann das Männchen es ebenfalls durch Tritte und Bisse verjagen. Dieses Abwehrverhalten durch Beißen bei *Pipa* ist wohl für Anuren einmalig.

Wie auch bei *Hymenochirus boettgeri* festgestellt, überwiegt auf dem Höhepunkt der Aktivität übrigens offenbar der Kampf- den Paarungstrieb. Oben deutete ich bereits an, dass solche Kämpfe wohl ausschließlich nachts stattfinden. Tagsüber kann man dann oft die Tiere, die sich wenige Stunden zuvor noch erbitterte Duelle geliefert hatten, friedlich vereint im selben Versteck sitzen sehen.

Purzelbaum und Looping – vom Paarungsverhalten der Pipiden

Zum Paarungsverhalten der meisten Pipiden-Arten gibt es fast oder gar keine Informationen. Das liegt zum einen daran, dass diese Frösche weder im Freiland eingehend erforscht (was aufgrund der meist trüben Wohngewässer auch sehr schwierig ist) noch intensiv im Labor beobachtet wurden, zum anderen aber auch an der Tatsache, dass sie ethologischer (verhaltenskundlicher) Untersuchungen offenbar gar nicht für wert erachtet wurden: Selbst über das Paarungsverhalten des millionenfach gezüchteten Großen Krallenfrosches *Xenopus laevis* ist erstaunlich wenig bekannt. Zwar liegen einige sehr detallierte Schilderungen vor, doch stammen diese großteils aus Beobachtungen unter wenig naturnahen Bedingungen und vor allem unter Einsatz von Hormonen (vgl. KELLEY 1982).

Bei der Paarung klammern Pipidenmännchen ihre Partnerin um die Lenden (Amplexus inguinalis). Weil bei dieser „altertümlichen" Methode die Kloaken weiter auseinander liegen als beim „moderneren" Axillaramplexus, krümmt sich das Männchen in dem Moment, in dem das Weibchen die Eier ausstößt, stets stark, um so die Kloaken in näheren Kontakt zu bringen. Männchen auf dem Höhepunkt der Paarungsstimmung klammern hin und wieder auch vorgehaltene Gegenstände, die Hand oder den Finger (s. S. 17). Bei *Xenopus* klammern manchmal auch Weibchen, vor allem, wenn man sie mit Testosteronpräparaten behandelt. Der Amplexus vor der Eiablage dauert meist zwischen wenigen Stunden (*Hymenochirus*) und bis zu drei Tagen (*Xenopus laevis*, *Hymenochirus*)

Bei den *Pipa*-Arten, soweit bis jetzt beobachtet, läuft die Paarung nach folgendem Schema ab (eine ausführlichere exemplarische Schilderung findet sich im Artenteil bei *P. pipa*): Vor der Eiablage schwellen Rückenhaut – mit Ausnahme des Kopfbereichs – und Kloake stark an, wahrscheinlich durch hormonell gesteuerte Wassereinlagerung ins Bindegewebe und vor allem ausgelöst durch den Amplexus. Die geschwollene Rückenhaut ist nicht eben, sondern pfannenartig konkav. Nachdem eine mehr oder weniger lange Zeit im Amplexus verstrichen ist, erheben sich die Tiere etwas über den Boden, drehen sich dann um ihre Längsachse, sodass die Bauchseiten nach oben zeigen, und dann um die Querachse über Kopf wieder in die Normallage, sodass sie nach Abschluss dieser Bewegungen in entgegengesetzter Blickrichtung wie vor dem „Purzelbaum" orientiert sind. Zeigen während der zweiten Drehung die Hinterenden beider Tiere nach oben (oder auch schon in Rückenlage), so gibt das Weibchen einige Eier ab, die beim Weiterdrehen zwischen den Partnern herab- und auf den Rücken des Weibchens fallen, das dabei ein Hohlkreuz macht. Dort bleiben die klebrigen Eier haften. Zwischen diesen einzelnen Laichvorgängen ruht das Paar am Grund, wobei das Männchen mit Kopf und Bauch die Eier anpresst und sie, wie bei *P. carvalhoi* beobachtet, weiter vorn, wo es mit seinem Kopf und Rumpf nichts mehr ausrichten kann, mit den Hinterbeinen glatt und in eine Lage streicht. Nach der Eiablage sinken die Eier in die angeschwollene Rückenhaut ein, wobei schließlich jedes separat in einer Art Eikammer liegt, der sog. Wabe. Diese Waben entstehen wohl auf einen Reiz hin, der von den Eiern selbst ausgeht, denn an Stellen, an denen nach der Paarung keine Eier haften, bildet sich die Schwellung bald zurück. All diese Prozesse bis zum Ende der Entwicklung der Larven bzw. der jungen Frösche gehen mit tief greifenden Umgestaltungen der Hautbeschaffenheit einher.

Die sich entwickelnden Larven liegen in eingerollter Position mit um den Körper geschlagenem Schwanz in den Kammern, die ein dichtes Kapillarnetz umgibt, und nähren sich vom reichlich vorhandenen Dotter. Eier, die nicht eingebettet sind, konnten bis jetzt meines Wissens noch nie künstlich gezeitigt werden. Beim Schlüpfen erweitern offenbar nicht die Larven bzw. die jungen Frösche die äußerst zähe Haut, sondern es findet ein erneuter Umbau statt, die Poren weiten sich also quasi von selbst. Die Larven bzw. jungen Frösche schlüpfen auch wohl nicht aus eigener Kraft, sondern werden mehr herausgedrückt, was man auch daraus schließen kann, dass das Muttertier nicht lebensfähige Larven ebenfalls abstößt. Wie bereits angedeutet, schlüpfen bei einigen Arten Kaulquappen, bei anderen fertige Jungfrösche (siehe Artenteil). Der Schlupf der Tiere kann sich über mehrere Tage hinziehen. Danach dauert es wiederum einige Tage, bis sich die Haut erholt hat – ein Vorgang ähnlich einer Wundheilung.

Einige Vorteile dieser ebenso bizarren wie faszinierenden Brutpflegestrategie liegen auf der Hand: Die eingebetteten Eier bzw. Larven oder jungen Frösche sind vor Verletzungen ebenso wie vor Fressfeinden geschützt, außerdem gegen Bakterien- und Pilzbefall. Vermutlich werden die Embryonen aber nicht oder zumindest nicht in hohem Maß mit Nährstoffen versorgt: Bei *P. carvalhoi* erwies sich, dass das Trockengewicht der Larven geringer ausfällt als das der Eier. Ein Gasaustausch ist allerdings sehr wahrscheinlich.

Weshalb aber schlüpfen bei manchen Arten Kaulquappen, bei anderen dagegen fertige Fröschchen? In den oft aufs höchste eutrophierten (nährstoffreichen) und sauerstoffarmen Tümpeln, die etwa *P. carvalhoi* und *P. parva* bewohnen, gibt es keine Fische, sodass die Tiere Larven zur Welt bringen können, die von den reichlich vorhandenen Kleinlebewesen wie Algen und winzigen Krebschen profitieren. Bspw. *P. pipa* dagegen lebt in fischreichen Gewässern, wo es von Vorteil ist, die Entwicklung der Jungtiere in den Waben bis zum fertigen Fröschchen auszudehnen, sodass ein Larvenstadium in Konkurrenz zu Fischen und unter höherem Druck durch Fressfeinde ganz entfällt.

Wie aber vermochte sich eine so außergewöhnliche Brutpflegestrategie überhaupt zu entwickeln? Man kann sich vorstellen, dass ursprünglich Eier, die bei den Purzelbäumen der Tiere zufällig am Rücken der Mutter kleben blieben, eine höhere Entwicklungschance hatten als solche, die herunterfielen. Aber dazu hätte es ja zunächst einmal der „Paarungsbrauch" der Wabenkröten sein müssen, diese komplizierten Drehungen überhaupt durchzuführen, die ja nur im genannten Zusammenhang einen Sinn zu ergeben scheinen. Das klingt äußerst unwahrscheinlich – ist es aber keineswegs, wie ein Blick auf die afrikanischen Verwandten der *Pipa*-Arten zeigt, und zwar besonders auf *Silurana*, aber auch bspw. auf *Xenopus wittei*. Beobachtet man die Paarung dieser Tiere, so hat man praktisch die Stufe vor dem Brutpflegesystem der *Pipa*-Arten vor Augen: Der Ablauf kann nämlich exakt derselbe sein, nur mit dem Unterschied, dass die Eier nicht am Rücken des Weibchens festhaften, sondern einfach herabfallen. Auch diese afrikanischen Frösche drehen sich also genauso um die Längs- und Querachse wie die Wabenkröten. Allerdings ist das Paarungsverhalten der Krallenfrösche sehr viel variabler, und zwar selbst innerhalb einer Art, eines Pärchens, ja sogar einer einzigen Paarung. Die Bilderserie (S. 27f.) bietet einen Eindruck vom Großteil dieser Variationsbreite, wie ich ihn bei *Silurana* cf. *epitropicalis* (eine Form mit 40 Chromosomen, möglicherweise *S. epitropicalis*, zumindest *epitropicalis*-ähnlich) dokumentieren konnte. Die Tiere zeigen unter anderem die gleichen Paarungsbewegungen wie *Pipa*, also die einleitende Drehung um die Längsachse, dann den Purzelbaum mit Laichabgabe in der Senkrechten. Sie führen diesen Bewegungsablauf aber im Gegensatz zu *Pipa* nicht nur im freien Wasser aus, sondern häufig auch so, dass die senkrechte Position unmittelbar an Wasserpflanzen bzw. deren Wurzelwerk oder – im Aquarium – an der Scheibe erreicht wird. Die austretenden, sehr klebrigen Eier bleiben dann großteils dort haften; dagegen konnte ich nie beobachten, dass Eier an der Haut der Frösche kleben geblieben wären. In der Fotoserie außerdem zu sehen sind Laichen in Rückenlage oder in der Senkrechten (jeweils mit Kontakt der Kloaken zur Wasseroberfläche), in Rückenlage im freien Wasser sowie in Rückenlage an Pflanzen.

Measey & Tinsley (1997) dokumentierten ein ähnlich variables Laichverhalten bei *Xenopus wittei*. Diese Art legt ihre Eier in normaler Lage am Boden, in vertikaler Position an den Scheiben (jedoch im Unterschied zu *Silurana* cf. *epitropicalis* mit dem Kopf nach oben gerichtet) sowie in Rückenlage an der Wasseroberfläche bzw. an der Unterseite dort treibender Wasserpflanzen ab und beschreibt dabei Loopings (Turnovers). Weiterhin beobachteten die genannten Autoren einmal, wie ein Paar bei einem Wasserstand von nur 11 cm in Normallage am Boden (Rücken nach oben) oder senkrecht (Kopf nach oben) an den Scheiben laichte, nach Erhöhung des Wasserstandes auf 16 cm dagegen zu Turnovers überging und seine Eier in Rückenlage an der Wasseroberfläche abgab.

Das im Amplexus vereinte *Hymenochirus*-Pärchen steigt an die Oberfläche...

...und laicht dort in Rückenlage.

Das Männchen von *Silurana* sp. „wischt" mit dem Hinterfuß über den Kopf des Weibchens – wohl eine stimulierende Geste

Zwischendurch kommt das Paar zum Atmen an die Oberfläche.

Richtungsänderungen gehen stets vom Weibchen aus.

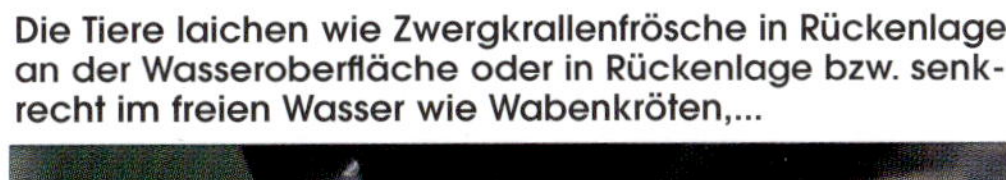

Die Tiere laichen wie Zwergkrallenfrösche in Rückenlage an der Wasseroberfläche oder in Rückenlage bzw. senkrecht im freien Wasser wie Wabenkröten,...

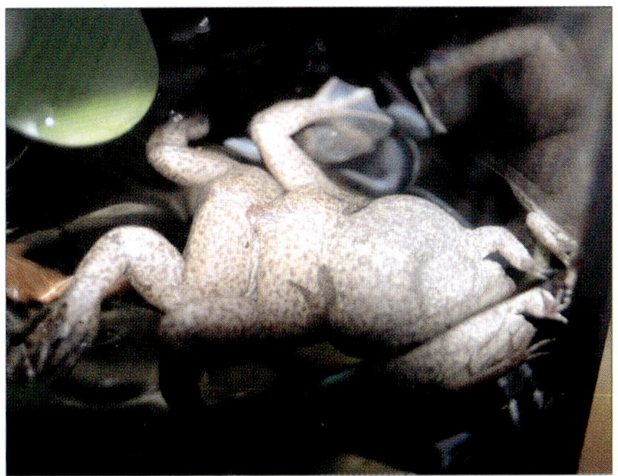

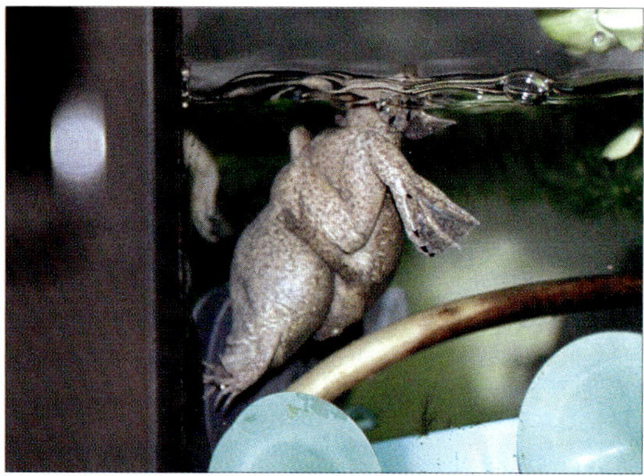

... senkrecht an der Wasseroberfläche...

oder senkrecht unter Wasser an den Scheiben.

Eher selten zu sehen: Laichen in Rückenlage im freien Wasser. Fotos S. 27, 28: K. Kunz

Erstaunlicherweise wenig bekannt ist, dass auch bei *X. laevis* Drehbewegungen um die Längsachse auftreten. Bei den Versuchen, geeignete Eiablagesubstrate zu finden, kommt es häufig vor, dass das Pärchen an Wasserpflanzen herauf- und herabschwimmt und sich bauchoben dreht, um Eier an Pflanzen an der Wasseroberfläche heften zu können. Möglicherweise sind die Drehungen während der Paarung ein generelles Verhaltensmerkmal auch der afrikanischen Pipiden.

Wie zuvor geschildert, zeigen aber zumindest *Silurana* cf. *epitropicalis* und *Xenopus wittei* ein äußerst variables Paarungsverhalten. Sie stehen damit zwischen den hoch spezialisierten *Pipa*-Arten, die wahrscheinlich ausschließlich in der Senkrechten (Kopf nach unten) oder noch in Bauch-oben-Position ablaichen, und den ebenfalls hoch spezialisierten *Hymenochirus*- und *Pseudhymenochirus*-Spezies, die offenbar ihre Eier stets in Rückenlage (siehe aber unten) am Oberflächenhäutchen platzieren. Zu diesem Zweck steigt das im Amplexus vereinte Pärchen empor, dreht sich, oft nach vorherigem Luftschnappen, knapp unter der Oberfläche in Rückenlage und legt bzw. befruchtet dann jeweils einige Eier, wobei die Kloaken der bei diesem Vorgang wie auch bspw. bei *Silurana* cf. *epitropicalis* heftig strampelnden Tiere das Oberflächenhäutchen durchbrechen. SUGHRUE (1969) schreibt, die „turnovers“ differierten zwischen den *Hymenochirus*-Arten – einige vollführten sie seitwärts, andere kopfüber –, erwähnt aber leider nicht, auf welche Arten sie sich bezieht. Die Eier von *Hymenochirus* sind wie auch die der ebenfalls manchmal an der Oberfläche laichenden *Silurana* und zumindest *Xenopus wittei* nicht leichter als Wasser, sondern gehen unter, wenn sie angestupst werden – lediglich die Oberflächenspannung hält sie oben. Nicht befruchtete oder absterbende Eier sinken ebenfalls mit der Zeit ab. Der Sinn von Eiablagen an der Oberfläche könnte vor allem in der besseren Sauerstoffversorgung der Eier im warmen, stehenden und oft eutrophierten Wasser liegen. Außerdem sind sie dort vor Räubern des Freiwassers sicherer.

Bei Weibchen mehrerer Pipiden-Arten wurde beobachtet, dass sie sogar während der Paarung Nahrung aufnehmen oder aber erbrechen.

Viele Merkmale des Paarungsverhaltens scheinen unter Pipiden weit verbreitet zu sein. Bspw. treten bei *Hymenochirus boettgeri*, *Pseudhymenochirus merlini*, *Xenopus laevis* und *Pipa pipa* „pumpende" Bewegungen des Männchens während des Amplexus auf, „wischende" Bewegungen mit dem Fuß über den Kopf des Weibchens, die wohl animierend wirken, Drehungen bei der Eiablage und eine steife, durchgestreckte Haltung nicht paarungsbereiter Weibchen, die dabei zittern und leicht mit den Füßen wedeln. Da auch zumindest Drehungen um die eigene Längsachse während der Paarung bei Vertretern aller Pipidengattungen belegt sind, ist wohl anzunehmen, dass diese Bewegung schon beim gemeinsamen Vorfahren der rezenten (noch lebenden) Pipiden auftrat.

Wie die Beobachtungen von Measey & Tinsley (1997) sowie meine eigenen belegen, hängt das Paarungsverhalten im Aquarium zumindest bei einigen Arten sehr stark von der Einrichtung, insbesondere der Bepflanzung, aber auch vom Wasserstand ab. Daher ist selbst bei so gut erforschten Arten wie *Xenopus laevis* noch mit Überraschungen zu rechnen.

Manchmal kommt es übrigens zu spontanen Eiablagen eines Weibchens, teilweise sogar mit typischen Paarungsdrehungen. Dies ist vor allem bei einzeln gehaltenen Tieren der Fall, die Paarungsrufe hören können, kommt aber auch in Anwesenheit von Männchen vor.

Hybriden und Polyploidie

Zumindest die *Xenopus*-Arten sind untereinander mehr oder weniger gut kreuzbar, und sogar *Silurana*-Eier lassen sich unter bestimmten Bedingungen mit Spermien von *Xenopus* befruchten. *X. wittei* und *X. vestitus* bspw. produzieren lebensfähige Bastarde, bei denen die Männchen steril sind. Die Hybrid-Weibchen produzieren befruchtungsfähige Eier, doch bei Rückkreuzungen mit Männchen beider Arten sterben die Embryonen frühzeitig ab. Natürliche Bastarde sind von *X. l. laevis* mit *X. gilli* und mit *X. muelleri* sowie von *X. borealis* mit *X. l. victorianus* bekannt. Ein Problem stellt die Bastardisierung von *X. laevis* mit *X. gilli* in Südafrika dar, die zusammen mit der Habitatveränderung bzw. -zerstörung fast zum Erlöschen von *X. gilli* geführt hätte.

Mit Ausnahme der diploiden *Silurana tropicalis* sind alle bis jetzt bekannten Krallenfroscharten tetra-, okto- oder dodekaploid, besitzen also vier-, acht- oder zwölffache Chromosomensätze, und man vermutet daher, dass die verschiedenen Spezies durch Hybridisierung entstanden, durch Verpaarung zweier Elternarten. Diese Annahme wird vor allem durch die Tatsache gestützt, dass sowohl „natürliche" als auch im Labor erzeugte Hybridweibchen spontan endoreduplizierte Eier in verschiedener Menge produzieren, d. h. Eier mit mehrfachem Chromosomensatz. Kreuzt man solche Tiere mit beiden Elternarten zurück, so können in Bezug auf den Chromosomensatz der Elternarten tetraploide Tiere resultieren. Leider hat nach heutigem Wissensstand keine der mutmaßlich diploiden Elternarten beider Gruppen tetraploider *Xenopus*-Arten überlebt, sodass die interessanten Einblicke in die Genetik, die eine solche Elternart bieten würde, nicht möglich sind. Das erste Hybridisierungsereignis, das bei Krallenfröschen zu Polyploidie (Vorhandensein vielfacher Chromosomensätze) führte, fand vermutlich vor etwa 30 Millionen Jahren statt.

In zehn Quartetts arrangierter Karyotyp der *epitropicalis*-ähnlichen *Silurana* sp. (tetraploid), von der die Serie mit den Paarungsaufnahmen stammt. Die beiden ersten Chromosomen des umrahmten Quartetts 8 zeigen Sekundärkonstriktionen auf ihrem längeren Arm, ebenso das zweite Chromosom von Quartett 9. Abb.: G. Odierna

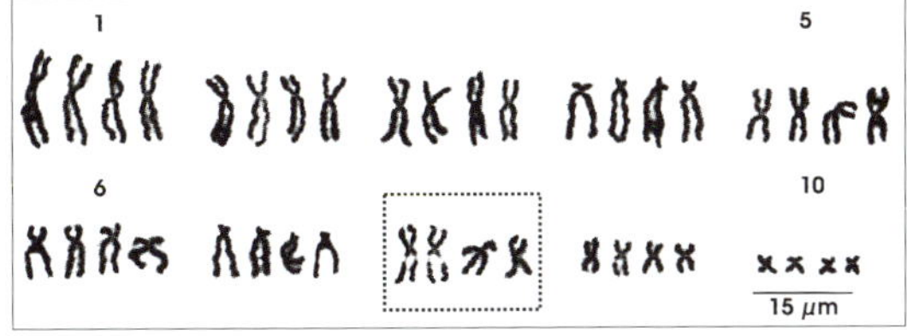

Die Haltung

Rechtliche Grundlagen

Pipiden unterliegen derzeit in Deutschland keinen Artenschutzbestimmungen, für ihre Haltung bestehen keine speziellen Einschränkungen. Selbstverständlich ist aber das Tierschutzgesetz zu beachten, die Frösche müssen also u. a. art- und verhaltensgerecht untergebracht werden, der Halter muss die nötigen Kenntnisse besitzen usw. Das vollständige Tierschutzgesetz können Sie kostenlos beim Bundesministerium für Verbraucherschutz, Ernährung und Landwirtschaft, Referat Öffentlichkeitsarbeit, Postfach, 53107 Bonn, bestellen.

Das Becken

Die erste Überlegung bei der Anschaffung eines Beckens gilt dem Material: Glas oder Kunststoff? Die Antwort richtet sich nach dem Zweck der Tierhaltung: Beabsichtigen Sie, ein Schauaquarium im Wohnbereich einzurichten, so kommen nur die gängigen Glasaquarien in Frage, die Sie in jedem Zooladen erwerben können. Nur sie genügen den ästhetischen Ansprüchen, die man in diesem Fall stellt, und ermöglichen eine befriedigende Beobachtung der Tiere. Auch für Verhaltensstudien kommen vorwiegend Glasaquarien in Frage.

Nicht besonders ansehnlich, aber ansonsten optimal: Plastikbecken zur Haltung eines Pärchens von *Xenopus wittei*
Foto: K. Kunz

Wer dagegen eine größere Anzahl von Becken plant, die ausschließlich funktionellen Charakter haben („Zweckaquarien") und außerhalb des Wohnbereichs bspw. in einem separaten Hobbyraum aufgestellt werden sollen, der wird unbedingt auf mehr oder weniger durchsichtige oder noch besser dunkle Kunststoffbehälter zurückgreifen. So bestehen die meisten meiner Zucht- und Aufzuchtbecken aus großen Plastikkisten, wie man sie in Bau- oder Supermärkten kaufen kann. Diese Kisten bieten außer den Nachteilen bei den Beobachtungsmöglichkeiten und ästhetischer Natur nur Vorteile: Sie sind sehr preiswert, leicht, bruchfest, besitzen im Gegensatz zu Glasaquarien keine Silikonfugen, an denen Wasser austreten könnte, und sie lassen sich mit heißem Wasser einfach reinigen und desinfizieren.

Wählen Sie bei Glasaquarien solche mit schwarzen Silikonfugen. So haben es Algen schwerer, die Fugen zu unterwandern und für leckende Stellen zu sorgen.

Größe

Für ein Pärchen von Zwergkrallenfröschen reichen bereits Maße von 40 x 25 x 25 cm aus, wenn geräumigere Becken auch natürlich vorteilhafter sind – den Wasserstand allerdings wählt man nicht höher als 20 cm. Für eine Gruppe von zwei Männchen und vier Weibchen sollten Beckenmaße von 60 x 30 x 30 cm nicht unterschritten werden.

Diese Maße genügen auch für je ein Pärchen der kleinen Wabenkröten- und Krallenfroscharten. Für zwei Pärchen sollte hier eine Beckenlänge von mindestens 80 cm gewählt werden, ebenso wie für ein Pärchen der großen Krallenfroscharten.

Für *Pipa pipa* sind Becken ab 100 x 50 x 60 cm adäquat.

Die paarweise oder gar Einzelhaltung ist aber nach meiner Erfahrung nicht zu empfehlen. Man pflegt Pipiden besser in einer Gruppe und wählt dafür die Beckengröße etwas reichlicher. Besonders Krallenfrösche sind „Gemeinschaftswesen", die den Körperkontakt von Artgenossen, aber offenbar auch schon deren bloße Anwesenheit schätzen. Prof. Dr. KOBEL erzählte mir, wie er große Mengen an Fallen in gleichartigen Stillwasserabschnitten eines Bachlaufs positionierte. Alle blieben leer, bis auf die Fallen an einer bestimmten Stelle, in denen sich die Tiere gleich dutzendweise fingen. Auch dies möglicherweise ein Hinweis auf Geselligkeit? In der Natur findet man oft hohe Populationsdichten, bspw. wurden in einem 34 x 56 m messenden Teich rund 1000 *Xenopus* plus 3000–4000 Larven geschätzt. Jedoch sollte man sein Becken natürlich auch nicht überbesetzen, sonst kommt es zu Stress und mangelnder Fortpflanzungsbereitschaft. Selbst für vier *X. laevis* reicht aber bereits ein 100-cm-Becken aus.

Als Faustregel für die Mindestmaße bei der Haltung von *X. laevis* im Labor geben HILKEN et al. (1997) folgende Werte an (s. Tabelle unten), die sich näherungsweise für die anderen Arten umrechnen lassen. Dabei ist zu beachten, dass für Pipiden die Fläche pro Tier wichtiger ist als das zur Verfügung stehende Wasservolumen.

Standardisierte Haltung von *Xenopus* und *Silurana* an der „Station de Zoologie expérimental" der Universität Genf Foto: K. Kunz

Standort

Während man in der Frühzeit der Aquaristik die Becken in Fensternähe platzierte, um eine möglichst große Lichtausbeute für die photosynthetisierenden Pflanzen zu erreichen, rät Ihnen heute jedes Aquaristikbuch, den Standort des Behälters am besten so zu wählen, dass dieser kein direktes Sonnenlicht erhält. Die Gründe dafür sind zum einen die drohende Überhitzung und zum anderen das starke Algenwachstum, das durch natürliches Sonnenlicht gefördert wird. Im Prinzip gilt dies auch für Pipidenaquarien: Weg vom Fenster! Allerdings gibt es hier Ausnahmen. So steht bei mir z. B. eine Reihe kleiner Glasbecken für Zwergkrallenfrösche auf der Fensterbank eines Südfensters. So etwas sollte man jedoch nur machen, wenn man absolut sicherstellen

Alter	ungefähre Kopf-Rumpf-Länge (cm)	Fläche pro Frosch in Gemeinschaftshaltung (cm^2)	Fläche pro Frosch in Einzelhaltung (cm^2)	Wassertiefe (cm)
bis 4 Wochen	<3.5	40	750	5–15
bis 8 Wochen	<4.0	80	1500	10–15
bis 4 Monate	<5.5	240	1500	10–20
bis 8 Monate	<7.0	300	2400	10–20
bis 18 Monate	<11.0	450	2400	15–30
adult				
(Männchen)	6–9			
(Weibchen)	10–13	600	2400	20–50

kann, dass es zu keiner Überhitzung kommt: Zum einen öffne ich bei starkem Sonnenschein den Fensterladen in diesem Raum bis zum Nachmittag nur so weit, dass die Becken lediglich teilweise bestrahlt werden; zum anderen sind die Außenseiten der Aquarien mit Alufolie beklebt, die auf der zum Aquarium weisenden Seite mit schwarzem Papier beschichtet ist. Die Alufolie reflektiert einen Großteil der Strahlung nach außen, und die schwarze Innenseite gibt den Fröschen ein Gefühl der Sicherheit. Im Gegensatz zu manchen Literaturangaben scheuen alle meine Zwergkrallenfrösche nämlich direktes Sonnenlicht und ziehen sich am liebsten in dunkle, geschützte Bereiche zurück.

Weshalb aber setze ich die Becken dann überhaupt dem Sonnenlicht aus? Wegen des überreichen Wachstums der Wasserpflanzen und der Algen. Während Algen für den Fischaquarianer meist ein Graus sind, freue ich mich über die dichten Beläge, die die Scheiben und den Boden überziehen (natürlich befreit man die Frontscheibe regelmäßig davon, um seine Tiere beobachten zu können): Auch und gerade in diesen kleinen Becken kommen bei mir nämlich keine Filter zum Einsatz. Das vom Sonnenlicht geförderte Wachstum anspruchsloser Pflanzen wie Wasserpest oder Flutendes Wassermoos und speziell der Algen, die einen Teil der Abfallprodukte aus dem Stoffwechsel der Frösche durch Photosynthese dem Wasser entziehen, sorgt für stets sauberes Wasser. Üppig wuchernde Fadenalgen entfernt man, sobald es nötig erscheint, und zweigt so dem Aquarium die darin gebundenen Nährstoffe ab. Gedeihen außerdem kleinste Schwebealgen, so ist dieses Wasser das ideale Aufzuchtmedium für die Larven der Krallenfrösche und Wabenkröten (siehe Kapitel Aufzucht, S. 50). Aber bitte denken Sie daran: Nur, wenn eine Überhitzung absolut ausgeschlossen ist, können Sie direktes Sonnenlicht nutzen! Ansonsten bekommen Sie schnell gekochte Frösche...

Weiterhin sollte der Standort für das Aquarium frei von Zugluft sein und sich nach Möglichkeit nicht auf einem leicht schwingenden Untergrund befinden, wie ihn bspw. manche Parkettböden bilden. Die Erschütterungen des Beckens durch vorbeilaufende Personen würden die Tiere sonst jedesmal erschrecken. Dies gilt insbesondere für Kaulquappen in Aufzuchtbecken. Auch die unmittelbare Nähe von Lautsprechern sollte gemieden werden.

Selbst Plastikbehälter, die reinen Zuchtzwecken dienen, stellt man niemals unmittelbar auf den Boden, sondern immer zumindest etwas erhöht auf. Nur auf diese Weise kann man nämlich zum Absaugen von Mulm und Exkrementen das Prinzip der verbundenen Röhren nutzen, indem man das Aquarienwasser durch einen wassergefüllten Schlauch in einen tiefer stehenden Eimer fließen lässt.

Ist man handwerklich unbedarft, so erwirbt man für Aquarien im Wohnbereich am besten einen passenden Unterschrank, und zwar möglichst einen mit Türen, hinter denen man das Zubehör verstauen kann. Stellen Sie niemals ein Glasbecken direkt auf den Unterschrank oder einen sonstigen Unterbau! Geringe Unebenheiten oder selbst ein winziges Sandkorn bewirken Spannungen im Glasboden, die unter Umständen zum Bruch und damit zur größten Freude des Aquarianers, nämlich zur Überschwemmung des Wohnzimmers führen könnten. Platzieren Sie deshalb das Glasbecken immer auf einer elastischen Unterlage. Zu den gängigen Aquariengrößen passende Schaumstoffmatten können Sie im Fachhandel kaufen – eine Styroporplatte tut's aber auch.

Unbedingt zu berücksichtigen sind statische Gesichtspunkte. Allein das Wasser eines 120 x 50 x 60 cm messenden Beckens für Große Wabenkröten wiegt (der Einfachheit halber angenommen, das Becken sei bis zum Rand gefüllt) rund 360 kg. Dazu kommen das hohe Eigengewicht der Glasscheiben, des Unterschranks, des Bodengrundes usw. Stellen Sie das Aquarium nicht auf ein bereits vorhandenes Möbelstück, sondern nur auf einen speziell auf das jeweilige Gewicht abgestimmten Unterbau. Wer große und/oder mehrere Becken plant, ist je nach Lage der Dinge gut beraten, einen Statiker zu konsultieren.

Sicher ist sicher: Eine Hausratsversicherung, in der Aquarien ausdrücklich mit eingeschlossen sind, kann viel Ärger ersparen.

Abdeckung

Das Aquarium muss in jedem Fall eine Abdeckung besitzen, in der keine Lücke so groß sein darf, dass auch nur das kleinste Tier im Becken entweichen könnte: Auf dem Teppich gelandete Frösche vertrocknen innerhalb kurzer Zeit, *Xenopus laevis* bspw. innerhalb von etwa drei Stunden. Die Abdeckungen der handelsüblichen Aquarien weisen oft große Aussparungen für Kabeldurchlässe oder Filter auf. Alle nicht durch solche Gegenstände ausgefüllten Lücken sollte man unbedingt verschließen, indem man z. B. mit Aquariensilikon ein passend geschnittenes Stück Kunststoff einklebt. Krallenfrösche etwa können ohne weiteres aus einem nicht abgedeckten Aquarium herausspringen. Frisch eingesetzte *Silurana* cf. *epitropicalis* bspw. sprangen bei mir so hoch, dass sie an die 10 cm über der Wasseroberfläche angebrachte Deckscheibe stießen, und früher entkamen mir einmal zwei etwa 5 cm große *Xenopus laevis* in derselben Nacht aus einem Aquarium ohne Abdeckung, obwohl der Wasserspiegel 13 cm unter der Abdeckung lag.

Zwergkrallenfrösche sowie Jungtiere von Krallenfröschen und Wabenkröten klettern mit großer Geschwindigkeit an den Scheiben empor. Die kleinen, leichten Tiere haften dort rein durch die Adhäsionskräfte zwischen der feuchten Behälterwand und dem eigenen Körper. Dieses Verhalten beobachtet man vor allem bei frisch importierten Wildfängen von Zwergkrallenfröschen, bis sie sich an die neue Umgebung gewöhnt haben. Während es ansonsten ein Alarmsignal für mangelhafte Haltungsbedingungen (wie falsche Temperatur, belastetes Wasser) oder Krankheiten (z. B. Pilzbefall der Haut) darstellen kann, ist in vielen Fällen die Ursache nicht klar ersichtlich. So klettern auf diese Weise manchmal augenscheinlich gesunde Einzeltiere an den Scheiben hoch, obwohl ihre Beckengenossen sich pudelwohl fühlen und vermehren. Legen sich die Ausbruchsversuche nach ein paar Tagen nicht, so muss das Tier unbedingt separiert werden (s. Kapitel „Quarantäne“), um eine Ansteckung der übrigen Frösche durch eine mögliche Erkrankung zu vermeiden. Erweist sich das Tier als gesund, so sollte man es nach Möglichkeit in ein anderes Becken überführen, wo ihm die Bedingungen vielleicht besser zusagen. Man halte sich immer vor Augen, dass viele Pipiden auch in der Natur offenbar regelmäßig das Gewässer wechseln.

Die Abdeckung erfüllt aber noch einen anderen Zweck: Pipiden sind Luftatmer, die zur Respiration in regelmäßigen Abständen an die Wasseroberfläche schwimmen. Fehlt nun eine Abdeckung, so ist je nach Standort des Beckens unter Umständen der Temperaturunterschied zwischen der Raumluft und dem Wasser im Aquarium ganz erheblich. Dadurch aber kann es unter Umständen bei den Fröschen zu Erkältungen und Problemen mit den Lungen kommen. Die Abdeckung dagegen sorgt für feuchtwarme Atemluft. Darum genügt es auch nicht, zum Schutz gegen das Entweichen der Frösche bspw. ringsum Glas- oder Kunststoffleisten einzukleben. Außerdem stören solche Eigenkonstruktionen bei der Reinigung des Beckens.

Ein frisch eingesetzter Zwergkrallenfrosch klettert die Scheibe hoch.
Foto: K. Kunz

Schließlich und endlich verhindert die Abdeckung auch einen zu hohen Wasserverlust durch Verdunstung, der zu hässlichen Kalkrändern führen würde.

Während man für mittelgroße und große Glasaquarien passende Abdeckungen samt Beleuchtung kaufen kann, muss man sich bei Kunststoffbecken selbst etwas einfallen lassen; denn die Kisten aus dem Baumarkt haben entweder gar keinen Deckel, oder aber der Deckel lässt nicht genug Licht durch. Am besten haben sich bei mir Platten aus Acrylglas (z. B. Plexiglas) und – besonders für große Becken – Polycarbonat bewährt, die man sich im Baumarkt passend zuschneiden lassen kann. Lediglich die (möglichst engen!) Durchlässe für Kabel, z. B. des Heizstabes, braucht man dann noch zu ergänzen; selbst für handwerklich wenig begabte Zeitgenossen also kein Problem! Übrigens: Besitzt die Kiste offene Aussparungen als Griffe, so müssen selbstverständlich auch diese abgedichtet werden.

Beleuchtung

Zum Lichtbedürfnis pipider Frösche liegen kaum gezielte Untersuchungen vor, mit Ausnahme der Erkenntnis, dass *Xenopus laevis* Lichtstärken über 200 Lux meidet. Einerseits könnte man annehmen, die Tiere stellten keine allzu hohen Anforderungen an die Beleuchtung, verbergen sie sich doch tagsüber meist in ihren Verstecken. Auch fand BELLERBY (1938) heraus, dass bei *X. laevis* bei beiden Geschlechtern kein Unterschied in Wachstum und Zustand der Gonaden festzustellen war, gleichgültig, ob die Tiere unter Beleuchtung oder in totaler Dunkelheit gehalten wurden. Andererseits stimuliert Freilandhaltung stark das Fortpflanzungsverhalten, doch ist nicht klar ersichtlich, ob dabei nicht vielleicht andere Faktoren (größeres Raumangebot, stärkere Temperaturschwankungen usw.) maßgebend sind. Zwar empfehlen einige Labors den Einsatz von Leuchtstofflampen mit UV-Röhren, doch züchten andere und praktisch alle Amateure ihre Frösche seit Generationen ohne UV-Licht. Dem interessierten Tierfreund bietet sich hier aber noch ein reiches Experimentierfeld.

Wer sein Aquarium im Wohnbereich aufstellt, wird es in der Regel auch bepflanzen wollen. Die Beleuchtungsstärke richtet sich deshalb nach bisherigem Wissenstand vor allem nach den Pflanzen im Aquarium und erfolgt am einfachsten über Leuchtstoffröhren, die in der Abdeckung integriert sind. Im Gegensatz zu Fischaquarien braucht man sich bei Froschaquarien kaum Sorgen zu machen, dass die Pflanzen bei starker Beleuchtung mehr CO_2 verbrauchen könnten, als die Tiere nachliefern: Der Stoffwechsel der Frösche ist so hoch, und die Exkremente enthalten noch so viele Nährstoffe, dass man eher gegen das Problem zu nährstoffreichen Wassers anzugehen hat. Wer will und wer den Tieren ausreichend Verstecke zur Verfügung stellt, kann also durchaus eine starke Beleuchtung von etwa 0,6–0,8 Watt pro Liter Wasser wählen, doch genügen auch bereits 0,3–0,6 W/l. Beim Spektrum der Leuchten steht man vor der Qual der Wahl. Meist wird man zu einer Kombination aus Warmton- und speziellen Pflanzenleuchten greifen. Lassen Sie sich von einem kompetenten Zoohändler beraten. Die Deckscheibe hält man stets peinlich sauber, um Lichtverlusten entgegen zu wirken.

Meine reinen Zucht- und Aufzuchtbecken dagegen beleuchte ich nicht eigens, sondern lediglich über das durch große Fensterfluchten einfallende Tageslicht sowie bei Bedarf durch die normale Raumbeleuchtung. Die meisten Labors empfehlen eine Photoperiode von 12–14 Stunden Licht und 10–12 Stunden Dunkelheit. Ich glaube jedoch an meinen Tieren den positiven Einfluss zu bemerken, den die hauptsächliche Beleuchtung über das normale Tageslicht und damit der Wechsel der Beleuchtungsdauer im Jahreszyklus ausüben.

Die Lichtintensität von Leuchtstoffröhren fällt nach einer gewissen Zeit – je nach Typ – stark ab. Die meisten Fabrikate erreichen nach etwa einem halben bis einem Jahr lediglich die Hälfte der ursprünglichen Strahlungsstärke und müssen dann ausgetauscht werden. Jedoch sollten Sie niemals alle Röhren eines Beckens gleichzeitig auswechseln, um keine zu rapide Änderung der Lichtverhältnisse herbeizuführen – dies würde den Pflanzen schlecht bekommen.

Beheizung

Wie alle Amphibien sind auch die Pipiden so genannte exotherme Tiere, können also ihre Körperwärme nicht selbst erzeugen, sondern sind von den Umgebungstemperaturen abhängig.

Viele Arten besitzen ein Wärmebedürfnis, das eine Beheizung des Beckens unbedingt erforderlich macht. Ich selbst benutze zu diesem Zweck weder Heizmatten bzw. -kabel noch Bodenheizer oder die speziellen Filtertypen (Thermofilter), die vorgewärmtes Wasser ausströmen, sondern aus Erwägungen praktischer Natur (z. B. leichte Austauschbarkeit) durchweg die gängigen Stabregelheizer. Damit die Tiere sich nicht hinter bzw. unter einem Heizstab verstecken und dabei verbrennen können, sollten diese durch im Handel erhältliche Gitter-Ummantelungen abgeschirmt werden oder aber zumindest frei ins Wasser hängen.

Mittlerweile gibt es viele Modelle, bei denen sich die Temperatur nicht mehr nur stufenweise, sondern unmittelbar auf das Grad genau einstellen lässt. Die Wattzahl richtet sich nicht allein nach dem Wasservolumen, sondern auch nach der Temperatur des Raumes, in dem das Becken steht. Generell kann man als Faustregel für unbeheizte Räume 1,0 Watt pro Liter Wasser und für beheizte Räume 0,3–0,5 W/l rechnen. Als Sicherheit gegen ein Überhitzen hat es sich bewährt, zwei Heizer mit jeweils der halben errechneten Leistung zu verwenden.

Die Temperatur sollten Sie regelmäßig überprüfen, um bei Abweichungen sofort reagieren zu können. Für die dauernde Kontrolle eignen sich am besten Alkoholthermometer, die frei im Wasser schwimmen oder zweckmäßig mit einem Saugnapf an der Frontscheibe befestigt werden. Sie messen zwar nicht so exakt wie elektronische Thermometer, sind dafür aber sehr preiswert, sodass jedes Becken damit bestückt werden kann. Um zusätzlich genaue Messungen durchführen oder die Schwankungen von Minima und Maxima über einen gewissen Zeitraum registrieren zu können, sollten Sie sich möglichst noch zumindest eines der mittlerweile ebenfalls nicht mehr allzu teuren elektronischen Thermometer anschaffen. Allerdings muss man sich der Tatsache bewusst sein, dass Geräte der unteren Preiskategorie die Temperatur zwar aufs Zehntelgrad anzeigen, die Messgenauigkeit tatsächlich aber ± 1 °C beträgt.

Selbstverständlich wählt man bei allen technischen Geräten fürs Aquarium nur sicherheitsgeprüfte Geräte mit dem VDE- bzw. TÜV- oder GS-Zeichen und hält sich strikt an die angegebenen Betriebshinweise wie Mindest- und Höchsteintauchtiefen, Aufstellort usw.

Kabel dürfen nie ins Wasser hängen, altersschwache Kabel und Geräte tauscht man aus. Zu empfehlen ist, die Aquarienanlage mit einem Fehlerstrom-Schutzschalter auszurüsten. Bevor man im Aquarium hantiert, zieht man den Netzstecker aller sich im Wasser befindenden elektrischen Geräte. Sämtliche Schlauchverbindungen sichert man mit Klemmen.

Filterung und Belüftung

Gestandene Fischaquarianer werden jetzt vermutlich protestieren, wenn ich verrate, dass in meinen Becken in der Regel keine Filter zum Einsatz kommen. Das hat mehrere Gründe: Zum einen leben viele Pipiden überwiegend in

Auf alle Fälle belüftet werden sollte in Becken Eier tragender *Pipa*-Weibchen sowie in solchen mit Laich und zumindest jungen Quappen. Belüftung von *Xenopus-borealis*-Laich an der „Station de Zoologie expérimental" der Universität Genf. Foto: K. Kunz

stehenden Gewässern, und man kann daher nicht ausschließen, dass die von einem Filter verursachte ständige Wasserströmung Dauerstress für die Tiere bedeutet, die mit empfindlichen Sinnesorganen für die Strömungswahrnehmung ausgestattet sind. Zwar gibt es Untersuchungen, die ergaben, dass eine zirkulierende biologische Filterung bei *Xenopus laevis* zu besseren Wachstumsraten führte als häufige oder nur wöchentliche Wasserwechsel, doch liegen auch Hinweise vor, die zumindest bei manchen Arten auf durch die dauernde Wasserbewegung verursachten Stress hindeuten.

Zum anderen erübrigt sich die Filterung in einem großen, eingefahrenen, reich bepflanzten und gut beleuchteten Schauaquarium, das mit einigen Zwergkrallenfröschen besetzt ist, da hier die Pflanzen für die Reinigung des Wassers ausreichend sorgen. Wer dagegen mehrere große Pipiden wie *Xenopus laevis* oder *Pipa pipa* oder gar eine große Zahl heranwachsender Tiere in einem normal dimensionierten Becken pflegt, dem wird die Filterung angesichts des hohen Stoffwechsels ohnehin nicht allzu viel nützen. Hier heißt die Devise: Regelmäßiger Wasserwechsel!

Sporadisch setze ich aber dennoch Filter ein, bspw. um nach einem starken Wasserwechsel restliche Schadstoffe oder nach einer Behandlung mit Medikamenten eventuelle Rückstände per Aktivkohle zu eliminieren.

Wer auf den ständigen Einsatz von Filtern nicht verzichten will, der kann sich in der einschlägigen Literatur über die Vielzahl der verschiedenen Modelle kundig machen (siehe Literaturverzeichnis).

Viele Pipidenhalter verwenden Ausströmer, da diese erstens – wenn man sie in der Nähe des Heizstabes platziert – für eine bessere Wärmeverteilung sorgen und zweitens natürlich den auch über die Haut atmenden Fröschen vermehrt Sauerstoff zuführen. Besonders bei Laich tragenden *Pipa*-Weibchen sollte das Wasser gut durchlüftet sein, was den Schlupferfolg beträchtlich hebt. Normalerweise setze ich persönlich jedoch keine Durchlüfter ein.

Die Wasserqualität

Verwenden Sie kein frisches Leitungswasser. Viel besser ist es, dieses wenigstens mit starkem Brausestrahl bspw. in Eimer zu füllen und über Nacht abstehen zu lassen. Wer eine größere Anlage betreibt, sollte ein Becken für diesen Zweck vorsehen, in dem zusätzlich belüftet und über Kohle gefiltert wird. Ebenfalls empfehlenswert sind die gängigen Wasseraufbereiter, die bspw. Chlor und Kupfer unschädlich machen.

Während vor allem Nachzuchten aus dem Zoohandel, aber auch viele Wildfänge das Leitungswasser nach dieser Prozedur problemlos vertragen, sind andere Wildfänge recht empfindlich, und erst recht ihre Larven. So empfiehlt es sich etwa für Wildfänge vor allem von Zwergkrallenfröschen und Wabenkröten, diese zunächst in recht weichem Wasser zu pflegen, bspw. in entsprechend aufbereitetem (!) Osmosewasser, und sie dann allmählich an Ihr Leitungswasser zu gewöhnen. Gerade die Larven werden in manchen Fällen ebenfalls am besten in höchstens mittelhartem Wasser gehalten, allerdings niemals in allzu weichem, denn sie entziehen dem Wasser über Haut und Kiemen Kalzium, das sie vor allem für ihren Knochenstoffwechsel benötigen.

Bei den Wasserwerten kann man sich, mit Ausnahme von Spezialisten wie dem Kapkrallenfrosch, annähernd an den für tropische Zierfische üblichen orientieren. Allerdings sind Pipiden diesbezüglich meist recht anspruchslos. So finden sich in der Literatur für die erfolgreiche Zucht von *Hymenochirus boettgeri* Angaben von 1–24 °dH, Regen- oder Leitungswasser und pH 5,8–7,5. Auch *H. curtipes* laicht in weichem, saurem Wasser ebenso wie in hartem Leitungswasser. Für Krallenfrösche (mit Ausnahme von *Xenopus gilli,* siehe Artenteil) sehen die Laborstandards meist pH 6,5–8,5 vor, weisen aber darauf hin, dass Schwankungen zwischen pH 5 und 9 vertragen werden. Im Zweifel hält man das Wasser jedoch lieber etwas im leicht sauren Bereich, besonders bei Zwergkrallenfröschen und Wabenkröten, da dieser für schädliche Mikroorganismen ein schlechteres Milieu darstellt.

Die Tatsache, dass viele Pipiden in der Natur mit extrem eutrophierten Gewässern zurechtkommen, wurde bereits erwähnt.

Wasserwechsel

Wer nicht filtern will, muss Eimer schleppen. In reich bepflanzten, großen, spärlich besetzten Becken braucht man nur etwa alle zwei Wochen ein Drittel des Wassers gegen Frischwasser auszutauschen. Wer die Möglichkeit dazu hat, sollte, wie erwähnt, das Leitungswasser für einen Tag abstehen lassen. Ist dies aus irgendwelchen Gründen nicht machbar, so füllt man das Leitungswasser wenigstens mit dem starken Brausestrahl des Duschkopfes in Eimer, sodass es stark aufschäumt. Dadurch wird zumindest ein Teil der flüchtigen Schadstoffe eliminiert und das Wasser zusätzlich mit Sauerstoff angereichert. Auch einer der handelsüblichen Wasseraufbereiter kann hier hilfreich sein. Das Frischwasser sollte in etwa die gleiche Temperatur wie das restliche Wasser im Aquarium aufweisen. Man gießt es vorsichtig entlang einer Scheibe ins Aquarium, damit es zu keinen „Seestürmen" kommt, oder lässt es über einen gesicherten (!) und eventuell gedrosselten Schlauch zufließen.

Wie oft man besonders in dicht besetzten Aufzuchtbecken das Wasser austauscht, hängt vom gesunden Menschenverstand ab. In der Regel sind hier mindestens etwa alle zwei bis drei Tage 90%ige Wechsel nötig. In den großen Zuchtlabors der Universitäten erfolgen bei der Haltung auch der Adulti sogar oft tägliche Totalwechsel, oder aber es ist ein Durchflusssystem installiert. Allerdings gibt es, was die ratsame Häufigkeit der Wasserwechsel angeht, stark voneinander abweichende Meinungen, die von „täglich" über „ein- bis dreimal pro Woche" bis hin zu „drei- bis viermal pro Jahr" reichen. Tatsächlich zeigte sich, dass bei nur wöchentlichem Wasserwechsel *Xenopus laevis* schneller heranwuchs als bei häufigerem – natürlich spielen hier viele Faktoren eine Rolle, von der Beckengröße über die Besatzdichte bis zur Quantität und Qualität der Fütterung.

Den Wasserwechsel nutzt man auch, um die angesammelten Exkremente und den Mulm mit einem Schlauch abzusaugen. In sehr dicht besetzten Becken empfiehlt es sich in jedem Fall, auf Bodengrund zu verzichten, doch dazu später mehr (S. 38). Ist Bodengrund vorhanden, kann die Verwendung einer Mulmglocke (aus dem Zoohandel) sinnvoll sein.

Einrichtung

Bei der Einrichtung für Pipidenbecken gibt es sehr unterschiedliche Auffassungen, die meist auch durchaus ihre Berechtigung haben. In den Labors werden Krallenfrösche oft ohne jeglichen Bodengrund und ohne sonstige Einrichtungsgegenstände – wie etwa Versteckmöglichkeiten – gehalten und gedeihen dabei ganz prächtig. Es stellte sich sogar heraus, dass derart gepflegte Tiere weniger schreckhaft sind und rascher wachsen als Tiere, denen Deckung zur Verfügung steht. Für das Labor ist diese Art der Hälterung darum in gewisser Weise sinnvoll, denn sie verringert den Stress für die Frösche, der bei den ständig notwen-

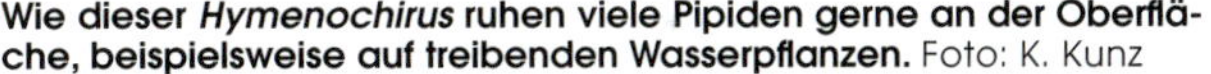
Wie dieser *Hymenochirus* ruhen viele Pipiden gerne an der Oberfläche, beispielsweise auf treibenden Wasserpflanzen. Foto: K. Kunz

Hier fühlen sich Wabenkröten wohl Foto: M. Beier

digen Eingriffen entsteht, und sorgt für die schnellere Verfügbarkeit der Nachzuchten. Für die Haltung zu Hause dagegen scheint mir diese Form der Haltung keinesfalls akzeptabel, denn alle Pipiden haben das Bedürfnis, sich zumindest zeitweise in dunklen Spalten oder im dichten Pflanzengewirr zu verbergen. Wenn ich selbst auch in den meisten meiner Becken keinen Bodengrund einsetze, so stehen den Tieren doch immer ausreichend Verstecke in Form von Pflanzen, Wurzeln, gewölbten Tonscherben, Steinen usw. zur Verfügung. Man sollte auch senkrechte Spalten an den Scheiben schaffen, jedoch auf schwere Steine verzichten, um die Tiere nicht zu gefährden. Wichtig ist, dass die entstehenden Verstecke dunkel und so eng sind, dass entweder ein einzeln darin verharrendes Tier Rückenkontakt zur „Decke“ bzw. Wand hat, oder dass mehrere Frösche gleichzeitig aufeinander ruhend einen solchen Kontakt herstellen können. Den Boden der Heimatgewässer vieler Arten, etwa von Zwergkrallenfröschen und Wabenkröten, bedeckt oft eine Laubschicht, in der sich die Tiere verbergen. Solchen Spezies kann man ebenfalls eine Laubschicht anbieten (geeignet ist bspw. Eichenlaub, das man im Herbst trocken sammelt und abkocht), wobei sich jedoch oft die Wasserwerte ziemlich schnell verschlechtern. Eine Alternative ist es, sich aus einer Gartenteichfolie selbst „Laub“ zurechtzuschneiden (nicht alle Typen eignen sich hier, manche sind zu leicht und müssen z. B. durch mit Aquariensilikon aufgeklebte Steine beschwert werden). Auch Kokosfaser eignet sich als Laubersatz. Die Frösche nehmen solche Versteckschichten dankbar an.

Hält man Pipiden ohne Bodengrund in Glasbecken, so sollten diese auf eine schwarze Unterlage gestellt werden, da die Tiere dunklen Untergrund bevorzugen.

Will man Bodengrund einbringen, so bieten sich Kiessorten mit runden Körnern an oder aber besser feiner, weicher (!) Sand. So berichtet auch Manfred Beier (schriftl. Mittlg.) von positiven Haltungserfahrungen mit *Pipa parva* und *Silurana tropicalis* auf feinsandigem Bodengrund, der dem Bedürfnis der Tiere, im Substrat zu wühlen, sehr entgegenkommt. Vor allem *Silurana* taucht bei der Futtersuche gelegentlich vollständig in den Boden ein, um dann an einer ein bis zwei Körperlängen entfernten Stelle wieder hervorzukommen.

Jedoch verschmutzt bei reichlichem Besatz mit Tieren das Substrat schnell (Kies rascher als Sand), sodass ständige Reinigungsaktionen nötig werden. Aus diesem Grund verzichte ich, wie gesagt, in aller Regel auf Bodengrund. Dieser ist nur dort unerlässlich, wo ansprechend bepflanzte Unterwasserlandschaften entstehen sollen. Um es aber zu betonen: Für regelrechte Holland-Aquarien eignen sich normalerweise nur Zwergkrallenfrösche. Wer robustere Pflanzen wählt, kann auch kleinere Krallenfrosch- und Wabenkrötenarten einsetzen, muss aber trotzdem damit rechnen, dass die Tiere unter Umständen ihren Lebensraum nach eigenem Gusto umgestalten. Besonders für sehr aktive und große Arten bieten sich deshalb frei schwimmende Pflanzen an, wie *Ceratophyllum, Egeria, Eichhornia, Elodea, Lemna, Pistia, Riccia, Salvinia* und Ähnliche. In den Bodengrund kann man bspw. *Anubias, Ceratopteris, Cryptocoryne, Echinodorus, Egeria, Elodea, Hydrilla, Myriophyllum, Sagittaria* oder *Vallisneria* einsetzen. Pflanzen bieten nicht nur Verstecke, strukturieren den „Biotop Aquarium" und verbessern die Wasserqualität, sondern sie dienen vielen Arten auch als Eiablagesubstrat. Bei großen, stark wühlenden Arten setzt man die Pflanzen am besten samt Topf ein. Vorsicht ist jedoch beim Erneuern verwelkter Pflanzen geboten: Zwischen den Blättern etwa des Wassersalates oder der Wasserhyazinthe verbergen sich oft kleine Frösche, besonders Zwergkrallenfrösche, aber auch Jungtiere anderer Arten und selbst erwachsene Krallenfrösche. Mein Weibchen von *Xenopus andrei* bspw. ruht mit Vorliebe zwischen den Blättern von Wasserhyazinthen.

Auf dem Gewässergrund vieler Habitate von Pipiden findet sich eine Laubschicht, in der sich die Tiere verstecken oder nach Futter suchen können. Hier: *Pipa pipa*. Foto: D. Massemin

Krallenfrösche ruhen oft gerne mehr oder weniger senkrecht an der Oberfläche. Um ihnen dieses Verhalten zu erleichtern, bringt man zusätzlich zu Schwimmpflanzen einige der gängigen Aquariensaugnäpfe an und verbindet sie durch „Stege" so, dass die Tiere die Oberfläche erreichen können, wenn sie sich darauf stellen. Am besten positioniert man diese Stege etwas schräg, sodass die Frösche selbst ihre bevorzugte Höhe wählen können.

Landteil ja oder nein?

Wie Sie gerade gelesen haben, verstecken sich manche Pipiden gerne auch oberhalb des Wasserspiegels, bspw. zwischen Blättern von Wasserpflanzen. Sind die Tiere denn nicht vollaquatisch? Die Antwort besteht in einem klaren „Jein". Vermutlich lassen sich alle Pipidenarten bei ausschließlicher Aquarienhaltung pflegen und züchten, weshalb in diesem Buch auch oft von „Aquarien" die Rede ist. Um so rein aquatile Lebewesen, wie man früher dachte und wie es teilweise trotz reicher das Gegenteil aufzeigender Literaturbelege immer noch behauptet wird (z. B. in Jarofke & Herrmann 1997), handelt es sich aber ganz und gar nicht. Bei mehreren Arten von Wabenkröten wurden Landausflüge registriert, und das nicht nur bei austrocknenden Tümpeln – möglicherweise fressen die Tiere sogar auch an Land. Von *Xenopus* und *Silurana* weiß man ebenfalls, dass sie wandern. Bei *Xenopus laevis* wurde nachgewiesen, dass bis zu einem Wasserverlust von 25 % des Körpergewichts die Aktivität dieser Tiere zunimmt, was für das Auffinden neuer geeigneter Habitate natürlich nur von Vorteil sein kann. Zu Tausenden verlassen manchmal Krallenfrösche austrocknende Gewässer. *Silurana tropicalis* sowie manche andere Arten wechseln in der Trockenzeit von ihren Laichgewässern an die Flussufer. Vermutlich dienen die verhornten Metatarsaltuberkel (eine Art vierter Kralle an der Fußsohle) vieler Krallenfroschspezies der leichteren Fortbewegung an Land.

Wie bereits angedeutet, wandern Krallenfrösche und Wabenkröten aber nicht nur bei drohendem Wassermangel, sondern auch aus anderen, noch nicht hinreichend untersuchten Gründen hauptsächlich des nachts und während Regenperioden zwischen verschiedenen Tümpeln. Hier dürften vor allem Populationsdynamik und Futtermangel eine Rolle spielen. Bei *Xenopus borealis* etwa liegen Beobachtungen vor, dass die Frösche bis zu 1 km zwischen verschiedenen Wasserstellen zurücklegen. Es gibt Indizien, dass die Frösche sehr zielgerichtet neue Tümpel ansteuern oder zu den alten zurückfinden. Möglicherweise ist hierbei der Geruchssinn wesentlich involviert. Laborbeobachtungen und Berichte aus dem Freiland zeigen, dass bspw. *X. vestitus* und *X. fraseri* bei Nacht relativ viel Zeit an Land verbringen. Mittlerweile gibt es, wie erwähnt, auch Belege, dass zumindest Krallenfrösche, aber wohl auch manche Wabenkrötenarten durchaus in der Lage sind, an Land sogar Beute zu machen. Und neue Beobachtungen zeigen, dass möglicherweise auch trockene Umgebung *Xenopus* nicht von seinen Wanderungen abhält (Lobos & Garín 2002). *Hymenochirus* wurde ebenfalls schon an Land gefunden, im Schlamm oder in der feuchten Blattschicht, unter anderem am Rand seiner Wohngewässer. Auch bei Krankheiten suchen manche Pipiden das Land auf, *Hymenochirus* z. B. beim Befall mit Zygomyzeten.

Viele Pipiden überdauern Trockenperioden eingegraben im Schlamm. Während eines Versuchs kam dabei *Xenopus* bis zu acht Monate ohne Futter aus. Dass dabei der Organismus enormen Umstellungen und Belastungen ausgesetzt ist, versteht sich von selbst. Bspw. reichert *X. laevis* dann große Mengen Harnstoff im Körper an.

Wie gesagt, vermutlich ist eine ausschließliche Aquarienhaltung für die erfolgreiche Haltung und Zucht ausreichend. Wer hier jedoch Neuland betreten und interessante Beobachtungen anstellen möchte, der sollte einen kleinen Landteil einhängen oder den Tieren am besten ein Paludarium bieten. Dann ist aber immer ganz besonders die Sprungkraft der Frösche in Betracht zu ziehen, die Abdeckung muss also absolut „froschundurchlässig" sein!

Freilandhaltung

Eine hervorragende Alternative zur Haltung im Aquarium stellt bei manchen Arten zumindest im Sommer die Haltung im Freiland dar. Selbst ein kurzer Aufenthalt in einem üppig dimensionierten Kunststoffplanschbecken (aus dem man seine Kinder zuvor verbannen sollte) wirkt oft Wunder und stimuliert ansonsten wenig willige Tiere zur Paarung. Es gilt hier aber einige Regeln zu beachten. Die wichtigste: Das Entkommen der Tiere muss absolut ausgeschlossen sein! Arten wie der Große Krallenfrosch könnten sich in wärmeren Gegenden ohne weiteres halten und sich reproduzierende Populationen aufbauen, was eine unverzeihliche Faunenverfälschung bedeuten würde, abgesehen von der Gefahr einer Einschleppung von Krankheiten! Wer die Tiere zeitweise in Planschbecken oder ähnlichen Behältern pflegt, muss diese daher stets mit einem entsprechend dichten Geflecht absichern, das über das Becken gespannt und mit Schnur festgezurrt wird.

In tiefen Teichen, besonders in warmen Gegenden, kann zumindest der Große Krallenfrosch unter günstigen Bedingungen auch ganzjährig im Freiland gehalten und

Keine Augenweide, aber ein prächtiger „Mini-Biotop", in dem Pipiden gerne ablaichen (Abdeckung für Foto entfernt). Foto: K. Kunz

nachgezogen werden, was in der Litaratur häufig empfohlen wird. Setzen Sie aber bitte trotzdem keinesfalls Pipiden in Ihren Teich – das Entkommen der Tiere wäre vorprogrammiert, wenn nicht eine hohe (bei *Pipa parva* bspw. wurden Sprünge von 70 cm Höhe registriert) und gegen die Grabversuche der Tiere tief in die Erde versenkte Mauer dieses verhindern.

Selbstverständlich muss gesichert sein, dass die Temperaturen im Freilandbecken jederzeit in einem für die Frösche zumindest tolerierbaren Rahmen liegen, das Wasser darf sich also weder zu stark aufheizen, noch zu stark auskühlen.

Woher beziehe ich meine Tiere?

Wo immer möglich, sollten Sie auf Nachzuchten zurückgreifen. Dies ist aber nur bei einigen wenigen Arten jederzeit problemlos machbar. Die erste Wahl sind immer Nachzuchten von anderen Pipidenfreunden. Diese finden Sie manchmal im „Anzeigen Journal" der DGHT oder im Anzeigenteil der REPTILIA sowie in Aquaristikzeitschriften inseriert. Schauen Sie auch unbedingt einmal im Forum von www.pipidae.de bzw. www.pipidae.net rein, denn dort werden oft sehr interessante Tiere angeboten.

Ständig im Angebot von Zoohändlern und den Zooabteilungen großer Gartencenter, Kaufhäuser etc. finden Sie den Großen Krallenfroschs (*Xenopus laevis*), teilweise in diversen Varianten, während andere nur in den Labors gezüchtet werden (wildfarben, Albino, leuzistisch, „Teilalbino", „genetzter Albino", „piebald", „Gold-Phase"), sowie außerdem Zwergkrallenfrösche (*Hymenochirus boettgeri*). Beide Arten werden zu Zigtausenden kommerziell vermehrt und – man muss es so hart ausdrücken – verheizt. Dass der wirklich riesige Ausmaße erreichende Große Krallenfrosch eigentlich nicht für den Durchschnittsaquarianer geeignet ist, der nur ein nettes Fröschlein als Beibesatz für sein Fischaquarium haben möchte, liegt auf der Hand. Ich möchte nicht wissen, was mit den Unmengen an Großen Krallenfröschen geschieht, die ständig über die Ladentheke gereicht werden. Von Größe und Temperament her zur Not für eine Vergesellschaftung mit Zierfischen geeignet wären da schon eher die Zwergkrallenfrösche, aber auch hier liegt viel im Argen: Bspw. weisen manche Händler ihre Kunden nicht darauf hin, dass Zwergkrallenfrösche kein Flockenfutter fressen – der Großteil der verkauften Tiere verhungert wohl einfach in den Einsteigerbecken. Denn selbst, wenn wenigstens Frostfutter angeboten wird, ist nicht gesagt, dass die langsamen Frösche sich gegen die flinken Fische durchsetzen können.

Wer sich dagegen ernsthaft für die Amphibien interessiert, kann durchaus im Zoohandel für wenig Geld Nachzuchten erwerben – erfahrungsgemäß kommt man mit gut genährten Fröschen aus vernünftiger Hälterung problemlos zurecht. Man achtet beim Kauf darauf, dass das Tier „normal" wirkt, d. h., es sollte sich nicht auffällig krankhaft bewegen, keine Verletzungen, Knötchen unter der Haut oder Hautbeläge aufweisen, nicht aufgebläht an der Wasseroberfläche treiben, klare Augen haben und nicht abgemagert sein. Lassen Sie sich besonders bei Zwergkrallenfröschen immer auch die Bauchseite der Tiere zeigen – ist diese, besonders an den Gliedmaßen, entzündet oder blutunterlaufen, lassen sie die Finger von den Fröschen. Das Gleiche gilt für Tiere aus überbesetzten, schmutzigen Becken.

Während also der Große Krallenfrosch und Zwergkrallenfrösche sehr leicht über den Handel zu beziehen sind, sieht es beim Rest der Arten aus der Familie der Pipidae düster aus. In letzter Zeit kommen allerdings manchmal über große Importeure Lieferungen bspw. von Tropischen Krallenfröschen nach Deutschland, die großteils in gutem Zustand sind. Ebenfalls häufiger eingeführt werden die Wabenkröten *Pipa carvalhoi*, *P. parva* und *P. pipa*.

Wenn ich hier den Kauf im Handel empfehle, so tue ich dies mangels großer Alternativen: Es beschäftigen sich leider zurzeit nur wenige Liebhaber eingehender mit Pipiden, sodass Nachzuchten Mangelware sind. Lediglich der Große Krallenfrosch und Zwergkrallenfrösche werden in Privathand halbwegs regelmäßig nachgezogen, ab und zu auch *P. pipa und P. carvalhoi*. In jüngster Zeit nehmen die Erfolge bei *P. parva* erfreulicherweise zu, und es ist zu erwarten, dass diese interessante, leicht zu haltende Art sicher bald weitere Verbreitung finden wird. Das Gleiche gilt möglicherweise für die Zukunft auch für *Silurana tropicalis*, falls sie an den Universitäten häufiger gehalten werden sollte. Alle anderen Arten können Sie in der Regel lediglich als Wildfänge oder über einige wenige Universitäten erwerben, und auch dies nur mit sehr viel Glück, guten Kontakten und Ausdauer.

An den zoologischen Instituten der meisten Universitäten werden zumindest Große Krallenfrösche, zunehmend auch Tropische Krallenfrösche (*Silurana*) gezüchtet. Manchmal werden dort überzählige Tiere kostenlos oder zumindest preiswert abgegeben.

Vergesellschaftung?

Wie oben schon anklang, lehne ich selbst eine Vergesellschaftung mit Fischen ab, da die Amphibien durch die Fische gestresst oder sogar gefressen werden und umgekehrt. Auch sind die Fische meist viel schneller, wenn es gilt, sich Futter zu sichern, vor allem im Fall der Zwergkrallenfrösche. Außerdem machen sich Fische sofort über den Laich der Frösche her.

Transport, Einsetzen und Quarantäne

Pipiden transportiert man nicht wie Zierfische in halb mit Wasser gefüllten Kunststoffbeuteln, sondern in Kunststoffbehältern, die reichlich mit triefnassen Schaumstoffschnitzeln ausgestattet sind, die man zuvor mit kochendem Wasser desinfiziert und anschließend gründlich ausgespült hat. Diese Behälter stellt man nochmals in ausgepolsterte Styroporkisten, um die Tiere vor größeren Temperaturschwankungen und Stößen zu schützen.

Die Deutsche Post AG befördert bedauerlicherweise keine lebenden Wirbeltiere mehr, sodass man auf die Dienste von Spezialfirmen (siehe Gelbe Seiten oder Internet) angewiesen ist. Drei Tage vor dem Transport füttert man die Frösche nicht mehr, damit sie in ihrer Box nicht erbrechen und auch nicht allzu viel Kot absetzen. Will man man seine Tiere per Nachnahme als nicht gewerbliche Sendung weiter als 50 km oder aber gewerblich verschicken, so ist zu beachten, dass der Nachnahmeversand ins Ausland verboten und im Inland nur dann gestattet ist, wenn die Tiere schriftlich bestellt wurden und der Empfänger schriftlich versichert hat, dass die Tiere sofort bei ihrem Eintreffen angenommen werden. Kaulquappen verschickt man besser nicht. Muss man sie dennoch transportieren, so geschieht das wie bei Zierfischen üblich. Weitere Hinweise zum Transport und zu den rechtlichen Bestimmungen finden sich bei Hilken et al. (1997).

Bereits vor dem Kauf von Pipiden richtet man ein Quarantäne-Becken ein. Ich benutze dazu Kunststoffbecken, da diese sich einfach mit kochendem Wasser desinfizieren lassen – diese Behandlung tötet sogar Chytrid-Pilze. Das Becken sollte keinen Bodengrund, aber reichlich Versteckmöglichkeiten aufweisen und adäquat temperiert sein. Zeigen die Tiere nach sechs Wochen noch keine Krankheitserscheinungen, kann man sie ins eigentliche Haltungsbecken umsetzen. Während man bei Nachzuchten eher selten Parasiten findet, sind Wildfänge häufig von diesen „Schmarotzern" befallen. Gegen manche Hautschädlinge, etwa gegen Bakterienbefall, hilft meist schon ein mehrstündiges Bad in ganz schwach rosa gefärbter Kaliumpermanganat-Lösung (ca. 0,1%ige Lösung). Bei der Verwendung dieser Chemikalie, die man in der Apotheke kaufen kann, müssen natürlich die Sicherheitsbestimmungen beachtet werden! Weitere Hinweise zu Bädern finden Sie im Kapitel über Krankheiten.

Bei Verdacht auf Endoparasiten, bei Wildfängen am besten grundsätzlich, reicht man Kotproben bei einem spezialisierten Institut ein und behandelt nach Weisung (Adressen im Anhang). Proben gewinnt man, indem man bei gut im Futter stehenden Tieren einen kühleren Wasserwechsel durchführt – meist setzen die Tiere dann Kot ab. Um gegen das Einschleppen bestimmter Krankheitserreger ge-

wappnet zu sein, empfehlen sich spezielle Maßnahmen (siehe Seite 62).
Beim Einsetzen der Tiere geht man wie bei Zierfischen vor, um die – allerdings unempfindlicheren – Frösche langsam an die neuen Bedingungen zu gewöhnen.

Fangen Sie Krallenfrösche und Wabenkröten nicht mit dem Netz! Die empfindlichen Finger der Tiere können sich in den Maschen verheddern und verletzt werden. Besser lotst man die Frösche unter Wasser in ein Gefäß. Stellen Sie immer sicher, dass die Tiere nicht herausspringen können!

Unter Wasser lassen sich die Tiere oft gerne unter leichtem Druck in der Hand halten – wahrscheinlich fühlen sie sich hier wie in einem Versteck geborgen. Fasst man aus irgendeinem Grund seine Frösche außerhalb des Wassers an, so müssen die Hände immer absolut sauber und befeuchtet sein. Womit wir bei einer weiteren Methode wären, Pipiden aus dem Becken zu fangen: Da Fotos im Internet kursieren, die zeigen, wie man die Frösche richtig greift, gehe ich kurz darauf ein, weise aber ausdrücklich darauf hin, dass sich diese Fangart nicht für Anfänger empfiehlt. Tatsächlich werden die Tiere jedoch bspw. in vielen Labors praktisch immer mit der Hand gefangen, was für sie meiner Meinung nach sehr schonend ist, wenn man es kunstgerecht ausführt. Es bedarf allerdings einiger Übung, vor allem die glitschigen Krallenfrösche in der Hand festzuhalten. Hüten Sie sich unbedingt, zu stark zu drücken! Worauf es ankommt, ist, den Frosch so zu greifen, dass seine Augen bedeckt sind – dann hält er meist völlig still. Am besten erreicht man dies, indem man den Frosch zunächst mit der hohlen Hand sanft gegen die Beckenwand bzw. den Boden drückt oder mit der Hand umschließt (was den Tieren offenbar meist nicht unangenehm ist, s. o.). Dann achtet man darauf, dass die Augen von der Handfläche bedeckt sind, und greift – so die Größe des Tiers dies erfoderlich macht – mit dem Mittelfinger zwischen die Beine, Zeige- und Ringfinger kommen am besten seitlich neben die Beine zu liegen. Auf diese Weise finden die kräftigen Füße eines eventuell strampelnden Frosches kein Widerlager. Sicherheitshalber, besonders bei sehr großen Exemplaren, nimmt man die zweite Hand zu Hilfe. Noch ein Tipp: Auf den Rücken gedrehte Tiere verfallen oft in eine Starre, sodass sie sich leichter halten lassen. Wie gesagt, im Prinzip eine einfache und schonende Fangmethode, aber nicht für Anfänger geeignet – am einfachsten ist es, wie oben schon empfohlen, die Tiere unter Wasser in ein entsprechendes Gefäß zu lotsen.

So hat man auch einen glitschigen Krallenfrosch gut im Griff. Foto: K. Kunz

Hält man einen Krallenfrosch im Wasser leicht umschlossen, fühlt er sich anscheinend geborgen. Foto: K. Kunz

Fütterung

Eingewöhnte Frösche der meisten Arten kommen nach dem Öffnen der Deckscheibe oder sogar bereits kurz nach Betreten des Vivarienraums nach oben, um dort ihr Futter in Empfang zu nehmen. Haben sie eine Ration im Maul, lassen sie sich oft absinken. Dabei kommt es mitunter vor, dass sie auf dem Boden in Rückenlage fallen. Dann bleiben sie manchmal eine kurze Zeit bewegungslos liegen (überhaupt geraten ja auf den Rücken gedrehte Frösche häufig für einige Zeit in eine kurze Starre, wie im Abschnitt zuvor bereits erwähnt.)

Diese *Pipa pipa* reißt das Maul auf, um ein kleines Beutetier einzusaugen. Foto: D. Massemin

Am besten geeignet ist Lebendfutter wie Wasserflöhe, Enchyträen, Grindalwürmchen, Mückenlarven, *Artemia* und so ziemlich alles andere, was ins Maul passt und was man entweder selbst züchten (Anleitungen in der einschlägigen Literatur und im Internet, siehe Verzeichnis) oder im Zoohandel kaufen kann. Gerade die *Silurana*-Arten, aber auch andere Krallenfroschspezies lauern gerne an der Oberfläche, sodass man ihnen Futterinsekten aufs Wasser streuen oder besser per Pinzette (aus Kunststoff, ohne scharfe Kanten!) bzw. von Hand anbieten kann. Auf hart gepanzerte Futtertiere verzichtet man besser, da diese zu Verdauungsbeschwerden führen können. Für die größeren Arten stellen kleine Fische und überzählige Kaulquappen aus der eigenen Zucht einen besonderen Leckerbissen und ein äußerst wertvolles Futter dar. Lebende Fische bietet man, falls nötig, am besten nachts an, um ihnen überflüssigen Stress zu ersparen. *Pipa pipa* bspw. jagt tagsüber oft nicht allzu erfolgreich, und entsprechend kommt es dann manchmal zu stundenlangen Jagdszenen – ersparen sie dies den Futterfischen!

Hymenochirus bei der Jagd auf _Tubifex_ Foto: K. Kunz

Manche Krallenfrösche und Wabenkröten bewältigen erstaunlich große Beutetiere, wie bspw. über körperlange Regenwürmer, doch kann eine solch reichliche Mahlzeit zu Verdauungsproblemen und zum Auswürgen führen. Kleinere Regenwürmer, wie man sie als „Rotwurm" in Anglerläden kaufen kann, sind jedoch ein hervorragendes und sehr beliebtes Futter. Auch der Fang von Futtertieren im eigenen Gartenteich oder in sonstigen Gewässern sowie von Wiesenplankton bietet sich an, wobei allerdings neben Natur- und Artenschutz zusätzlich die Gesetze zur Entnahme von Fischnährtieren zu beachten sind.

Man kann seine Frösche aber durchaus auch mit möglichst abwechslungsreichem Frostfutter ernähren. Allerdings ist es dann am besten, die Tiere von der Pinzette bzw. aus der Hand zu füttern, vor allem, wenn das Becken mit Bodengrund ausgestattet ist, in dem sonst die Nahrung versinken könnte. Insbesondere bietet sich die Fütterung per Pinzette bei Zwergkrallenfröschen und den großen Wabenkröten-Arten an – diese verfügen zwar über einen hervorragenden Geruchssinn, doch wird das Zuschnappen meist erst durch Bewegungen ausgelöst. Wer aber eine große Zahl von Jungfröschen in einem Becken ohne Bodengrund aufzieht, der kann das Futter auch schon mal einfach ins Becken werfen, denn durch die Bewegungen der Tiere wird auch das Futter immer wieder bewegt, was die Tiere dann zum Fressen veranlasst. Viele, aber nicht alle Zwergkrallenfrösche und großen Wabenkröten lernen jedoch, auch unbewegte Beute zu akzeptieren.

Frostfutter taue ich entgegen den VDA-Empfehlungen prinzipiell in kaltem Wasser auf und spüle es in einem *Artemia*-Sieb gründlich durch, bevor ich es anbiete, damit das Aquarienwasser nicht zu stark belastet wird und die Frösche keine gefrorenen Futterbrocken verschlingen, was erfahrungsgemäß zu schweren Gesundheitsstörungen führen kann, etwa zum „Ballonfrosch"-Phänomen (siehe Kapitel über Krankheiten).

Beim Verfüttern roter Mückenlarven sowie von *Tubifex* sollte man sehr zurückhaltend sein, da diese oft aus stark belasteten Gewässern stammen und Gesundheitsprobleme verursachen können, bspw. durch das Einschleppen einer Vielzahl von schädlichen Mikroorganismen wie *Aeromonas hydrophila* oder Parasiten wie Trichodinen. Vor allem bei frisch umgewandelten Fröschen kommt es außerdem unter Umständen vor, dass sich *Tubifex*-Würmer durch den Magen bohren – daher lieber auf anderes Futter ausweichen. Trotz der genannten Nachteile ist meiner Ansicht nach die abwechslungsreiche Fütterung mit Lebend- und Frostfutter auf alle Fälle derjenigen mit Fleisch oder Pellets (siehe unten) vorzuziehen.

Man hältert lebende aquatische Futtertiere vor dem Verfüttern wenigstens einige Tage in mehrfach ausgetauschtem Frischwasser. Ungeeignet zumindest für *Hymenochirus* sind gefrostete weiße Mückenlarven, da diese reglos an der Oberfläche treiben, Zwergkrallenfrösche aber vor allem am Boden nach Nahrung suchen oder auf sich bewegende Futtertiere im Freiwasser reagieren. Gekaufte Futterinsekten füttert man mindestens einige Tage lang reichhaltig, bevor man sie seinen Fröschen anbietet. Am besten friert man sie vor dem Verfüttern bei möglichst tiefen Temperaturen ein. Besonders die etwa im Anglershop erhältlichen Fliegenmaden sollte man keinesfalls lebendig verfüttern, da sie sehr zählebig sind und den Fröschen schaden könnten.

Einige geeignete Futtermittel: Rotwurm und Fliegenmaden, handelsübliches Frostfutter (hier z. B. weiße Mückenlarven) und *Artemia*. Als Nauplien bieten sich Artemien zur Aufzucht der Zwergkrallenfrosch-Quappen an, in größeren Stadien dann als Futter für Jungfrösche und auch Adulti. Foto: K. Kunz

Zierfisch-Flockenfutter wird von Zwergkrallenfröschen nicht angenommen, und selbst die meisten Sorten Futtertabletten und -pellets nicht, wenn die Tiere nicht bereits als Jungtiere daran gewöhnt wurden! Dagegen fressen *Xenopus*, *Silurana* und manche der kleineren *Pipa*-Arten problemlos Pellets, die für *X. laevis* und *S. tropicalis* sogar eigens hergestellt werden. Aber auch Pellets bspw. für die Fischzucht werden gefressen. Ich selbst halte dieses Futter jedoch für wenig artgerecht, bei ausschließlicher Fütterung mit diesen Mitteln kommt es immer wieder zu Kümmerlingen und Todesfällen. Außerdem verderben sie sehr rasch das Wasser. Das Gleiche gilt für rohes Fleisch oder Leber, die zudem mit Schadstoffen, Antibiotika oder Hormonen belastet sein können. Besonders Weibchen dürfen ruhig gut im Futter stehen, sodass man Zwergkrallenfrösche wenigstens jeden zweiten Tag, Wabenkröten und Krallenfrösche etwa jeden dritten Tag (die großen Arten seltener, *Pipa pipa* z. B. etwa einmal pro Woche, eventuell sogar noch seltener) abwechslungsreich und hochwertig füttern, wenn auch nicht überfüttern sollte. Gut genährte Tiere vertragen durchaus mal eine mehrtägige bis -wöchige Fastenperiode. Wie oben erwähnt, ist gerade bei *Xenopus* das Hungervermögen bemerkenswert stark ausgebildet, und selbst monatelange Fastenzeiten werden zumindest von manchen Arten in der Natur schadlos überstanden. Im Labor überdauerten *Xenopus laevis* selbst bei Temperaturen von 20 °C eine einjährige Fastenpause, indem sie Stoffwechsel und Sauerstoffverbrauch drosselten; sie verloren dabei 55–65 % des Ausgangsgewichts. Sobald die Bedingungen wieder besser sind, fressen sich die Tiere sehr schnell wieder ihre optimale Körpermasse an. Wer einmal einen *Xenopus* sezierte, dem fielen sicher die großen Fettkörper auf – sie ermöglichen ihm solche außergewöhnlichen Fastenperioden.

Jungtiere allerdings sollten anfangs täglich, nach einiger Zeit mit einem Fastentag pro Woche gefüttert werden. Hervorragend geeignet sind bspw. Artemien oder Wasserflöhe, die man mit Hefe füttert.

Normalerweise fressen die Tiere so ziemlich alles, was auch nur einigermaßen ins Futterspektrum passt. Allerdings hatte ich schon mehrfach große Probleme, Krallenfrösche, die ich aus Labors bekommen hatte, an Insektennahrung zu bringen – die Tiere waren ihre Pellets gewohnt...

Wer seine Tiere, wie oben empfohlen, abwechslungsreich mit Lebend- und Frostfutter ernährt, der kann eigentlich auf das Zufüttern von Vitaminen oder Mineralstoffen verzichten. Um seinen Tieren dennoch gezielt eine hochwertige Ernährung zukommen zu lassen, empfiehlt sich vor allem die Verfütterung solcher Tiere, die sich (auch) mit Hefe oder einer Suspension bspw. von Brennnesselpulver ernähren lassen, also die Kaulquappen ungeschützter Arten aus der eigenen Zucht, *Artemia*, Wasserflöhe usw. Zusätzlich kann man natürlich Futterinsekten mit Mineral- und Vitaminpräparaten ernähren, bevor man sie anbietet.

Genauso unkompliziert zu ernähren wie die Elterntiere: Diese Krallenfrosch-Quappen filtern Hefe aus dem Wasser. Weiter unten schwimmende Tiere sind wegen der Trübung kaum oder gar nicht zu erkennen. Schon in wenigen Stunden aber wird das Wasser wieder kristallklar sein. Foto: K. Kunz

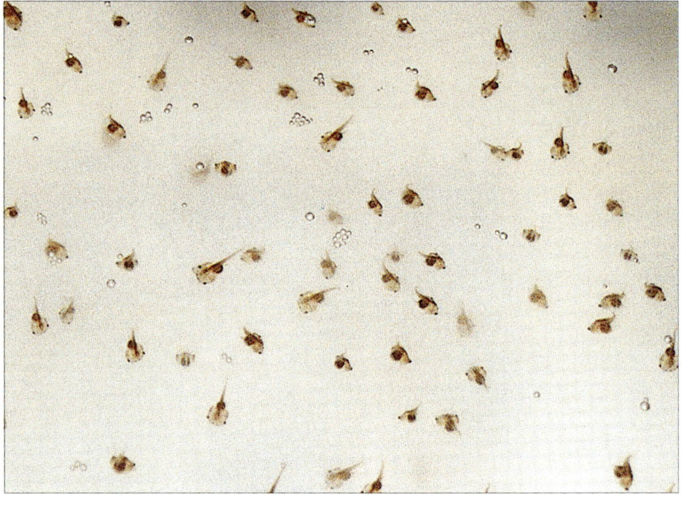

Zucht und Aufzucht

Geschlechtsunterschiede

Das erklärte Ziel eines jeden ernsthaft interessierten Pipidenhalters ist die Nachzucht seiner Tiere. Bei selten importierten Arten kann so nicht nur für die Verbreitung der Tiere in den Aquarien der Liebhaber gesorgt werden, sondern es werden auch die natürlichen Bestände geschont. Und gerade bei der Fortpflanzung haben Pipiden jede Menge an interessantem Verhalten, an spektakulären Strategien zu bieten, wie Sie schon gelesen haben. Von den wenigsten Arten sind Fakten über die Paarung bekannt, und schon gar nicht aus Freilandbeobachtungen. Studien an im Aquarium gehaltenen Tieren sind hier oft die einzige Möglichkeit, mehr über die Frösche herauszufinden. Wer also spannende Beobachtungen anstellen möchte, findet hier ein ideales Betätigungsfeld. Selbst bei so häufig kommerziell gezüchteten und so intensiv erforschten Amphibien wie dem Großen Krallenfrosch ist noch längst nicht alles dokumentiert, gerade was das Paarungsverhalten angeht.

Um gezielt Tiere zur Verpaarung zusammenzubringen, sollte man natürlich die Geschlechter zweifelsfrei bestimmen können. Besonders bei Jungtieren ist das aber nicht immer ganz einfach. Wer genau hinschaut, wird trotzdem oft schon bei halbwüchsigen Individuen vieler Arten keine allzu großen Schwierigkeiten haben.

Oben Weibchen (mit Markierung), unten Männchen von *Xenopus amieti* (Galim). Beachte die unterschiedlichen Proportionen sowie die Kloakenlappen des Weibchens. Foto: K. Kunz

Detail der Kloakenlappen eines weiblichen *Xenopus fraseri* Foto: K. Kunz

Weibliche Tiere der afrikanischen Arten sind fast immer etwas bis viel größer, mehr birnenförmig gebaut, und oft zeichnet sich die Lage der Ovarien durch die Haut ab, die einen Großteil der Bauchhöhle ausfüllen und bspw. bei einem großen Weibchen von *Xenopus laevis* rund 30.000 Eizellen (Oozyten) enthalten. Weibliche Krallenfrösche besitzen an der Kloake Hautanhänge (Kloakalpapillen, Kloakenlappen), die die Geschlechtsdiagnose einfach gestalten. Zumindest bei manchen Arten, etwa *Silurana tropicalis*, verlaufen die Seitenlinienorgane bei Weibchen beiderseits der Kloake parallel, während sie bei Männchen konvergieren. Außerdem zeigen die Männchen kräftigere Arme und an den Fingern, Unter- und Oberarmen sog. Brunftschwielen, die sich bei *Xenopus clivii* sogar bis auf die Brust erstrecken und mit ihrer rauen Oberfläche dem sicheren Festhalten des Weibchens während der Paarung dienen. Außerdem sind beide Gliedmaßenpaare bei männlichen Krallenfröschen relativ länger.

Bei Zwergkrallenfröschen der Gattungen *Hymenochirus* und *Pseudhymenochirus* ist das Ansprechen geschlechtsreifer Tiere ebenfalls sehr einfach, zum einen aufgrund der angesprochenen Birnenform der kräftigeren Weibchen, vor allem aber aufgrund der weißlich bis rosa gefärbten Postaxillardrüse, die sich beim Männchen hinter dem Vorderbein-

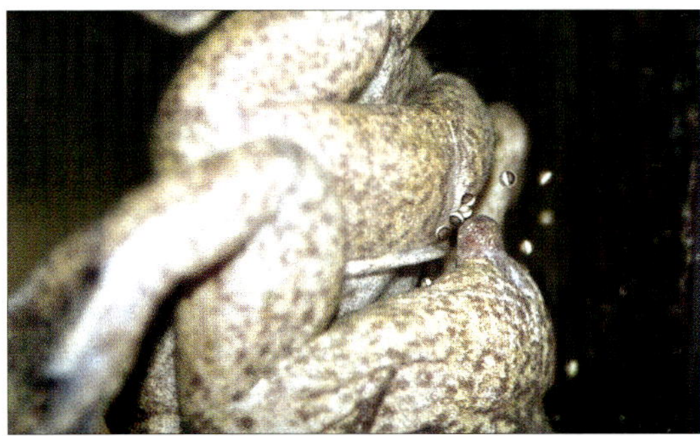

Bei der Paarung stülpt dieses *Silurana*-Weibchen seine Kloake legeröhrenartig aus. Foto: K. Kunz

ansatz befindet und während der Fortpflanzungsperiode anschwillt. Diese Drüsen dienen der Freisetzung eines Duftstoffes, der die Weibchen anlockt.

Ein weithin übersehener Geschlechtsdimorphismus, den man zumindest bei *Hymenochirus* und einigen (allen?) Krallenfröschen leicht beobachten kann, liegt in der Ausbildung des unter der Haut liegenden Trommelfells: Beim Männchen ist es größer, bei *H. boettgeri* bspw. 2,5 mm im Gegensatz zu 1,2 mm beim Weibchen, und verleiht dem Kopf des Männchens dadurch oft einen kantigeren Umriss.

Schwieriger wird die Diagnose bei den Wabenkröten. Bei ihnen zeichnen sich die Weibchen häufig nur durch eine etwas wulstigere Kloakenregion aus, während die Männchen kräftigere Arme besitzen – weitere Hinweise finden Sie in den Artporträts. Bei verschiedenen *Pipa*-Arten entwickelt sich während der Paarungszeit beim Männchen eine pigmentierte Schwiele entlang der Zehen. Untersuchungen ergaben, dass diese Schwiele eine fett- oder proteinartige Substanz enthält, die wohl der chemischen Stimulation des Weibchens dient, wenn das Männchen während des Amplexus mit den Füßen seitlich am Kopf des Weibchens reibt.

Bei diesem männlichen *Hymenochirus boettgeri* ist deutlich die rosafarbene Postaxillardrüse zu sehen. Foto: K. Kunz

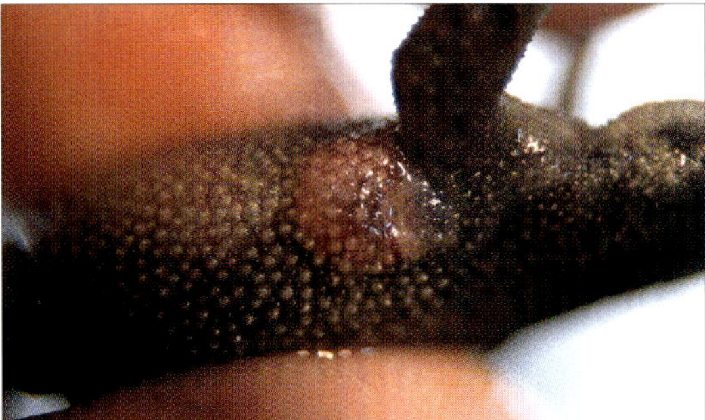

Ein kurzer Abstecher: Die Geschlechter zumindest bei Krallenfröschen unterscheiden sich nicht durch morphologisch verschiedene Geschlechtschromosomen, sondern durch einen WZ/ZZ-Mechanismus: Weibchen sind heterozygot für einen dominanten Faktor W, der zur Weibchenbildung führt, und für das rezessive Männchenmerkmal Z, während Männchen für Letzteres homozygot sind.

Kaulquappen, deren Hälterungswasser man Östradiol zugibt, entwickeln sich sämtlich zu fruchtbaren Weibchen, solche, bei denen man männliche Hormone beimischt, zu Männchen.

Wie empfindlich die Tiere selbst auf geringste Konzentrationen schädlicher Substanzen reagieren, zeigen neuste Erkenntnisse, die wahrscheinlich auch weit reichende Konsequenzen für den Amphibienschutz insgesamt haben werden (Dalton 2002; Withgott 2002): Atrazin, das in den USA und 80 weiteren Staaten in großem Umfang als Herbizid eingesetzt wird, bewirkt bereits in Konzentrationen, die 30fach geringer sind, als für Trinkwasserstandards zugelassen, dass männliche Krallenfrosch-Kaulquappen zusätzliche Gonaden, darunter auch Ovarien, entwickeln und zu Hermaphroditen, also zweigeschlechtlich werden. Bei adulten Männchen, die man Konzentrationen von 25 Teilen Atrazin auf eine Milliarde Teile Wasser aussetzte, sanken die Testosteronwerte auf ein Zehntel, ein Wert, wie man ihn bei Weibchen findet. Bei Werten über eins zu einer Milliarde entwickelt sich der Larynx des Männchens, den das Tier zum Anzeigeruf benötigt, nicht normal.

Paarungsstimulation

Wie stimuliert man seine Tiere dazu, sich fortzupflanzen? Es existieren verschiedene Methoden, die erstaunlich effektiv sein können. Die Betonung liegt dabei aber auf „können", denn ein wirksames Patentrezept, das zu jedem beliebigen Zeitpunkt funktioniert, gibt es nicht. Ich habe an der Universität eine verzweifelnde Doktorandin erlebt, die für ihre Arbeit dringend auf „normalem Weg" erzeugte Larven des Großen Krallenfroschs gebraucht hätte – nur ließen sich die Alttiere partout nicht zur Paarung überreden, nicht einmal durch mehrfach überdosierte Hormongaben. Wenn die Frösche also nicht wollen, dann wollen sie eben nicht. Es ist außerdem bekannt, dass im Aquarium gehaltene Weibchen oft die Produktion lebensfähiger Eizellen einstellen, wenn sie nicht sexuell aktiv sind.

Die wichtigste Voraussetzung für eine Paarung ist natürlich die optimale Pflege, d. h. unter anderem genügend Schwimmraum, adäquate Temperaturen (bspw. nimmt die Qualität der Eizellen von *Xenopus laevis* bei einer Haltung über 25 °C ab) und viele Versteckplätze. Auch sollten vor allem die Weibchen recht gut genährt sein, denn der Entwicklungszustand der Ovarien hängt direkt mit der Menge verfügbaren Futters zusammen. Oft hilft es schon, die Tiere nach einer kleinen Fastenzeit üppig, abwechslungsreich und mit Lebendfutter zu versorgen, um sie zur Paarung anzuregen. Außerdem kann es hilfreich sein, die Geschlechter eine Zeit lang getrennt zu halten und nur zur Paarung zu vergesellschaften.

Das Vorhandensein mehrerer potenzieller Partner scheint stimulierend zu wirken, ebenso wie sich die Rivalität zwischen Männchen förderlich bemerkbar macht – nach Möglichkeit also wenigstens zwei Männchen und zwei Weibchen zusammensetzen. Der richtige Zeitpunkt dafür ist bspw. gegeben, wenn die Männchen zu rufen beginnen oder im Fall der Krallenfrösche Brunftschwielen entwickeln bzw. die Kloakenlappen der Weibchen etwas angeschwollen und rosa gefärbt sind.

Sehr förderlich können sich auch Ruhephasen bei herabgesetzten Temperaturen auswirken. Bei Wabenkröten und Zwergkrallenfröschen reicht hier bereits eine etwa dreiwöchige Frist bei vielleicht 3–4 °C weniger als üblich aus. Wenn danach die Temperaturen wieder ansteigen, setzen oft abrupt die Paarungen ein. Auch für Krallenfrösche empfiehlt sich dieses Vorgehen, wobei zumindest *Xenopus l. laevis* und einige Hochlandarten sogar regelrecht überwintert werden können, indem man die Temperatur langsam absinken lässt, bei *X. l. laevis* bspw. auf ca. 7–14 °C.

Eine weitere gängige Methode ist es, den Wechsel von Trocken- und Regenzeiten zu simulieren. Zu diesem Zweck reduziert man allmählich die Wassermenge auf ein Minimum, wobei man gleichzeitig die Temperaturen um einige Grade erhöht, ohne dabei aber natürlich die Toleranzgrenze der Tiere zu überschreiten. Nach etwa vier Wochen gießt man dann mit etwa 5–10 °C kühlerem Wasser auf oder beregnet mit Hilfe einer kleinen Aquarienpumpe über eine gelochte Kunststoffplatte. Es kommt vor, dass die Männchen dabei spontan zu klammern beginnen.

Auch Erhöhen bzw. Senken der Wasserstoffionen-Konzentration wurde schon als wirksam beschrieben, ebenso wie der Einfall von Sonnenlicht und Temperaturschwankungen im Tagesverlauf.

Doch manchmal nützen all diese Tricks nichts. Dann kann es schon hilfreich sein, die Tiere einfach zur Paarung in ein anderes Becken umzusetzen – so erhielt ich innerhalb kurzer Zeit ein Dutzend Gelege eines Pärchens einer *fraseri*-ähnlichen Art aus Laborhaltung, das ich zur Quarantäne in ein Becken von nur 40 x 20 x 20 cm einquartiert hatte. Besonders effektiv ist es, die Frösche in ein großes, gesichertes Becken im Freiland zu überführen (siehe Abschnitt „Freilandhaltung"). Wirkt aber absolut gar nichts, so sollte man sich in Geduld fassen, für optimale Bedingungen sorgen und abwarten – früher oder später kommt es dann meistens doch zur erhofften Paarung. Dabei mögen unter anderem jahreszeitliche Einflüsse eine Rolle spielen, wie sie sich ja auch deutlich im Zustand der Ovarien sowie im Hormonhaushalt der Tiere widerspiegeln. Bei *Hymenochirus boettgeri* und *Xenopus laevis* konnte gezeigt werden, dass schon eine Verlängerung der Beleuchtungsdauer die Paarung stimulierte.

Längst noch nicht abschließend geklärt ist der Einfluss, den der Nährstoffgehalt des Wassers sowie die Stoffwechselprodukte einzelliger Algen spielen. JUNGHANS (1920) bspw. schreibt, *Xenopus calcaratus* (ein Synonym für *Silurana tropicalis*) liebe keine häufigen Wasserwechsel; und SAVAGE (1965, 1971) berichtet, Extrakte bestimmter einzelliger Algen ebenso wie neutralisierte Glykolsäure (ein Stoffwechselprodukt der Algen) förderten die Paarungsbereitschaft von *Xenopus laevis* – was biologisch gesehen auch durchaus Sinn ergibt, da die Larven Filtrierer sind, die solche Algen aus dem Wasser sieben.

Außerdem ist zu bedenken, dass in der Natur mit Einsetzen der Regenzeit große Mengen verrottenden Materials in die Senken gespült werden, was zur Eutrophierung der Tümpel, also zur Anreicherung mit Nährstoffen, und in der Folge zu Algenblüten führen kann. Es ist daher wohl nicht völlig auszuschließen, dass bereits solch nährstoffreiches Wasser an sich stimulierend wirken könnte. Versuche in dieser Richtung, von erfahrenen, versierten Pipidenpflegern unternommen, könnten hier interessante Ergebnisse ans Licht fördern. Fest steht jedenfalls, dass trotz der scheinbar optimalen Bedingungen in den äußerst hygienischen Laborbecken die Frösche dort so gut wie nie auf natürlichem Weg laichen: Bspw. KELLEY (1982) schreibt, generell seien die Weibchen ihrer Kolonie ohne Hormongaben nicht befruchtungsbereit.

Andererseits lässt sich auch der gegenteilige Effekt beobachten, nämlich dass die Frösche spontan laichen, wenn man sie aus seltener gewechseltem in frisches Wasser setzt. Das würde in der Natur den Verhältnissen in kleineren, eutrophierten Tümpeln entsprechen, in denen während der Regenzeit die belastenden Stoffe verdünnt werden und durch den Regen sowie durch die Abkühlung eine höhere Sauerstoffkonzentration herrscht.

Zum Laichen stellt man Krallenfröschen reichlich Wasserpflanzen zur Verfügung, und zwar auch solche, die an der Wasseroberfläche treiben.

Aufzucht bis zur Metamorphose (Umwandlung)

Haben **Zwergkrallenfrösche** oder **Krallenfrösche** abgelaicht, so entfernt man entweder die erwachsenen Tiere aus dem Becken, da diese ansonsten ihrem eigenen Laich und auch den Kaulquappen nachstellen würden, oder aber man überführt die Eier bzw. bereits geschlüpfte Larven in ein eigens vorbereitetes Aufzuchtbecken. Der zweiten Möglichkeit ist der Vorzug zu geben. Bei den Oberflächenlaichern wie *Hymenochirus* kann man die Elterntiere ohnehin nicht aus dem Zuchtbecken fangen, ohne dass viele der Eier am Fangnetz oder -gefäß hängen bleiben. Man nimmt die Eier daher am besten vorsichtig etwa mit einem großen Löffel auf und lässt sie im Aufzuchtbecken ebenfalls wieder an der Oberfläche treiben. Den Löffel feuchtet man zuvor an, damit die Eier nicht daran haften bleiben. Im Gegensatz zu manchen Aussagen in der Literatur entwickeln sich auch solche befruchteten Eier, die bei diesem Vorgang oder bereits zuvor durch die Aktivitäten der Frösche abgesunken sind, zumal, wenn man das Aufzuchtbecken mit einer sehr feinperligen Durchlüftung versorgt. Diese ist ohnehin mindestens bis zum Schlupf empfehlenswert. Danach verzichte ich bei Zwergkrallenfröschen darauf, während ich sie bei Krallenfröschen und Wabenkröten mindestens während der ersten beiden Wochen beibehalte.

Am Boden liegende Eier oder bereits geschlüpfte Larven saugt man mit einer Pipette mit großer Öffnung oder mit einem dünnen Schlauch einfach ab. Verpilzende Eier werden sofort entfernt.

Bei **Wabenkröten** setzt man Eier tragende Weibchen stets einzeln bzw. fängt am besten die Beckengenossen heraus, um das Tier vor Störungen zu bewahren, die zum Verlust der Eier führen könnten. Kurz vor dem voraussichtlichen Schlupf der Larven bzw. der Jungtiere entfernt man dichte Wasserpflanzenbestände weitgehend, damit die Quappen und Jungfrösche ungehindert an die Oberfläche schwimmen können, um Luft zu holen. Keinesfalls sollten in einem Becken mit tragenden Weibchen Schnecken vorhanden sein, da sie manchmal die Eier benagen. Auch entfernt man raue Gegenstände, an denen die Weibchen unter Umständen ihre Eier abschaben könnten. Wabenkröten-Quappen und die Jungfrösche setzt man besser in separate Aufzuchtbecken, wenn ihnen das Muttertier auch meist nicht nachstellt, sondern versehentlich eingesaugten Nachwuchs sogar wieder ausspuckt, besonders *Pipa pipa* (anders sieht es bspw. bei *P. carvalhoi* aus). Die getrennte Haltung erleichtert in jedem Fall die Aufzucht der Jungtiere sehr.

Die frisch geschlüpften Larven der Krallen- und Zwergkrallenfrösche können bereits durch Flimmertätigkeit oder Schlängeln des ganzen Körpers umherschwimmen. Die meiste Zeit hängen sie aber für einige Stunden bis Tage an einem mit ihrer Zementdrüse selbst produzierten Faden von Pflanzen, Einrichtungsgegenständen oder dem Oberflächenhäutchen herab, bis sie einen funktionsfähigen Mund und Schwanz entwickelt und die Zementdrüse sowie äußere Kiemen resorbiert haben. Während dieser Zeit steigen sie immer wieder senkrecht zur Oberfläche, wobei sie sich schnell um die eigene Achse drehen, abwechselnd drei- bis viermal nach links bzw. rechts. Dort angekommen, heften sie sich häufig erneut fest. Sobald sie nach einigen Tagen frei schwimmen, beginnt man mit der Fütterung. Alle Pipidenlarven sind Luftatmer und kommen zum Luftschnappen an die Oberfläche, wenn sie auch zusätzlich dem Wasser Sauerstoff entziehen.

Bei der Aufzucht von Pipidenlarven gibt es zwei grundsätzlich verschiedene Methoden, die sich nach der Lebensweise der Kaulquappen richten: Die von *Hymenochirus* und *Pseudhymenochirus* leben nämlich räuberisch, die der Krallenfrösche und Wabenkröten dagegen als Filtrierer.

Betrachten wir zunächst die erste Gruppe: Die carnivoren **Kaulquappen der Zwergkrallenfrösche** gleiten sehr langsam und – besonders während der ersten zwei Wochen – unmittelbar unter der Wasseroberfläche dahin, kaum merklich nur von ihrer Schwanzspitze vorangetrieben. Mit ihren schräg nach vorn gerichteten Augen fixieren

Lage des Filterapparates bei einer Quappe von *Xenopus laevis*. Dorsolaterale Ansicht. Die rechte dorsale Kopfhälfte ist abgehoben. (Aus: VIERTEL 1987, Zool. Jb. Anat. 115)

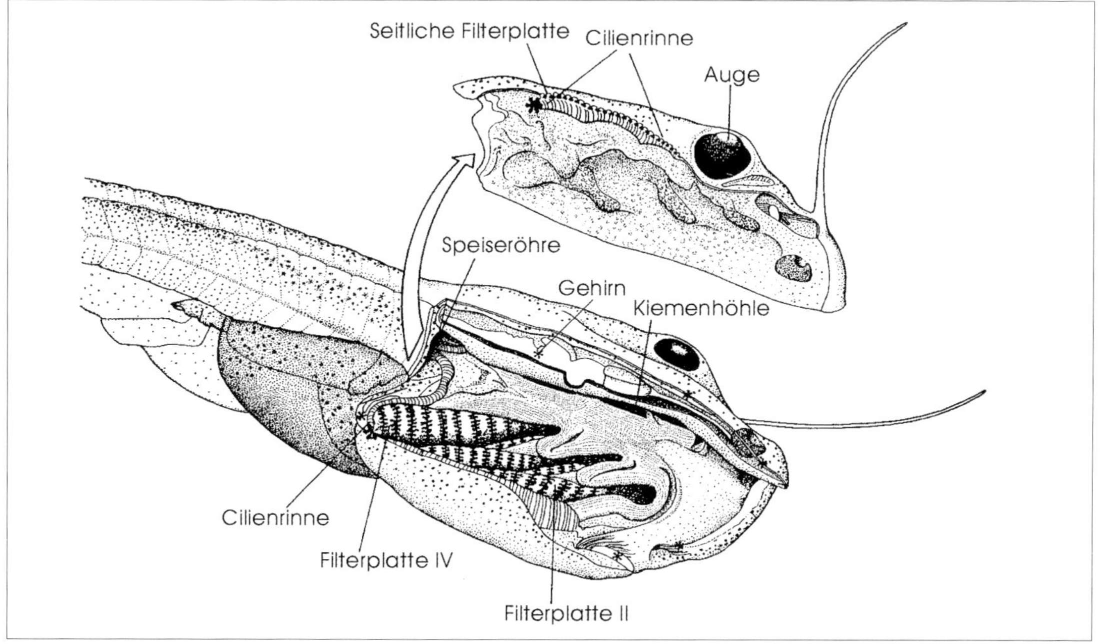

sie binokular kleine Wasserlebewesen, denen sie auch ein wenig nachschwimmen, falls die Tierchen nicht zu schnell für sie sind – ihre Gemächlichkeit geben die Quappen nur dann kurz auf, wenn sie erschrecken. Befindet sich das winzige Krebschen knapp vor ihrem als Saugrohr ausgestalteten Maul, reißen sie dieses plötzlich auf und lassen es nach vorn schnellen, wobei sich gleichzeitig der Schlundraum stark ausdehnt. Dabei gibt es manchmal dem ganzen Tier einen regelrechten Ruck. Der entstehende Unterdruck reißt Beute und Wasser ins Maul, das Wasser wird duch die paarigen Kiemenspalten wieder ausgeschieden. Der gesamte Vorgang vom Erweitern der Mundhöhle und dem Vorschnellen des röhrenartigen Mauls bis zum Schließen dauert nur 7 ms. Zwergkrallenfrösche sind übrigens wohl die einzigen Anuren, bei denen sich sowohl die Adulti als auch die Larven durch Saugschnappen ernähren. Außerdem ist dieser Mechanismus für Froschlurche einzigartig, zeigt aber eine erstaunliche Konvergenz (Übereinstimmung bei nicht verwandten Lebewesen) zum Saugschnappen bei Knochenfi-

Der Saugschnappmechanismus einer Zwergkrallenfrosch-Quappe. Aus: DEBAN & OLSON (2002), Nature 420

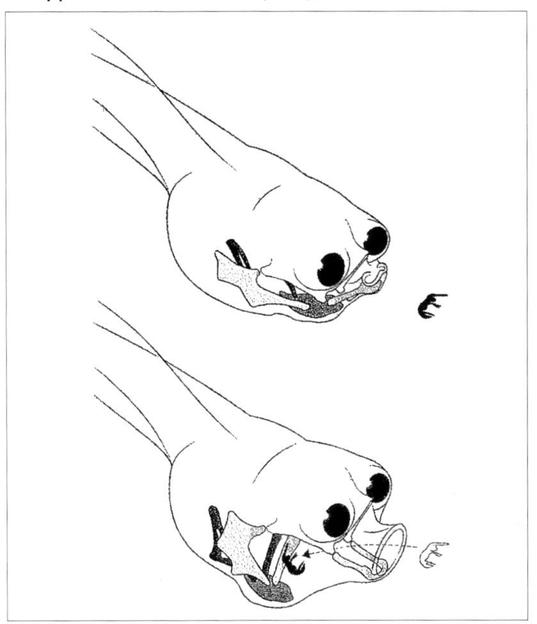

schen, bei denen er aber weniger schnell abläuft.

In geräumigen eingefahrenen Becken schaffen es ohne weitere Maßnahmen meist einige Tiere bis zur Metamorphose, indem sie sich von den Kleinlebewesen ernähren, die in jedem Aquarium vorkommen. Die effizientere Methode ist jedoch, die Quappen in ansonsten leere Becken mit abgestandenem Frischwasser oder solchem aus einem eingefahrenen Becken zu überführen. Die Larven der Zwergkrallenfrösche sind leider recht anfällig gegenüber dem sog. crowd- oder crowding-effect, d. h. bei zu vielen Larven in zu kleinen Becken beginnen die Quappen sich gegenseitig im Wachstum zu hemmen, die Tiere sind gestresst, und schließlich treten Krankheiten oder sogar epidemieartige Verluste auf – meist überleben dann nur die größten und fittesten Tiere. Früher wurden für diesen Effekt vor allem proteinähnliche Substanzen verantwortlich gemacht, die von den Larven ausgeschieden werden, doch entdeckte man inzwischen bei manchen Froscharten auch hemmende Mikroorganismen der Gattung *Anurofeca* – ob solche Faktoren auch bei Pipiden eine Rolle spielen, wird sich zeigen.

Bei mir hat es sich am besten bewährt, jeweils etwa vier Larven in Haushaltsdosen mit den Maßen 10 x 10 x 10 cm zu setzen. Stets mehrere dieser Behälter stelle ich dann auf eine über Thermostat geregelte Heizmatte. Die Larven füttert man, sobald sie zum Freischwimmen übergehen, mit frisch geschlüpften *Artemia*-Nauplien, die man aus im Zoohandel angebotenen „Dauereiern" zieht. Nach meiner Erfahrung bewältigen die Quappen diese von Anfang an. Allerdings berichten verschiedene Aquarianer, für ihre Kaulquappen seien die Nauplien als Erstfutter zu groß gewesen. Daher sollte man in jedem Fall versuchen, an *Artemia*-Sorten zu kommen, aus denen möglichst kleine Nauplien schlüpfen. Ansonsten versorgt man die Kaulquappen die ersten Tage bspw. mit Rotatorien, die man ebenfalls aus im Zoohandel angebotenen Zysten gewinnt, oder man setzt Infusorienkulturen an, bspw. mit Pantoffeltierchen (Anleitungen in der Literatur und im Internet, siehe Verzeichnis). Einigen Angaben zufolge nehmen die Quappen auch Staubfutter von der Was-

Kaulquappe des *Hymenochirus-boettgeri*-Typs dorsal
Foto: K. Kunz

seroberfläche, doch konnte ich dies bei meinen Tieren nie beobachten. Wer seine Quappen mit selbst gefangenem „lebende Staubfutter", vor allem *Cyclops*, füttert, muss unbedingt darauf achten, keine räuberischen Formen einzuschleppen.

Nach spätestens einigen Tagen des Freischwimmens gehen aber alle Quappen an *Artemia*-Nauplien, sodass das Nahrungsproblem gelöst ist. Schon nach zwei bis drei Wochen erbeuten die Larven dann auch kleine Wasserflöhe, Mikro- oder *Tubifex*-Würmchen, und nach einiger Zeit nehmen sie selbst Frostfutter, bspw. Wasserflöhe, vom Boden auf. Am besten füttert man zweimal täglich, und zwar sehr reichhaltig. Die Larven jagen gerade am Anfang nicht sehr aktiv, sondern warten darauf, dass ihnen die Beute vors Maul gerät. Auch sollte der Wasserstand während der ersten Wochen höchstens 6–7 cm betragen: Während die Kaulquappen nämlich dicht unter der Oberfläche schwimmen, sammeln sich die Artemien mit der Zeit oft am Boden des Beckens.

Abgestorbene Futtertiere sowie den Kot saugt man täglich ab und ergänzt den Wasserverlust durch abgestandenes, gleichwarmes Wasser oder einfacher durch solches aus einem Haltungsbecken für die erwachsenen Tiere. Noch effizienter ist es, die Larven einfach allabendlich in frische Dosen umzusetzen. Die alten reinigt man kurz mit einem Lappen, füllt sie auf und kann sie anderntags wieder benutzen – aber auch hier daran denken, dass die Temperatur dieselbe sein muss! Wem die ganze Arbeit mit so vielen Dosen zu umständlich ist, der kann natürlich auch in geräumigeren Becken entsprechend mehr Larven aufziehen, bspw. in einem mit 30 x 20 x 20 cm etwa zwölf Tiere. Allerdings ist dabei immer die Gefahr größer, bei einer Krankheit alle Quappen auf einmal zu verlieren.

Selbst in geräumigeren Becken verzichte ich auf Belüftung, da diese die Quappen stört.

Wenn die Tiere an der Oberfläche atmen, hinterlassen sie dort ein Gasbläschen. Mit der Zeit sammeln sich diese schleimigen Bläschen in dichter besetzten Becken an und scheinen einen schädlichen Effekt auf die Kaulquappen auszuüben. Man entfernt sie deshalb bei Bedarf, indem man kurz ein Blatt saugfähigen Küchenpapiers auf die Wasseroberfläche legt und damit die Bläschen dann einfach mit abzieht.

Unter den geschilderten Bedingungen haben die ersten Kaulquappen von *Hymenochirus boettgeri* – bei 25 °C – meist schon nach etwas weniger als vier Wochen die Metamorphose beendet, doch kann sie sich auch bis zu zwei Monate hinziehen. Sie entwickeln sich selbst bei nur 18 °C noch normal, wenn auch entsprechend langsam. Bei *H. curtipes* sollte das Wasser etwa 27–30 °C warm sein. Die Larven dieser Art scheinen übrigens noch anfälliger gegen den crowd-effect zu sein.

Da die Kaulquappen der Zwergkrallenfrösche während ihrer Umwandlung ihre Ernährungsweise nicht wie die meisten anderen Froschlarven radikal umstellen, müssen sie unbedingt ständig weiter gefüttert werden. Übrigens sollte man niemals

Kaulquappe des *Hymenochirus-boettgeri*-Typs lateral
Foto: K. Kunz

Kaulquappe des *Hymenochirus-boettgeri*-Typs ventral
Foto: K. Kunz

Kaulquappen sehr unterschiedlicher Größe gemeinsam halten, da die älteren ihre kleinen Artgenossen keineswegs verschmähen.

Bei meinen Nachzuchten von *Hymenochirus boettgeri* setzen erste Paarungsrufe oft schon drei Monate nach der Metamorphose ein, zu erfolgreichen Paarungen kann es bereits einen Monat später kommen – die Tiere besitzen also eine der kürzesten Generationsdauern von Amphibien überhaupt. Über die Haltung und Zucht der übrigen *Hymenochirus*-Formen ist nichts bis sehr wenig bekannt. *Pseudhymenochirus merlini* wurde nur selten nachgezogen, bspw. von NOÉMIO A. M. DE SOUSA in Guinea-Bissau (schriftl. Mittlg.). Die Larven dieser Art scheinen etwas aktivere Räuber als die von *Hymenochirus* zu sein.

Nun zur zweiten Gruppe, also den **Larven von *Xenopus, Silurana* und *Pipa***. Bei ihnen handelt es sich um Filtrierer, die in der Natur winzige Algen, andere kleine Organismen und Geschwebsel aus dem Wasser sieben. Im Verdauungstrakt von *Pipa carvalhoi* fand man bspw. Ostracoden, Copepoden-Nauplien, Flagellaten der Gattungen *Trachelomonas*, *Phacus* und *Euglena* sowie organisches Detritus-Material. Krallenfroschlarven dagegen ernähren sich wohl überwiegend pflanzlich, also von winzigen Algen. Der Mechanismus, mit dem die Larven Wasser einsaugen, ist prinzipiell derselbe wie bei den Zwergkrallenfröschen, beruht also auf dem Hyobranchialapparat. Die Kiemenbögen tragen hier als Filter wirkende Strukturen, nämlich eine mächtig entwickelte Kiemenreuse mit vier Paar Knorpelspangen und drei Paar Spalten.

Beim Öffnen und Schließen des Mauls sowie simultanem Senken und Heben des Filterapparates wird Wasser eingesogen – es besteht also ein unmittelbarer Zusammenhang zwischen der Atmung (hier: der Aufnahme von Sauerstoff aus dem Wasser durch die inneren Kiemen) und der Futteraufnahme. Die Schwebeteilchen bzw. Kleinlebewesen werden in einem komplexen Maschenwerk der Reusenbögen zurückgehalten, dann eingeschleimt und durch Cilientätigkeit in die Speiseröhre befördert. Das Wasser fließt durch die Kiemenspalten wieder ab. Bei 25 °C öffnet und schließt eine Larve von *Xenopus laevis* ihr Maul rund 60- bis 70mal pro Minute.

Gröbere Teilchen werden ausgespuckt (können aber bei sehr jungen Larven auch zum Tod führen!), und die Quappen streben aus Zonen mit grobem in solche mit sehr feinem Geschwebe; nur *Pipa*-Larven filtern, wie gesagt, auch „größere" Tierchen aus.

Pflanzt man übrigens in ein Neurulastadium von *Hymenochirus* die Anlagen der Mittel- und Nachhirnregion von *Xenopus*, so zeigen die späteren Larven oft Verhaltensweisen beider Larventypen, also rhythmisches Öffnen und Schließen des Mundes mit den entsprechenden Bewegungen des hyobranchialen Bereichs sowie Anvisieren und Erbeuten von kleinen Krebstierchen.

Der Darm der *Xenopus-*, *Silurana-* und *Pipa-*Quappen ist sehr lang, da diese sich überwiegend pflanzlich ernähren, dem Manicotto (Magen) fehlt die Speicherwirkung, die bei Bedarf meist der Darm übernimmt. Bei vielen Arten – am besten untersucht bei *Xenopus laevis* – stehen die Larven in Schulen im Wasser, alle parallel, seltener antiparallel ausgerichtet, kopfunter in einem Winkel von 45–70°, unter ständigem Vibrieren der Schwanzspitze. Dieses Verhalten dient nicht nur dem Schutz vor Fressfeinden, sondern die Tiere erzeugen durch diese Schwarmbildung auch einen größeren Gesamtsog, sodass sie ef-

Ei von *Silurana* an Wasserpest Foto: K. Kunz

fizienter ihre Futterpartikel aus dem Wasser filtern können. Offenbar unterscheiden die Quappen bei der Schwarmbildung sogar zwischen Geschwistern und anderen Artgenossen. Mit steigender Größe und Populationsdichte nimmt die Tendenz zur Parallelausbildung zu. Diese ist besonders dann ausgeprägt, wenn ein schwacher Wasserstrom besteht, während in unbewegtem Wasser die Ausrichtung meist zufällig geschieht. Nachts stehen die Tiere weniger eng beisammen (zwei Körperlängen im Vergleich zu einer Körperlänge bei Licht) und weniger gleichmäßig ausgerichtet. Vermutlich sorgen Informationen über das Seitenliniensystem für die Ausrichtung in der Nacht, doch spielen tagsüber wohl vor allem optische Eindrücke eine Rolle.

Etwa alle 40 s steigen die Tiere zum Luftholen hoch, um dann blitzschnell wieder abzutauchen.

Die frisch geschlüpfte Larve hängt für einige Zeit an einem mittels der Zementdrüse gebildeten Fädchen.
Foto: K. Kunz

Nachts färbt sich die Schwanzspitze durch Ausdehnen der Melanophoren dunkler, der Kopf durch Kontraktion der Melanophoren heller. Interessanterweise geschieht dies auch bei augenlosen Quappen – vermutlich kontrolliert das Pinealorgan diesen Wechsel.

Wozu die mundständigen Tentakel der *Xenopus-* und *Silurana*-Quappen dienen, ist nicht abschließend geklärt. Diskutiert werden vor allem Tast- und Balancefunktion. Hungrige Tiere wühlen damit auch den Detritus am Boden auf. Die Tentakel können aktiv durch Muskeln bewegt werden. An das welsartige Erscheinungsbild, das die Tentakel den Kaulquappen verleihen, erinnert übrigens der wissenschaftliche Name „*Silurana*" („Welsfrosch").

Pipidenquappen sind wohl alle mehr oder weniger positiv phototrop, schwimmen also zum Licht hin. Allerdings fand man an Larven von *Xenopus laevis* heraus, dass die Kaulquappen in einer frühen Entwicklungsphase auf diese Präferenz geprägt werden: Zehn Tage alte Quappen, die unter Dauerbeleuchtung aufgezogen wurden, bevorzugten die beleuchtete Hälfte eines Aquariums, Altersgenossen, die im Dauerdunkel herangewachsen waren, taten das nicht. Setzte man die „Lichtquappen" später einer Dunkelphase aus, so änderte sich dennoch nichts an ihrer postiven Phototaxis. Dagegen werden „Dunkelquappen", die man später unter Beleuchtung hält, ein wenig positiv phototrop. Vermutlich hängt auch dieser Effekt mit dem Pinealorgan der Quappen zusammen.

Kurze Zeit später Foto: K. Kunz

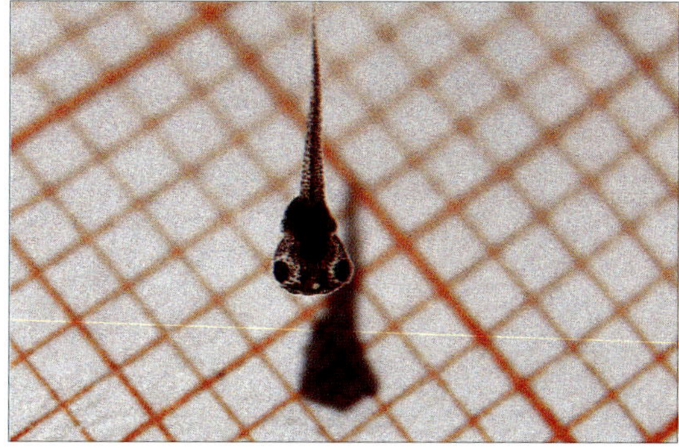

***Silurana*-Kaulquappe in typischer Stellung** Foto: K. Kunz

Hier sieht man, wie die *Silurana*-Kaulquappe das Maul aufreißt und den Schlund erweitert, um mittels Unterdruck nahrungshaltiges Wasser einzusaugen. Foto: K. Kunz

Man weiß, dass in dieser Region umso mehr Aktionspotenziale gefeuert werden, je dunkler es ist, und dass wiederum die Kaulquappe ihre Schwimmaktivität umso mehr steigert, je mehr Aktionspotenziale erzeugt werden. Dieser Zusammenhang bewirkt dann schlussendlich, dass die Kaulquappe gut beleuchtete Bereiche aufsucht, wo sich ja auch ihr Futter konzentriert.

In der Literatur existieren viele verschiedene „Rezepte", wie und womit man die Quappen ab dem Freischwimmen füttern sollte – die Labors nutzen meist eine Suspension von Brennnesselpulver oder Spezialpräparaten. Ich selbst habe mehrere Varianten ausprobiert, bin aber immer wieder zur einfachsten, preiswertesten, effizientesten und meiner Meinung nach schlichtweg besten zurückgekehrt: Man nehme Bäckerhefe aus dem Supermarkt, schwemme ein klein wenig davon auf und verteile diese Suspension gleichmäßig per Pipette an der Wasseroberfläche – fertig. Sobald die Tiere das Wasser wieder klar gefressen haben (was von Haltungstemperatur, Besatzdichte, Wasserqualität und natürlich der Futtermenge abhängt – also mit sehr viel Fingerspitzengefühl füttern!), kann man erneut Nahrung anbieten. Es ist besser, je einmal morgens und abends geringere Portionen zu geben, als einmal eine große, denn bei Überfütterung können sich erstens die Wasserwerte rapide verschlechtern, und zweitens können die Tiere schlicht und ergreifend zugrunde gehen, besonders zu Anfang ihrer Entwicklung! Für ganz junge Larven reichen wirklich kleinste Futtermengen, die man aber am besten mehrfach am Tag anbietet. Haben die Quappen das Wasser nach acht Stunden noch nicht klargefressen, so sollte man einen üppigen, aber nicht allzu plötzlichen Teilwasserwechsel durchführen, damit sich die Wasserwerte nicht dramatisch verschlechtern. Dass man dagegen nachzufüttern hat, erkennt man spätestens daran, dass die *Xenopus*- oder *Silurana*-Larven mit ihren Tentakeln den Bodengrund aufwühlen, um die aufgewirbelten Partikel aufzunehmen.

***Silurana*-Quappe in bereits recht weit fortgeschrittenem Stadium der Metamorphose** Foto: K. Kunz

Größeren *Pipa*-Larven kann man zusätzlich zur Hefe auch winzige Krebs-Nauplien anbieten.

Die Dauer bis zur Metamorphose schwankt oft innerhalb eines Schwarms äußerst stark. Es kommt sogar vor, dass einzelne Tiere monatelang in Larvenform weiterleben. Solche Individuen wandeln sich in aller Regel nicht mehr um, sondern gehen früher oder später zugrunde. Es ist ratsam, Larven gleicher Größe jeweils gemeinsam aufzuziehen.

Während der ersten beiden Wochen wechselt man nur geringe Mengen Wasser, später dann in dicht besetzten Aufzuchtbecken am besten täglich etwa ein bis zwei Drittel. Beim Wasserwechsel im Kaulquappenbecken achtet man stets darauf, dass die Werte des alten mit denen des neuen (am besten abgestandenen und über Kohle gefilterten) Wassers so weit wie möglich übereinstimmen, was Temperatur und Chemismus angeht. So führte ein plötzlicher Wechsel von pH 7,6 nach 5,8 im *Silurana*-Labor der Universität Virginia zu großen Verlusten. Als Wasserwerte werden bei *Xenopus laevis* empfohlen: Ammoniak unter 0,01 mg/l, Nitrit unter 0,15 mg/l, Nitrat unter 20–40 mg/l und ein pH von 7–8, doch vertragen nach meinen Beobachtungen die Quappen auch zum Teil erheblich „schlechtere" Werte. Zu den Temperaturen finden sich Angaben im Artenteil.

Frisch umgewandeltes *Silurana*-Jungtier Foto: K. Kunz

In Becken, in denen nur die Larven gepflegt werden, setzt sich schnell ein zäher Schleim vor allem am Boden ab, der zu einer Verschlechterung der Wasserqualität und zur Entwicklung von Krankheitserregern führen kann. Man löst ihn deshalb regelmäßig, bspw. mit einem der üblichen Scheibenreiniger-Stäbe, und saugt ihn ab. Viel besser aber ist es, die in jedem Aquarium eingeschleppten kleinen Schnecken als willige Helfer zu engagieren. Ich lasse diese Tierchen in oft riesigen Populationsdichten in den Aufzuchtbecken gedeihen – auf diese Weise bildet sich so gut wie nie Schleim. Die Schnecken raspeln die Beläge ab, verwerten die Reste der Futterhefe, und ihr Kot kann leicht abgesaugt werden. Verendete Froschlarven entfernt man natürlich schnellstmöglich.

Während der ersten beiden Wochen gedeihen Krallenfroschlarven am besten in sehr hohen Populationsdichten, danach muss man sie weniger dicht setzen. Als Faustregel empfehle ich für kleinere Arten wie *Silurana tropicalis* anfangs 5–20 Larven pro Liter, ab einer Länge von 1,5 cm maximal drei bis fünf, besser noch weniger. Die großen Larven etwa von *Xenopus laevis* werden zunächst in einer Dichte von 5–15, gegen Ende ihrer Entwicklung dann von zwei bis drei Individuen pro Liter gepflegt. Den Wasserstand halte ich anfangs bei etwa 10, später bei rund 20 cm.

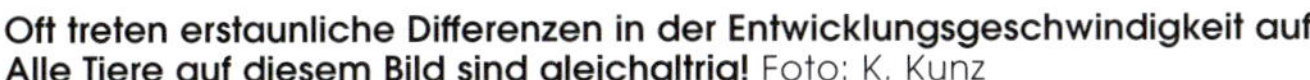

Oft treten erstaunliche Differenzen in der Entwicklungsgeschwindigkeit auf: Alle Tiere auf diesem Bild sind gleichaltrig! Foto: K. Kunz

Auf Erschütterungen, plötzliche Beschattung sowie Sonneneinfall können die Larven mit panischer Flucht reagieren und dabei sogar die Wasseroberfläche durchbrechen. Zumindest Beeinträchtigungen durch Sonnenstrahlen kann man weitgehend ausschließen, indem man die Tiere in undurchsichtigen dunklen Kunststoffbehältern aufzieht, denen aus praktischen Erwägungen ohnehin der Vorzug gegeben werden sollte. Bodengrund oder Wasserpflanzen sind nicht nur unnötig, sondern behindern sogar die Wartung. Die Beleuchtung wählt man schwach oder bietet nur die normale Helligkeit des Raumes. Eine feinperlige, schwache Belüftung zumindest während der ersten beiden Wochen hat sich bei mir bewährt.

In seltenen Fällen treten ohne erkennbare Ursachen plötzliche starke Verluste auf. Die Tiere färben sich dunkler und schwimmen auf der Seite an der Oberfläche. Man badet die betroffenen Larven dann am besten für eine Stunde in schwach rosa Kaliumpermanganatlösung (ca. 0,1%ige Lösung) und setzt sie anschließend in frisches Wasser.

Pflanzliche und tierische Öle haben auf Wachstum und Entwicklung einen antithyroidalen Effekt, d. h., je nach Konzentration wird die Metamorphose verhindert, sodass Riesenlarven auftreten, oder sie wird verzögert, sodass missgebildete Tiere resultieren. Überhaupt sind Missbildungen nicht selten – man geht sogar davon aus, dass die hohe Rate fehlgebildeter Tiere (im Labor oft 10–20 %) als Nahrungsreserve für die Adulti sowie die stärkeren Geschwister dient. In nahrungsarmen Gewässern würde so das Phyto- und Zooplankton zu hochwertigem Futter veredelt. Für diese These spricht auch, dass man die Fehlbildungsrate weder durch Kalzium- und Vitamin-D_3- oder sonstige Vitamin-Gaben, noch durch UV-Bestrahlung senken kann. Allerdings basieren die Beobachtungen meines Wissens auf Tieren aus den Labors – möglicherweise spielen hier also Faktoren eine Rolle, die Missbildungen fördern, und die Verhältnisse in der Natur sind anders. Gegen die beschriebene Theorie spricht nämlich vor allem, dass solche Missbildungen meist erst dann wirklich zum Tragen kommen, wenn die Larven bereits zu groß sind, als dass sie den Elterntieren noch zum Opfer fallen könnten.

Nach Durchbruch der Vorderbeine kurzfristig sowie gegen Ende der Metamorphose stellen die Larven die filtrierende Lebensweise ein. Viele Jungtiere fangen aber schon an, tierische Nahrung zu fressen, wenn der Schwanz noch nicht vollständig resorbiert ist. Man sollte daher frühzeitig Futter wie *Artemia*, Wasserflöhe etc. anbieten.

Für **beide Larventypen** gilt gegen Ende der Umwandlung: An der Oberfläche Schwimmhilfen zur Verfügung stellen, z. B. Ranken von Wasserpest! Einige Jungtiere haben nämlich anfangs Schwierigkeiten, an die Oberfläche zu schwimmen, und ertrinken unter Umständen. Daher sollten Aufzuchtbecken, in die man frisch umgewandelte Tiere überführt, auch keinen allzu hohen Wasserstand aufweisen. Sobald die Tiere nahe vor dem Ende ihrer Umwandlung stehen, stellt man außerdem reichlich Verstecke wie gewölbte Tonscherben zur Verfügung, unter denen sich die Jungfrösche trotz ihres anfangs manchmal starken Auftriebs – auch das gibt es – verbergen können.

Beim Wasserwechsel lässt man das Wasser aus dem Kaulquappenbecken zumindest während der Anfangszeit stets in ein durchsichtiges Gefäß ablaufen, bspw. in ein Kunststoffterrarium. So können Sie leicht kontrollieren, ob Sie versehentlich einige der sehr zarten, transparenten Tiere abgesaugt haben, was gerade in dicht besetzten Becken sehr schnell geschieht, den Tieren aber in der Regel nicht schadet. Außerdem wählt man den Schlauchdurchmesser entweder so klein bzw. reguliert den Wasserabfluss durch Schlauchklemmen derart, dass kein so starker Sog entsteht, dass er Larven anziehen könnte, oder aber so groß, dass die Kaulquappen und später auch die Jungfrösche problemlos durchpassen. Wie gesagt schadet es den Tieren meist nicht, wenn sie versehentlich abgesaugt werden – dagegen können sie tödliche Verletzungen erleiden, wenn sie durch den starken Wasserdruck an eine zu kleine Schlauchöffnung gepresst werden.

Bereits als fertig entwickelte Fröschchen schlüpfen junge *Pipa pipa* aus den Waben der Rückenhaut des Muttertieres. Foto: D. Massemin

Kürzlich umgewandeltes Jungtier von *Hymenochirus boettgeri* Foto: K. Kunz

Weitere Aufzucht

Gegen Abschluss der Metamorphose kommt es manchmal zu Todesfällen bei den Jungtieren. Sind die Tiere aber erst einmal vollständig umgewandelt, ist die weitere Aufzucht nach meinen Erfahrungen völlig unproblematisch. Ausfälle sind ab diesem Zeitpunkt äußerst selten. Die Jungen aller Pipiden pflegt man generell unter den gleichen Bedingungen wie die adulten Tiere, jedoch sollte der Wasserstand geringer gewählt werden (anfangs 5–15 cm). Entscheidend ist weniger das Wasservolumen als vielmehr die verfügbare Fläche pro Tier (siehe Tabelle S. 31). Offenbar spielen also chemische Hemmstoffe der Frösche keine allzu große Rolle. Am besten gedeihen Jungtiere in dunklen Behältern bei schwacher Beleuchtung.

Wohin mit den Nachzuchten?

Dieses Problem hätten viele Vivarianer gerne: Wenn man seine Tiere gut pflegt, kann man ohne weiteres an Unmengen von Nachwuchs kommen. Aber Achtung: Ziehen Sie nur so viele Larven auf, wie Sie später abgeben können oder zur Auffrischung des eigenen Bestands brauchen. Fragen Sie bspw. die Zoohändler in Ihrer Umgebung, ob Interesse besteht, erkundigen Sie sich bei Freunden, inserieren Sie im Internet etwa unter www.ms-verlag.de oder www.pipidae.de bzw. www.pipidae.net. Leider kann es nämlich schnell passieren, dass man riesige Stückzahlen an Jungtieren versorgen muss, ohne zu wissen, wohin damit – denn bedauerlicherweise ist die Nachfrage nach vielen Arten bis jetzt sehr gering. Will man nicht so viele Larven aufziehen, so lässt man die Eier einfach im Becken, die erwachsenen Tiere freuen sich über diesen Leckerbissen. Das Gleiche gilt für junge Kaulquappen, die man verfüttern sollte, bevor sie dafür zu groß sind. Dies mag sich grausam anhören, doch führt man so überschüssige Nachzuchten einem vernünftigen Zweck zu.

Ab diesem Stadium sollte man die Jungtiere in Aufzuchtbecken mit flachem Wasserstand, Verstecken und Schwimmhilfen an der Oberfläche überführen. Foto: K. Kunz

Krankheiten – Vorbeugen, Erkennen und Behandeln

Vorbeugung

Stets einer Behandlung erkrankter Tiere vorzuziehen ist die Vorbeugung. Pipiden sind recht robuste Tiere, doch unter falschen Haltungsbedingungen werden auch sie schließlich krank. Ein wenig anfällig bei suboptimaler Pflege sind allerdings Zwergkrallenfrösche. Sorgen Sie also bei allen Tieren stets für beste Bedingungen! Das heißt, bieten Sie gute Wasserhygiene (Futterreste, Mulm, abgestorbene Pflanzen sofort entfernen, wenigstens alle zwei Wochen ein Drittel des Wassers austauschen, in kleineren Becken öfter, ebenso in stark besetzten), adäquate Temperaturen, abwechslungsreiche und hochwertige, möglichst lebende Futtertiere, ausreichend Versteckmöglichkeiten, und pflegen Sie nicht zu viele Tiere pro Becken. Häufig laichenden Weibchen sollte man darüber hinaus immer wieder längere Ruhepausen in Einzel- bzw. Weibchenbecken gönnen, um sie vor dem Stress durch die manchmal fast ständig oder aber zumindest über längere Phasen paarungsbereiten Männchen zu schützen. Neuankömmlinge und alle Tiere mit Verdacht auf eine Erkrankung gehören außerdem immer in Quarantäne (siehe S. 42)!

Wer seine Frösche artgerecht pflegt, kann bei den meisten Arten mindestens mit einer Lebenserwartung zwischen fünf und zehn Jahren rechnen, bei *Xenopus* zumindest teilweise mit bedeutend mehr – *X. laevis* soll im Ausnahmefall sogar über 30 Jahre alt werden.

Wie erkenne ich ein krankes Tier?

Erkrankte Tiere zeigen oft eines oder mehrere der folgenden Symptome: Sie verweigern das Futter, magern rasch ab, treiben ständig (oft aufgebläht) an der Oberfläche und können nicht mehr richtig tauchen, zeigen Hautveränderungen, zittern an den Gliedmaßen, häuten sich sehr häufig, haben offene, eventuell entzündete oder verpilzte Wunden, zeigen eine sehr blasse oder im Gegenteil stark abgedunkelte Färbung, erweisen sich als äußerst bewegungsarm oder auch hyperaktiv.

Behandlung: Allgemeines

Bei allen ernsthaften Erkrankungen müssen Sie Ihre Tiere unbedingt einem mit Amphibien erfahrenen Tierarzt vorstellen! Solche Spezialisten kann man über die DGHT (siehe S. 108) erfragen oder unter www.dght.de selbst in Erfahrung bringen. Leider sind Diagnose und Therapie von Amphibienkrankheiten sehr schwierig, und die Liste der bei Pipiden bereits beobachteten Erkrankungen ist lang, sodass ich Ihnen lediglich in den nachfolgend aufgeführten Fällen raten würde, zunächst selbst zu helfen. Führt dies jedoch nicht sehr schnell zur Besserung, muss der Tierarzt aufgesucht werden!

Bäder

Aquatische Amphibien müssen ständig dafür sorgen, dass nicht zu viel Wasser in ihren Körper einströmt und sie nicht zu viele Elektrolyte an die Umgebung verlieren. Vor allem bei Haut- oder

Bei diesem Tier aus dem Handel erkennt man nicht nur die für *Hymenochirus* und *Pseudhymenochirus* typische Schwimmhaut an der Hand, sondern auch leichte Rötungen: Ein erstes Alarmzeichen! Foto: K. Kunz

Nierenkrankheiten bzw. -beschädigungen, aber auch bei Behandlung mit Antibiotika oder Antimykotika können der Wasser- und Elektrolythaushalt der Tiere schnell stark gestört werden. Andauernde Bäder in 10- bis 100%iger Ringerlösung, 100%iger Holtfreterlösung oder am einfachsten 0,5- bis 0,7%iger Kochsalzlösung sind daher als begleitende Therapie sehr zu empfehlen. Starkem Wassereinstrom ins Tier (siehe Abschnitt „Ballonfrösche“) begegnet man am raschesten durch 0,8- bis 2,5%ige Kochsalzlösung. Solche Bäder, die zwar helfen können, aber nicht müssen, dürfen höchstens vier Stunden lang angewendet werden! In minder schweren Fällen hilft 110%iger Ringer. Sobald der Wasserstau im Körper des Tiers zurückgeht, verringert man jeweils die Konzentration der eingesetzten Lösungen.

Beispiele für therapeutisch nutzbare Lösungen (Ingredienzien in der Apotheke abwiegen lassen):

Amphibien-Ringer:
1 l destilliertes Wasser
6,6 g NaCl
0,15 g KCl
0,15 g $CaCl_2$
0,2 g $NaHCO_3$

110%iger Amphibien-Ringer
1 l destilliertes Wasser
7,3 g NaCl
0,17 g KCl
0,17 g $CaCl_2$
0,22 g $NaHCO_3$

Holtfreterlösung
1 l destilliertes Wasser
3,46 g NaCl
0,05 g KCl (Puffer)
0,1 g $CaCl_2$
0,2 g $NaHCO_3$ (Puffer), pH auf 7,4 einstellen

Die Substanzen müssen völlig aufgelöst sein! Vor Verwendung gut schütteln!

Offene Wunden, Entzündungen, Hautparasiten, Pilzbefall, Bakterien

Bei Wildfängen oder schlecht gehälterten Tieren aus dem Handel sieht man oft entzündete Stellen an Bauch und Gliedmaßen, teilweise sind schon Finger oder größere Extremitätenteile „weggefault“. Solche Tiere lassen sich oft recht effizient durch tägliche mehrstündige Bäder in einer schwach rosa gefärbten Lösung von Kaliumpermanganat (ca. 0,1%ige Lösung) behandeln. Im Quarantänebecken sollte man dann außerdem für einen Kochsalzgehalt von 0,4–0,6 % sorgen. Ebenfalls empfehlenswert ist Methylenblau (von einer 1%igen Stammlösung 3 ml auf 10 l). Diese Behandlung kann (!) sich auch für verschiedene andere Hautkrankheiten bzw. Bakterienbefall (hier hilft auch ein kurzfristiges Salzbad: 25 g Kochsalz/Liter Wasser) sowie für Befall mit Pilzen (Mykosen) eignen; Letztere erkennt man an meist weißlichen Hautbelägen. Handelt es sich um nicht zu weit fortgeschrittenen Pilzbefall, kann man auch bspw. eine Mischung von 22 mg Malachitgrünoxalat und 4 mg Kristallviolett auf 100 ml destilliertes Wasser ansetzen; davon gibt man so viel, wie in den Schraubdeckel einer Getränkeflasche (z. B. Mineralwasser) passt, auf 30 l Aquarienwasser. Zu weiteren Bädern siehe Abschnitt oben. Bei starkem Pilzbefall, der auch tiefer ins Tier eingedrungen ist, muss der Tierarzt ein entsprechendes Antimykotikum verordnen. Für die Behandlung äußerlicher Verletzungen eignen sich außerdem Bäder in entsprechend temperiertem Kamillentee.

Bei sich rasch ausbreitenden entzündeten Stellen handelt es sich wahrscheinlich um die gefürchtete Krankheit „Red Leg“, die der Tierarzt wie auch die meisten sonstigen durch pathogene bzw. fakultativ pathogene Mikroorganismen hervorgerufenen Erkrankungen durch Verordnung von Antibiotika bekämpft. Verursacher solcher Krankheiten, wie *Aeromonas hydrophila*, werden meist mit Lebendfutter eingeschleppt.

Neuerdings kommen Meldungen aus den USA, nach denen angeblich 90 % der Krallenfrösche und anderer Frösche aus dem Handel, aber auch aus der Natur Träger eines bestimmten Pilzes sein können, ohne aber Symptome der nach diesem Pilz benannten Chytridiomykose zu zeigen. Auch in Deutschland sind schon Fälle von Chytrid-Erkrankungen bei *Xenopus* und *Pipa* bekannt geworden. Die Ansteckungs- und Sterberate unter den gehaltenen Tieren ist hoch, besonders *Silurana* soll sehr anfällig sein. Von professionellen Zuchtbetrieben wird empfohlen, Neuankömmlinge mindestens vier bis sechs Wochen in Quarantäne bei 30 °C zu halten, was natürlich bei Arten, die in kühleren Regionen leben, nicht praktikabel ist. Eine Internetadresse mit Erkenntnissen über Chytridiomykosen finden Sie auf S. 118.

Sonderfall „Tuberkulose"

Der Begriff „Tuberkulose" hat sich zwar auch für Amphibien eingebürgert, doch sollte man korrekterweise von Mykobakteriosen sprechen. Granulomatöse Veränderungen der Haut (geschwürig, graue Knötchen) besonders an Fingerspitzen, Lippen und Maul, aber auch innerer Organe sind bei Nachzuchten sehr selten, obwohl Mykobakterien praktisch in jedem Amphibienbecken vorkommen. Treten sie allerdings auf, so kann meist nicht einmal der Tierarzt helfen. Das betroffene Tier sollte daher euthanasiert werden. Eine mögliche Übertragung von Mykobakterien auf den Menschen ist nachgewiesen (siehe S. 63 „Was muss ich für den Eigenschutz beachten?"). Allerdings handelt es sich bei Amphibien meist nicht um Tuberkuloseerreger im engeren Sinn, sondern um so genannte atypische Mykobakterien.

Endoparasiten

Hier helfen nur die korrekte Diagnose durch ein spezialisiertes Institut sowie die Behandlung nach dessen Weisung (Liste S. 108).

„Hautnematoden" (Larva migrans, Filarien) verursachen starke Hautveränderungen (am Rücken grau, am Bauch bräunlich bis rötlich), die oft für Pilzbefall gehalten und daher falsch behandelt werden. Für den Nachweis nimmt man einen Hautabklatsch bzw. gewinnt Schwellungsinhalt, doch sollte all dies besser der Tierarzt durchführen. Zur Gewinnung von Kotproben: siehe S. 42.

„Ballonfrösche"

Relativ häufig sieht man stark ödematöse oder aufgeblähte Tiere. Die Ursachen für dieses Phänomen können sehr vielfältig sein und z. B. von qualitativ schlechtem Futter (z. B. rote Mückenlarven oder *Tubifex* aus verseuchtem Wasser), Überfütterung und Darmverschluss (füttern Sie besonders abgemagerte Neuankömmlinge anfangs nicht zu reichlich, und vor allem nicht allein mit roten Mückenlarven und *Tubifex*!), dem Anbieten von nicht aufgetautem Frostfutter und falschen Haltungstemperaturen bis hin zu Bakterienbefall reichen. Oft schafft eine kurzfristige Hälterung in kühlem Wasser Abhilfe. Andere Halter berichten bei Zwergkrallenfröschen von Erfolgen nach kurzfristigen Temperaturerhöhungen auf knapp über 30 °C. Den Wasserstand hält man dabei so niedrig, dass das aufgeblähte Tier nicht auf den Rücken kippen und ertrinken kann. Bessern sich die Symptome nicht, muss der Tierarzt konsultiert werden.

Eine andere Variante der „Ballonfrösche" sind Tiere mit Störungen des Lymphabflusses: Der „Ballon" ist dann also nicht mit Gas, sondern mit Lymphe gefüllt (Hydrops). Auch hier kann eine ganze Reihe von Ursachen vorliegen, die eventuell der Tierarzt abklären und behandeln muss – so überhaupt erkennbare Ursachen bestehen. Möglicherweise hängt das Versagen des Lymphsystems mit zu kalziumarmer Ernährung zusammen – durch Anbieten kalziumreicher Kost (z. B. Regenwürmer, mit entsprechenden Präparaten aus dem Fachhandel ernährte Insekten) scheint sich diesem Phänomen begegnen zu lassen.

Dieser „Ballon-Zwergkrallenfrosch" hatte sich im feuchten Substrat des Landteils eingegraben. Foto: K. Kunz

Missgebildetes, aufgeblähtes Jungtier: Solche Individuen sollte man der Euthanasie zuführen, um ihnen Leiden zu ersparen. Foto: K. Kunz

Manche Frösche zeigen derartige Ödeme monatelang, scheinbar ohne Beeinträchtigung ihrer Vitalität. Oft bilden sich die Symptome spontan zurück. Eine wirksame Hilfe stellen ansonsten bestimmte Bäder dar (siehe Abschnitt „Bäder“ S. 60).

Zeigen Jungtiere vor oder während der Metamorphose diese Symptome, so überleben sie dagegen nach meinen Erfahrungen meist nicht lange und sollten vom Tierarzt euthanasiert werden.

Missbildungen

Treten bei einem überdurchschnittlich hohen Prozentsatz der Nachzuchten Missbildungen auf, so stimmt meist entweder etwas mit den Wasserwerten nicht (optimieren!), es handelt sich um Inzuchteffekte oder bspw. Befall mit bestimmten Trematoden. Im Fall von Inzucht sorgt man durch Zukauf von Individuen für eine Blutauffrischung. Wie oben bereits beschrieben, ist aber ein gewisser Anteil an Missbildungen vor allem bei Krallenfröschen möglicherweise normal.

Eine ausgewogene Fütterung sorgt dafür, dass Probleme mit ernährungsbedingten Krankheiten (z. B. Rachitis) erst gar nicht auftreten.

Ausgetrocknete Tiere

Ein entkommenes Tier vertrocknet innerhalb kurzer Zeit. Findet man es jedoch rechtzeitig, überführt man es sofort in ein Einzelbecken und sorgt für einen Salzgehalt von 0,3–0,4 %, um Infektionen vorzubeugen und eine Rehydratation (das Wiederaufnehmen von Wasser) zu ermöglichen.

Darm- bzw. Kloakenvorfall

Reguliert sich oft wieder von alleine. Ansonsten versuchen, ihn vorsichtig zurückzuschieben, Tierarzt aufsuchen. Ursachen können z. B. in Parasitosen, zu kalziumarmer Ernährung, Bewegungsmangel, Verstopfung oder Toxinen liegen.

Verpilzender Laich

Hier haben sich einige der gängigen Antimykotika aus dem Zierfischbereich bewährt. Da manche dieser Mittel den Laich jedoch schädigen, sollten sie nur im Notfall eingesetzt werden. Bewährt ist eine 0,25%ige Lösung von Malachitgrün.

Was muss ich für den Eigenschutz beachten?

Vermeiden Sie unbedingt, nach Kontakt besonders mit Krallenfröschen Ihre Schleimhäute zu berühren. Bspw. in den Augen können die Hautsekrete dieser Tiere zu Reizungen bis hin zu sehr starken Schmerzen führen! Selbstverständlich wäscht man sich nach jedem Hantieren im Becken oder mit Zubehör gründlich die Hände, am besten mit einem entsprechenden Desinfektionsmittel wie etwa Sterilium. Bei empfindlichen Personen könnten die Hautsekrete der Frösche unter Umständen zu Allergien führen, ebenfalls der Kontakt mit roten Mückenlarven. Besonders, wer seine Frösche mit Zierfischen vergesellschaftet, sollte daran denken, dass die Fischtuberkulose unter Umständen den Menschen infizieren kann. Aber auch die Frösche selbst können Erreger wie *Salmonella* spp. oder *Pseudomonas* spp. übertragen. Erkrankte Tiere fasst man nur mit Handschuhen an. Personen mit geschwächtem Immunsystem sollten mit infizierten Fröschen überhaupt nicht umgehen. Generell hantiert man niemals mit frischen Verletzungen im Aquarium. Hinweise für die technische Sicherheit finden Sie auf S. 35

Artenteil

Von vielen Arten liegen kaum Erkenntnisse aus der Feldforschung vor, von Aquarienbeobachtungen ganz zu schweigen, über andere weiß man recht gut Bescheid. Daher fallen im Folgenden die einzelnen Proträts teilweise recht unterschiedlich aus.

Generell wird darin vor allem auf äußerlich leicht zu erkennende Merkmale hingewiesen – der normale Aquarianer wird weder biochemische noch anatomische oder bioakustische Untersuchungen durchführen können. Die angegebenen äußerlichen Merkmale reichen aber zumindest bei den Krallenfröschen keineswegs immer zu einer eindeutigen Bestimmung der Tiere aus, denn viele Arten sind nur durch eine Kombination aus morphologischen, anatomischen, genetischen, akustischen und molekularbiologischen Untersuchungen zweifelsfrei zu determinieren. Entsprechende Daten lassen sich den im Literaturverzeichnis gelisteten Arbeiten entnehmen.

Außerdem muss man beachten, dass im Aquarium aufgezogene Tiere nur selten die Maße wild lebender Frösche erreichen (entsprechende Angaben beziehen sich immer auf die Kopf-Rumpf-Länge), und dass die angegebenen lautmalerischen Umschreibungen der Rufe nur als grober Hinweis verstanden werden können, denn abgesehen von der generellen Unzulänglichkeit solcher sprachlichen Hilfsmittel variieren die Rufe sehr stark, bspw. je nach Temperatur. Dementsprechend und je nach angewandter Methode unterscheiden sich auch grafische Rufaufzeichnungen (Sonagramme) oft enorm.

Weiterhin sei darauf hingewiesen, dass viele Arten ganz enorm variabel sind, was die Färbung angeht. Die diesbezüglichen Angaben dienen besonders bei den Krallenfröschen also lediglich als ungefähre Richtwerte. Auch ist zu berücksichtigen, dass die Färbung von Tieren aus Nachzuchten von derjenigen der Elterntiere abweichen kann, und dass längerfristige ebenso wie blitzschnelle Farbwechsel möglich sind, Letztere bei Erregung. Auch an die Tönung der Umgebung (scheinbar spielt der Untergrund eine geringere Rolle) vermögen sich zumindest manche Arten in einem gewissen Rahmen anzupassen. Manfred Beier berichtet bspw. von einer interessanten Beobachtung, als er mangels freier Becken zwei anfänglich blassgrau und blassbraun gefärbte *Xenopus laevis* zeitweise in einem schwarzen Mörtelkübel hälterte (schriftl. Mittlg.). Der Boden war mit hellem, ockerfarbenem Sand bedeckt. Trotzdem färbten sich die Tiere dunkel schokoladenbraun (wie Bitterschokolade) und waren damit hervorragend von oben zu beobachten – ein Fressfeind hätte hier leichtes Spiel gehabt. Die Frösche orientierten sich offensichtlich weniger am Bodengrund als vielmehr an den Wänden. Als Beier sie schließlich in ein Aquarium überführte, brauchten sie nur 24 Stunden, um ihre attraktive „gesunde Bräune" zu verlieren.

Die Variabilität selbst innerhalb von Jungtieren eines Geleges ist enorm: *Silurana* ohne...

.. und mit Streifenzeichnung. Fotos: K. Kunz

Zwergkrallenfrösche *Hymenochirus* und Merlins Zwergkrallenfrösche *Pseudhymenochirus*

Zwar bietet PERRET (1966) einen Bestimmungsschlüssel zu allen *Hymenochirus*-Arten und Unterarten, dem auch ARNOULT & LAMOTTE (1968) folgen, doch scheint es mir aufgrund des umstrittenen Status mehrerer Taxa und der Revisionsbedürftigkeit von *Hymenochirus* und *Pseudhymenochirus* sowie der Anfälligkeit (s. u.) der bei PERRET verwendeten biometrischen und morphologischen Unterscheidungskriterien nicht sinnvoll, diesen Schlüssel hier wiederzugeben. Einen allgemeinen Überblick erlaubt dagegen der Schlüssel S. 85.

Kennzeichnend für *Hymenochirus* und *Pseudhymenochirus* ist, dass die Tiere auch zwischen den Fingern Schwimmhäute besitzen, worauf der wissenschaftliche Gattungsname anspielt (griech. hymen = Haut, cheir = Hand). Exemplare dieser beiden Gattungen lassen sich also auf den ersten Blick von solchen der übrigen Mitglieder der Familie unterscheiden. Beide Gattungen weisen eine Hautfalte am Unterkiefer auf, Zähne fehlen. Zwergkrallenfrösche sind offenbar, wie eingangs bereits erwähnt, näher mit *Pipa* als mit den anderen afrikanischen Pipiden *Xenopus* und *Silurana* verwandt.

Die genaue Bestimmung von Zwergkrallenfröschen wirft einige Probleme auf, ihre Systematik bedarf einer Revision. So ist bspw. das selbst in modernen Werken noch angegebene Merkmal, die Seitenlinienorgane von *Hymenochirus* seien nicht erkennbar, nicht deutlich ausgeprägt oder gar nicht vorhanden (z. B. DUELLMANN & TRUEB 1986, HERRMANN 1994, KOBEL, LOUMONT & TINSLEY 1996), schon seit ESCHERS detaillierter Untersuchung von 1925 (!) nicht mehr haltbar, was aber in der Literatur meist ignoriert wird. CANNATELLA & TRUEB (1988a, b) weisen zwar darauf hin, dass Seitenorgane bei allen Pipiden auftreten, jedoch seien sie bei *H. boettgeri* von dichten Hauttuberkeln überlagert und daher kaum zu erkennen. Es gibt aber „Formen" von *H. boettgeri*, die sehr deutlich sichtbare Seitenlinienorgane aufweisen. Somit lässt sich die Sichtbarkeit der Seitenorgane meiner Meinung nach nicht als diagnostisches Unterscheidungskriterium zu *Pseudhymenochirus* heranziehen, bei dem die Lateralorgane stets deutlich erkennbar zu sein scheinen.

Die taxonomische Stellung der Arten bzw. Unterarten ist weitgehend unklar, worauf ich bereits an anderer Stelle hingewiesen habe (KUNZ 2002a). Entsprechende Verwirrung herrscht selbst in der wissenschaftlichen Literatur. Bspw. werden in vielen US-amerikanischen Studien die Tiere aufgrund der Merkmale erwachsener Exemplare als *H. curtipes* bestimmt, obwohl die Larven dem *H.-boettgeri*-Typ entsprechen.

BAEZ (1977) schreibt, bei *H. boulengeri*, *H. curtipes* und *H. boettgeri* träten sechs oder fünf präsakrale Wirbel auf, möglicherweise ein Indiz für einen unterschiedlichen Gattungsstatus. Wie auch die *Hymenochirus*-Spezialistin Dr. WENDY OLSON bestätigt (schriftl. Mittlg.), ist es keineswegs unwahrscheinlich, dass sich zumindest hinter *H. boettgeri* noch kryptische Taxa verbergen.

Wie sinnvoll häufig angegebene Bestimmungsmerkmale sind, etwa das Verhältnis von Kopf-Rumpf-Länge zur Tibialänge, ist fraglich, solange sie nicht auf der Basis ausreichend großer Serien ermittelt wurden, was bei einigen Taxa jedoch nicht der Fall zu sein scheint.

12 mm lange Kaulquappe von *Hymenochirus curtipes* (Aus: SOKOL 1959, Zool. Anz. 162 (5/6)). Anhand der Larven lässt sich diese Art leicht von solchen des *boettgeri*-Rassenkreises unterscheiden (vgl. mit Fotos S. 53, 54)

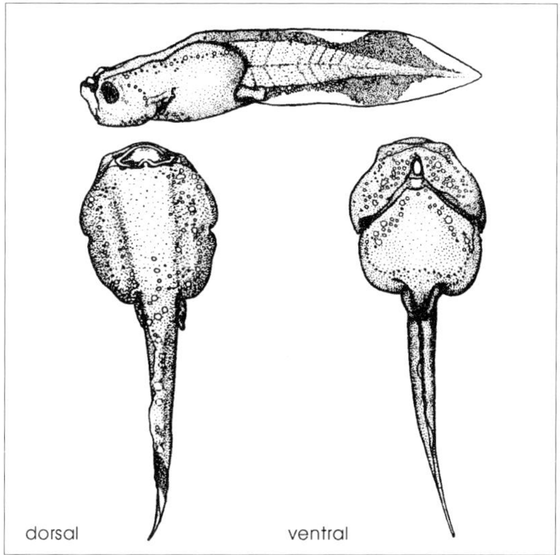

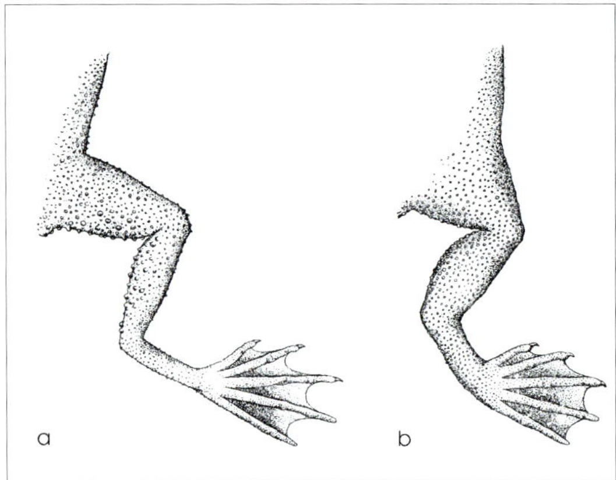

Vergleich des rechten Hinterbeins (dorsal) von *Hymenochirus boettgeri* (a) und *Hymenochirus curtipes* (b). (Aus: Noble 1924)

Bei einer Serie von rund 50 Tieren des *boettgeri*-Typs aus dem Labor von Dr. Olson schwankt bspw. der oben erwähnte Wert ganz erheblich, und zwar zwischen 2,14 und 3,14 bei Männchen und zwischen 2,40 und 3,26 bei Weibchen (unveröffentlichte Daten). Einzeltiere lassen sich also keineswegs allein durch Ermittlung ihrer morphometrischen Daten zweifelsfrei zuordnen, und schon gar nicht Nachzuchten aus langjährig vermehrten Linien – bei Tieren, die seit Jahrzehnten nachgezüchtet werden, nimmt die Spannweite der Körpermaße generell zu, da die Regelmechanismen, die in der Natur (warum auch immer) zur Ausbildung bestimmter Merkmale geführt haben, wegfallen.

Schwarzer *Hymenochirus*-Wildfang aus Nigeria
Foto: K. Kunz

Der Status mehrerer Taxa ist strittig. So wird *H. feae* manchmal als Unterart zu *H. boettgeri* gestellt, die Unterart *H. boettgeri camerunensis* dagegen mit der Nominatform synonymisiert, und auch der Artrang von *H. boulengeri* ist nicht allgemein anerkannt. Was also fehlt, sind gründliche Untersuchungen mit Methoden aus der Molekularbiologie und der Genetik, wie sie schon einiges an Klarheit bei *Xenopus* und *Silurana* brachten.

Für den Liebhaber ergeben sich aus dieser komplizierten Lage jedoch kaum praktische Konsequenzen, denn was im Zoohandel tausendfach aus kommerziellen Zuchten bspw. aus Hong Kong, Florida, Indonesien oder Osteuropa verkauft wird, gehört immer zum *boettgeri*-Rassenkreis, wenn hier auch Domestikationseinflüsse (Nahrung, selektierte Zucht, Inzucht, eventuell Kreuzungen) berücksichtigt werden müssen.

Wer das Glück hat, Wildfänge erwerben zu können, sollte unbedingt den genauen Herkunftsort der Tiere erfragen (so der Händler verlässliche Angaben machen kann), diese sehr sorgsam pflegen, nachzüchten, unter allen Umständen Bastardisierungen (Kreuzungen) vermeiden und seine Nachzuchten an wirklich engagierte Pipidenfreunde weitergeben.

Hymenochirus

1) *boettgeri*-Rassenkreis

Hymenochirus boettgeri (Tornier, 1897)

Böttgers Zwergkrallenfrosch
Zaire Dwarf Clawed Frog; in englischsprachigen Internetforen meist abgekürzt als „DCF“ (Dwarf Clawed Frog) oder ADF (African Dwarf Frog)

Verbreitung: Nigeria, Kamerun und durch das Kongo-Becken bis in die östliche Demokratische Republik Kongo

Lebensraum: Überwiegend Regenwaldtümpel, manchmal auch Bäche

***Hymenochirus* aus dem *boettgeri*-Rassenkreis mit gefleckter Bauchseite** Foto: K. Kunz

Beachte die deutlich sichtbaren Seitenlinienorgane. Besonders fallen die parallelen accessorischen Linien (sensu Escher) auf dem Rücken — etwa in Höhe der Vorderbeine — auf. Foto: K. Kunz

Merkmale: Die Frösche erreichen zumindest in der freien Natur wohl so gut wie nie den in der Literatur angegebenen Maximalwert von 40,5 mm: Männchen normalerweise 32–35,5, Weibchen 35–40,5 mm. Haut rau, Wärzchen besonders an den Flanken und den Hinterseiten der Beine vergrößert; dorsal hellgrau, braun oder schwärzlich, mit oder ohne dunklere Flecken, Bauchseite beige bis weißlich, uni oder ebenfalls gefleckt. Perret & Mertens (1957) beschrieben die Unterart *H. b. camerunensis*, die sich nach ihren Angaben von der Nominatform u. a. durch einen schmaleren Kopf und die stärker entwickelten Schwimmhäute unterscheiden soll, von *H. feae* durch die schwächer ausgeprägten Schwimmhäute und die geringere Körpergröße (Männchen 28–31, Weibchen 30–35 [37] mm). Die in der Erstbeschreibung abgebildeten Tiere sind dorsal stark gefleckt.

Haltung und Zucht: Für diese Tiere ist Platz auch in der kleinsten Hütte: Es existieren Zuchtberichte von Tieren, die in Becken von nur 18 x 13 x 7 cm gehalten wurden. Dennoch sieht man für ein Pärchen mindestens 40 x 25 x 25 cm vor, noch besser ist eine Gruppenhaltung von zwei Männchen mit vier Weibchen in einem 60er-Aquarium. Temperatur zwischen 22 und 27 °C, optimal 25 °C.

Eine weitere „Form" mit parallelen accesorischen Linien, aber ohne Zeichnung Foto: K. Kunz

Bei Tieren dieser „Form" sind die accessorischen Linien sehr kurz und stehen schräg zueinander. Foto: K. Kunz

Weibchen scheinen vom Ruf der Männchen angelockt zu werden. Der Anzeigeruf klingt knarrend-quietschend, beginnt tief, um dann in einem hellen Quietschton etwa eine halbe Oktave höher zu enden. Dieser Ruf wird mehrmals (1- bis 20mal) hintereinander wiederholt. Er hört sich ähnlich an, wie wenn man einen Korken in der Flasche zunächst langsam, dann schnell dreht und wird oft auch als „zirpend" bezeichnet. Der Amplexus wird meist etwa 2,5–12 h aufrecht erhalten. Das Weibchen platziert pro Turnover (siehe S. 28) etwa ein bis zwölf Eier von rund 0,75 mm Durchmesser (mit Gallerthülle 1,5 mm) an der Wasseroberfläche, die sogleich vom Männchen besamt werden. Diese Eier sind wohl die kleinsten bei Amphibien überhaupt. Im Durchschnitt werden 100–300 davon gelegt, bei anderen Zuchtstämmen offenbar 400–500, im Einzelfall bis 1047. Bei hormoninduzierten Laichabgaben wurden sogar schon 1500 Eier erzielt. Es folgen meist mehrere Laichvorgänge innerhalb weniger Tage, einige Paare laichen regelmäßig fast das ganze Jahr über immer wieder.

Die Larven schlüpfen je nach Temperatur nach ein bis zwei Tagen mit 2,7 mm Länge und gehen am dritten bis sechsten Tag zum Freischwimmen über. Zunächst jagen sie vorwiegend knapp unter der Wasseroberfläche, später gehen sie auch bis auf den Grund hinab. Aufzucht siehe S. 51. Die Umwandlung der ersten Larven ist bei 25 °C bereits nach knapp einem Monat abgeschlossen.

Hymenochirus feae Boulenger, 1906

Gabun-Zwergkrallenfrosch
Gabon Dwarf Clawed Frog

Verbreitung: Gabun

Merkmale: Sehr ähnlich wie *H. boettgeri*, aber dorsal und ventral pechschwarz bis schwarzbraun; Männchen bis 42, Weibchen bis 46 mm, vollere und stärker pigmentierte Spannhäute. Möglicherweise lediglich eine Unterart von *H. boettgeri*.

Haltung und Zucht: Über *H. feae* ist insgesamt sehr wenig bekannt, Berichte über Haltung und Zucht liegen nicht vor.

Zwergkrallenfrosch aus dem *curtipes*-Rassenkreis
Foto: F. Glaw

2) *curtipes*-Rassenkreis

Hymenochirus boulengeri de Witte, 1930

Boulengers Zwergkrallenfrosch
Eastern Dwarf Clawed Frog

Verbreitung: Osten der Demokratischen Republik Kongo

Merkmale: Größe ca. 27 mm; Wärzchen sehr klein, keine vergrößerten Wärzchen an den Flanken; Färbung wie bei *H. curtipes* (möglicherweise stellt *H. boulengeri* nur eine Unterart von *H. curtipes* dar), dorsal oft gefleckt.

Haltung und Zucht: Der einzige existierende Zuchtbericht (Haas 1961) ist stark in Zweifel zu ziehen, da er einige sachliche Fehler enthält und die Abbildungen darauf hinweisen, dass es sich in Wirklichkeit um *H. boettgeri* handelte.

Hymenochirus curtipes
NOBLE, 1924

Kurzbeiniger Zwergkrallenfrosch; Gedrungener Zwergkrallenfrosch
Western Dwarf Clawed Frog

Verbreitung: Westen der Demokratischen Republik Kongo

Merkmale: Erreicht 24–30 mm, Färbung dorsal schmutzig braun, oft gefleckt; ventral heller, manchmal ebenfalls gefleckt; kleine Wärzchen, an den Flanken nicht oder kaum vergrößert; Schwimmhäute zwischen den Fingern wohl weniger stark ausgebildet als bei *H. boettgeri*, zwischen den Zehen weit weniger eingekerbt; Kopf schmaler, Beine kürzer als bei *H. boettgeri*, Tibiotarsalgelenk (zwischen Schienbein und Fuß) des nach vorn gelegten Beines erreicht kaum die Schulter, während es bei *H. boettgeri* und *H. boulengeri* bis zum Auge oder weiter reicht; deutlich ausgeprägter innerer Metatarsaltuberkel, jedoch nicht verhornt. Dr. FRANK GLAW zufolge sind die Rufe von *H. curtipes* deutlich von denen verschieden, die *H. boettgeri* äußert (schriftl. Mittlg.). Nach Literaturangaben handelt es sich um tickende Rufe.

Die Larven unterscheiden sich deutlich von denen von *H. boettgeri*, sie besitzen bspw. viel kleinere Augen, und die Pigmentierung des Schwanzes zeigt eine andere Verteilung. Auch sind sie flacher gebaut und dunkler gefärbt.

Haltung und Zucht: Die wenigen authentischen Berichte erfolgreicher Nachzucht – die wohl nur mangels vorhandener Tiere zurzeit nicht möglich, prinzipiell jedoch offenbar nicht schwierig ist –, sprechen von Laichabgaben bei Temperaturen zwischen 19 und 24 °C, die Eizahl liegt um 150. Die Larven schlüpfen bei 24 °C nach 40 h und schwimmen erst ab dem sechsten Tag frei. Ihr Verhalten ähnelt dem von *H.-boettgeri*-Quappen. Sie sind sehr anfällig gegen den crowd-effect, sodass man in einem 20-l-Becken nur fünf oder sechs Tiere aufziehen kann. Die Quappen gedeihen nur ab einer Temperatur von mindestens 22 °C, optimal sollen 30 °C sein. Die Metamorphose ist 50–60 Tage nach dem Schlupf beendet.

Pseudhymenochirus

Pseudhymenochirus merlini
CHABANAUD, 1920

Merlins Zwergkrallenfrosch
Merlin's Clawed Frog

Verbreitung: Guinea-Bissau, Guinea, Sierra Leone

Lebensraum und Biologie: Tümpel und Fließgewässer. In Sierra Leone bspw. in einem Fluss im Hochlandwald nachgewiesen, der während der Regenzeit rasch strömte, in der Trockenzeit dagegen bis auf einige Tümpel austrocknete, und in dem auch *S. tropicalis* vorkam. Der Boden war felsig. Wurde frei schwimmend tagsüber beobachtet, verbarg sich bei nachlassender Strömung sowie bei Störung auch am Boden. Kaulquappen fanden sich zu Beginn und gegen Ende der Regenzeit, also wenn keine starke Strömung herrschte. Die Nahrung bestand aus kleinen Krebschen und Insektenlarven. Die Wassertemperatur betrug während der Regenzeit im Tagesverlauf recht konstant um die 25 °C, stieg jedoch in den Resttümpeln während der Trockenzeit tags bis über 30 °C.

Merkmale: Erwachsene *P. merlini* scheinen sich äußerlich von *Hymenochirus* lediglich durch ein schwach entwickeltes oberes sowie vor allem ein bewegliches unteres Augenlid zu unterscheiden. Größe bis 42 mm; dorsal graubraun, ventral gelblich weiß mit dunklen Flecken; Haut rau, Bewarzung am Rücken stärker; Seitenorgane gut sichtbar; Ruf: Taubenähnliches „kuu".

Haltung und Zucht: Nur wenig bekannt. Die Tiere laichen mit ähnlichen Turnovers wie *Hymenochirus*. Ihre Larven entsprechen ebenfalls dem *Hymenochirus*-Typ.

Wabenkröten *Pipa*

Bestimmungsschlüssel für neuweltliche Pipiden (modifiziert nach TRUEB & CANNATELLA 1986)

1. Kopf in Seitenansicht flach, breiter als lang; unregelmäßig geformter Hautlappen am Mundwinkel; kleine Hautläppchen in der Kehlregion; Zehen ohne verhornte Krallen . . . 2
- Kopf in Seitenansicht keilförmig, ohne Hautläppchen an Mundwinkel und Kehle; Zehen 1–3 bei Adulti mit verhornten Krallen 3

2. Viergeteilte, nicht weiter gegabelte Fingerspitzen; Vorderrand der Oberlippe ohne Hautlappen . . . . *P. snethlageae*
- Viergeteilte Fingerspitzen bei Adulti terminal nochmals gegabelt; Vorderrand der Oberlippe mit Hautlappen . . . . *P. pipa*

3. Bei Adulti dreigeteilte Fingerspitzen . . . . *P. myersi*
- Viergeteilte Fingerspitzen 4

4. Zahnlos; Fingerspitzen mit zwei endständigen Fortsätzen und zwei nach seitlich unten versetzten . . . . *P. parva*
- Zähne vorhanden; Fingerspitzen gleichmäßig viergeteilt 5

5. zahlreiche Fangzähne . . . . *P. carvalhoi*
- Zähne in Zahl und Größe reduziert 6

6. Nasenlöcher nur durch schmalen Zwischenraum voneinander getrennt; Kopf länger als breit, Schnauze abgestutzt, größere Augen . . . . *P. aspera*
- Nasenlöcher weiter auseinander stehend; Kopflänge gleich wie oder geringer als Kopfbreite, Schnauze rundlich, kleinere Augen . . . . *P. arrabali*

P. arrabali, P. aspera, P. carvalhoi, P. myersi und *P. parva* werden als „Mikropipas" zusammengefasst, *P. pipa* und *P. snethlageae* als „Makropipas".

Pipa arrabali
IZECKSOHN, 1976

Arrabals Wabenkröte; Gelbe Wabenkröte
Arrabal's Toad

Verbreitung: Guyana, Surinam, östliches Venezuela, nördliches und zentrales Brasilien

Lebensraum und Biologie: Bis 860 m ü. NN. In Brasilien wurde beobachtet, dass die Tiere in hoher Populationsdichte permanente und temporäre

***Pipa arrabali* im Biotop** Foto: C. Buchacher

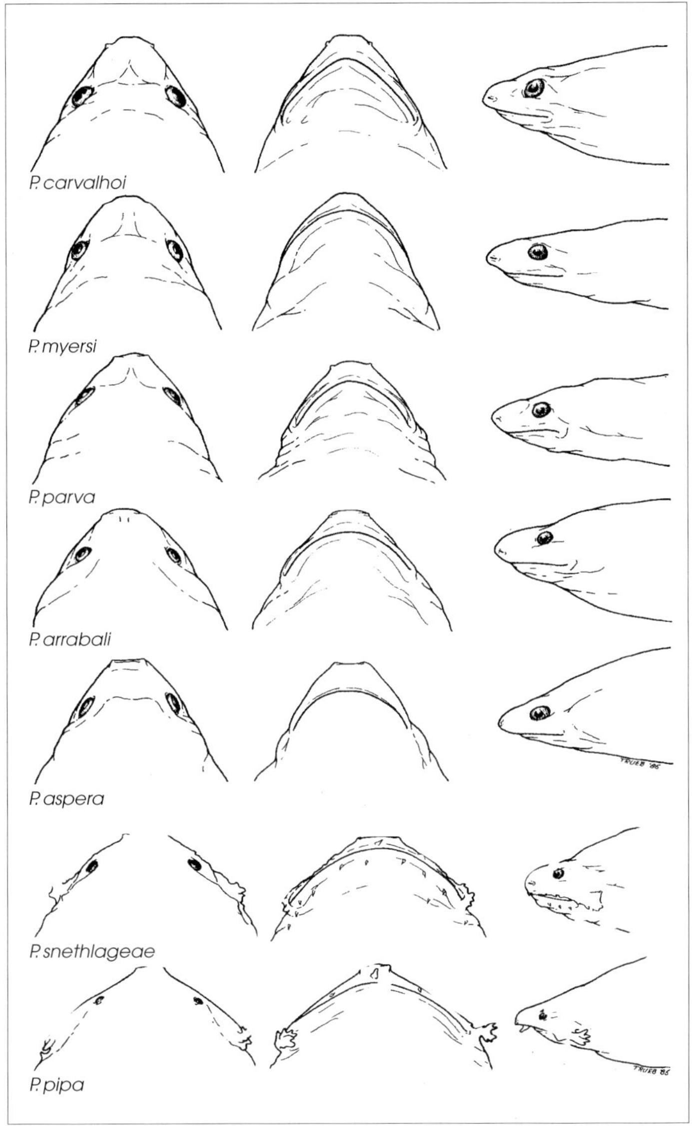

Dorsale, ventrale und laterale Sicht der Köpfe aller *Pipa*-Arten (Aus: TRUEB & CANNATELLA 1986, Herpetologica 42 (4))

Tümpel unterschiedlicher Größe bewohnten, die nicht mit Fließwasser in Verbindung standen, sondern lediglich durch Regenwasser gespeist wurden. Der einzige permanente Tümpel wurde jedoch bevorzugt. Die untersuchten Tümpel maßen 0,5–5 m² und waren maximal 1 m tief. Wasserpflanzen wuchsen nicht darin, jedoch fand sich eine rund 0,5 m dicke Schicht verrottender Blätter. Der Bodengrund war sandig, das Wasser leicht schlammig. Die jährliche mittlere Wassertemperatur betrug 25,6 °C. Die Regenzeit reicht im Untersuchungsgebiet von Dezember bis Juni.

Ganzjährig lebten in den Tümpeln Kaulquappen zehn verschiedener Spezies aus den Familien Hylidae, Dendrobatidae, Leptodactylidae und Microhylidae sowie Fische der Gattung *Rivulus* und der Unterfamilie Callichthyinae, außerdem Wasserinsekten, überwiegend Libellenlarven.

Tagsüber verbargen sich die Frösche in der Blattschicht am Tümpelgrund und kamen nur zum Luftschnappen nach oben. Sie ernährten sich hauptsächlich von den Kaulquappen, denen sie aktiv nachstellten. Offenbar war es nicht nötig, dass sich die Beute bewegte, damit sie als solche erkannt wurde. Die Wabenkröten wurden auch in Schaumnestern von *Leptodactylus knudseni* nachgewiesen, die in feuchter Blattstreu ohne Kontakt zu offenem Wasser abgelegt waren. Ein Regenwurm wurde ebenfalls als Beute festgestellt.

Die Wabenkröten wechselten regelmäßig zwischen den Tümpeln, und zwar meist zwischen benachbarten, in Ausnahmefällen aber auch über Entfernungen von 40 m. Sie können sich an Land schnell fortbewegen. Nach heftigen Regenfällen fanden sich die Frösche selbst in nur 20 x 20 cm großen Pfützen, die lediglich Blätter und Schlamm enthielten.

Während der Trockenzeit konzentrierten sich die Tiere in den wenigen verbleibenden Tümpeln.

Frontalbilder von *Pipa arrabali* und *Pipa aspera*. (Aus: Trueb & Cannatella 1986, Herpetologica 42 (4))

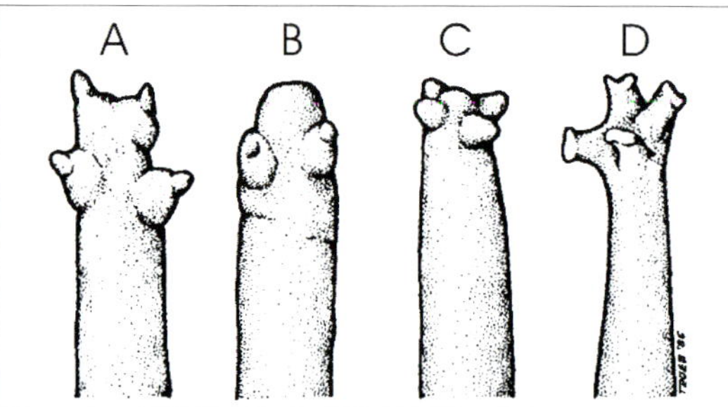

Fingerspitzen einiger *Pipa*-Arten. A *Pipa parva*, B *Pipa myersi*, C *Pipa arrabali*, D *Pipa pipa* (Aus: Trueb & Cannatella 1986, Herpetologica 42 (4))

In der Blattschicht der ausgetrockneten Wasserstellen konnten keine Wabenkröten nachgewiesen werden, ebensowenig in Flüssen. Während der elfmonatigen Studie wurden stets Weibchen mit Larven sowie frisch umgewandelte Jungtiere angetroffen, besonders viele jedoch im April, also gegen Ende der Regenzeit. Je nach Größe trugen die Weibchen 6–16 (meist 6–10) Eier von 3,0–3,2 mm Durchmesser (ausschließlich im hinteren Rückenbereich). Die einzelnen Taschen, die mit einem Eiweißkoagulat gefüllt sind, waren durch dicke kutikuläre Strukturen verschlossen, die wohl als Schutz vor Austrocknung während der Wanderungen über Land dienen, obwohl keine direkten Beobachtungen tragender Weibchen auf dem Land vorliegen. Diese „Wabendeckel" verschlossen die Brutkammern die ganze Entwicklungszeit über. Sie waren von außen durch einen verschlossenen Ausfuhrgang („Schnorchel") sichtbar. Die Größe frisch geschlüpfter Jungtiere beträgt 8–14 mm, ihre Masse etwa 0,2 g. Sie schlüpften mit den Hinterbeinen voran und verließen die Mutter sofort. Offenbar bewohnt *P. arrabali* keine Wälder, die massiv überflutet werden.

Merkmale: Im Mittel 30–44, max. 57 mm (Weibchen); ähnlich wie *P. aspera*, aber robuster, dickere Unterschenkel, Nasenlöcher weiter voneinander entfernt, breiterer und kürzerer Kopf; nur mäßig abgeflacht, ganze Körperoberfläche mit Tuberkeln, besonders dorsal; Muskelwülste hinter den Augen nicht sonderlich stark entwickelt; Hautfalten an den Mundwinkeln; kein deutlicher Sexualdimorphismus; Weibchen geschlechtsreif ab etwa 32 mm Länge; dunkelbraun mit noch dunkleren Flecken, Bauch orangebraun mit dunkelbraunen Flecken, Iris schwarz.

Haltung und Zucht: Es liegen kaum Daten vor. Die Tiere scheinen weiches und saures Wasser zu bevorzugen. Möglicherweise handelt es sich zumindest bei Wildfängen

Dorsalansicht von *Pipa arrabali* Foto: C. Buchacher

um Nahrungsspezialisten, die auf Kaulquappen zur Ernährung angewiesen sind und bei Ersatzfutter kümmern, worauf Beobachtungen von CHRISTIAN O. BUCHACHER deuten (schriftl. Mittlg.), dem auch so gut wie alle sonstigen Erkenntnisse über diese Art zu verdanken sind. Solange er seine Wildfangtiere mit Quappen ernährte, gediehen sie, doch nach der Umstellung auf Regenwürmer und Fische, die weit weniger gern genommen wurden, verblassten die Frösche allmählich und gingen schließlich ein. Andererseits gediehen im Aquarium geschlüpfte Jungtiere prächtig, gingen jedoch zugrunde, nachdem Buchacher sie abgegeben hatte – möglicherweise gilt die Nahrungsspezialisierung also nur für Wildfänge. Wie in der Natur versteckten sich die Wabenkröten auch im Aquarium die meiste Zeit in der Laubschicht. Von 14 geschlüpften Jungtieren blieben nach wenigen Tagen nur acht übrig – möglicherweise fielen die anderen der Mutter zum Opfer, die sich danach jedoch sicher nicht mehr an ihrem Nachwuchs vergriff.

In gekrümmter Position entwickeln sich die Larven von *Pipa arrabali* in der Rückenhaut der Mutter. Foto: C. Buchacher

Pipa aspera MÜLLER, 1924

Raue Wabenkröte; Venezuela-Wabenkröte
Albina (Surinam) Toad

Verbreitung: Surinam, Französisch Guayana.

Lebensraum und Biologie: In Französisch-Guayana wurde die Art in Pools kleiner beschatteter Flüsschen an den Abhängen der Montagnes de la Trinité in 200–300 m ü. NN gefunden. Die Wassertemperatur betrug konstant 24 °C, der pH 4,8. Der Bodengrund war felsig oder sandig mit einer Blattschicht, aber ohne Wasserpflanzen. Die Frösche bevorzugten Pools mit größerer Oberfläche und sandig schlammigem Boden mit Blattschicht. Tagsüber versteckten sie sich in der Laubschicht oder unter Steinen am Grund, nachts wanderten die Tiere umher oder saßen auf dem Boden, jagten aber auch an der Oberfläche. Gestörte Tiere verbargen sich sofort. Die Beute bestand aus Kaulquappen, kleinen Fischen und Krebsen sowie Würmern.

Manchmal saßen die Wabenkröten so im flachen Wasser, dass die vordere Körperhälfte herausragte, und vibrierten mit den Kehlen (Atmung?). *P. aspera* wurde auch schon in 100 m Entfernung vom Wasser gefunden.

Bei den Weibchen schwoll die Rückenhaut konkav von der Schulterregion bis zu den Hintergliedmaßen

Weibchen von *Pipa aspera* im Biotop, mit Eiern auf dem Rücken. Foto: D. Massemin

an. Die Schwellung maß in der Lendengegend etwa ein Drittel der Körperbreite. Ein Weibchen trug 28 Eier von 3.5 mm Durchmesser, von denen jedoch offenbar der Großteil verloren ging. Nur Eier im hinteren Rückenbereich blieben haften. Es schlüpfen fertig umgewandelte Fröschchen. Ein Jungtier maß 19,3 mm und somit über 40 % der Körpergröße der 47,6 mm langen Mutter. Wahrscheinlich entwickeln sich daher nicht mehr als höchstens zwei oder drei Jungtiere.

Merkmale: Weibchen bis 47,6, Männchen bis 44,0 mm; sehr ähnlich wie *P. carvalhoi* und *P. arrabali*, aber extrem eng beieinander liegende Nasenlöcher, längere Schnauze als bei *P. arrabali*; Muskelwülste hinter den Augen gut entwickelt; gelbbraune Iris; schwach ausgeprägter innerer Metatarsaltuberkel, elliptisch, mit winzigen, spitzen Wärzchen; kaum entwickelte Zähne; abgeflachter Körper, lange Beine; gesamter Körper mit Tuberkeln, stark ausgeprägt an Rücken, Flanken und Beinen, besonders dicht an den Schultern und weiter nach vorn; T-förmige Region mit der Querlinie zwischen den Augen, der Längslinie nach vorn zur Schnauze ohne größere Tuberkel; wegen der sehr dicht stehenden Tuberkel Lateralorgane kaum sichtbar; rötlich braun, oliv- oder schwarzbraun; bei heller gefärbten Tieren dunkle Flecken an Rücken und Beinen zu erkennen, Ventralseite lohfarben bis ockergelb mit dunkelbraunen, schwärzlichen oder aber mit dunkleren oder helleren gelben oder weißen Flecken, in Kehl- und ventralem Schnauzenbereich manchmal umgekehrt. Sexualdichromatismus: Kehlregion des Weibchens dunkel, die des Männchens hell.

Haltung und Zucht: Sollten wirklich einmal Exemplare in Liebhaberhand gelangen, so müsste man sich bei der Haltung an den Freilanddaten orientieren.

Pipa carvalhoi (MIRANDA-RIBEIRO, 1937)

Mittlere Wabenkröte
Carvalho's (Surinam) Toad

Verbreitung: Etwa 7–21° Süd im südöstlichen Brasilien: Pernambuco, Çeará, Espírito Santo, Bahia, Minas Gerais und Paraíba

Lebensraum und Biologie: Besiedelt Flüsschen,

Serie zum Paarungsverhalten von *Pipa carvalhoi*: Amplexus. Deutlich zu sehen ist die angeschwollene Rückenhaut des Weibchens.

Die Tiere drehen sich auf den Rücken...

...und machen dann einen „Purzelbaum" über Kopf. Die Eier werden in Kopf-unten-Position abgegeben, direkt vom Männchen befruchtet und rollen auf den Rücken des Weibchens, wo sie festkleben.

Das Männchen drückt die Eier mit dem Bauch fest an die Rückenhaut des Weibchens und streicht sie mit dem Hinterfuß in eine Lage – dieses sog. „Wischen" kommt auch bei Vertretern anderer Gattungen als stimulierende Geste vor. Fotos: P. Weygoldt

Sümpfe (600–1000 m ü. NN), aber auch kleine, äußerst stark eutrophierte, schlammige (Abwasser-)Tümpel, oft stark durchsonnte Gräben und Sümpfe in offener Wiese oder Buschsteppe, z. B. in der Trockensteppe (Lufttemperaturen von 12,6–31, im Mittel zwischen 16,7 und 27,0 °C), zwischen denen die Tiere auf dem Land umherwandern; Kulturfolger, bspw. selbst in Schwimmbecken zu finden; oft in äußerst hoher Populationsdichte; vor allem nachtaktiv; auch an Land anzutreffen: In Brasilien wurde beobachtet, dass sich die Tiere während eines heißen Sommers in flachen Resttümpeln aufhielten, aber offenbar bei Annäherung nach allen Richtungen ins umgebende Gras heraussprangen. Einige Tiere erkletterten dabei auch Polsterpflanzen, die etwa 35 cm hoch waren. Ein Tier übersprang sogar das Gras. Während und nach Regenfällen wurden die Frösche selbst am hellen Tag schon an Land herumspringend beobachtet, möglicherweise auf der Jagd nach Insekten. Bei Trockenheit vergräbt sich *P. carvalhoi* im Schlamm.

Merkmale: Männchen 32–57, Weibchen 41–68, in Einzelfällen bis 80 mm; Körper nicht abgeflacht; Muskelwülste hinter den Augen extrem stark entwickelt; Tuberkel besonders am Rücken zahlreich, an Schulter und vor allem am Kopf dagegen klein und weiter verteilt; große Fangzähne; schwach entwickelter innerer Metatarsaltuberkel; Dorsalseite bleigrau, bei in heller Umgebung oder auf glattem Boden ohne Verstecke gehaltenen Tieren fast weißlich bis gelbgrau, ventral weißlich, mit zahlreichen größeren und kleineren dunklen Flecken; undeutlicher Sexualdimorphismus: ältere Weibchen größer, runzligere Haut, deutlich dickere Kloakenmündung mit weißlichen seitlichen Lippen, oft dorsale Kopfhaut heller bräunlich, seitliche Linien der Seitenorgane konvergieren bis zur Kloakenregion; vor der Eiablage schwellen Kloake und Rückenhaut stark an; bei Männchen hervortretender Kehlkopf, seitliche Linien der Seitenorgane laufen manchmal über der Kloakenregion fast parallel; Männchen äußern drei Ruftypen:

1) Spontan- oder Werberuf: Erinnert an das Aufziehen einer Armbanduhr; Serie von Klicks, bei 24 °C anfangs zwei bis drei, später vier bis fünf pro Sekunde, endet in etwa der Hälfte der Fälle mit einem Summton aus ähnlichen Klicks, der 0,5–3 s dauert. Ein Ruf dauert 4–16 s. Ruftätigkeit steigt, wenn ablagebereites Weibchen vorhanden ist. In kleinen Aquarien ruft nur dominantes Männchen, in größeren hört man auch mehrere.

2) Rivalenruf von 0,5–1,5 s Länge: Oft langsam abfallende, zum Ende wieder ansteigende Intensität, häufig in Serien von zwei bis vier Rufen. Das dominante Männchen unterbricht damit den Werberuf eines unterlegenen Männchens, das dann manchmal selbst mit einem Rivalenruf antwortet. Auch unterbricht oft ein unterlegenes Männchen den Spontanruf des dominanten Tiers durch den Rivalenruf. Dieser lässt sich durch Klopfen mit einem metallischen Gegenstand im Rhythmus des Spontanrufs oder Tonbandaufnahmen des Spontanrufs auslösen.

3) Dem Rivalenruf ähnlicher Befreiungsruf beim Amplexus zu Beginn einer Paarung, wenn ein Männchen oder ein nicht paarungsbereites Weibchen geklammert werden. Jedoch geht auch dann der Ruf vom Männchen aus, da den Weibchen, wie auch bei *P. pipa* festgestellt, die Fortsätze der Arytenoiden im Kehlkopf fehlen, sie also wohl nicht zur Lautäußerung in der Lage sind. Weitere Rufe mit unklarer Funktion. *P. carvalhoi* ruft auch tagsüber (besonders, wenn rezeptives Weibchen im Becken ist), jedoch vor allem nachts und in den frühen Morgenstunden. Manche Männchen rufen

in exponierter Stellung, etwa auf größeren Steinen oder Wurzeln, drehen sich nach jedem Ruf in eine andere Richtung. Vorüberkommende Artgenossen werden angeschwommen, betastet oder geklammert.

Haltung und Zucht: Bereits in 60-l-Becken möglich; Temperaturen 21–28 °C; häufig gefütterte Tiere auch tagaktiv, schwimmen langsam umher; ruhen nachts nahe der Oberfläche, gerne z. B. auf Wasserpflanzen; Weibchen kann alle vier bis sechs Wochen Eier ablegen, jedoch sollte man ihm längere Regenerationsphasen gönnen; Weibchen schwimmt zur Paarung teils aktiv zu den rufenden Männchen; legt 60–500 Eier mit 2,6 mm Durchmesser, nutzt den gesamten Rücken; Eier versinken innerhalb von 24–36 h; wie auch bei *P. pipa* wird zunächst die Gallerthülle zum Wabendeckel, fällt aber später ab; einzelne Waben stehen dann durch kleine Pore mit Außenwelt in Verbindung; Schlupf der Quappen bei 26 °C nach 13–15 Tagen, bei 22–23 °C nach bis zu vier Wochen. Hungrige Weibchen fressen oft ihre Kaulquappen, scheinen aber in der Zeit, in der die meisten schlüpfen, eine Fresshemmung zu haben. Aufzucht bei 24–26 °C, 40 Tiere pro 50 cm-Becken möglich; Metamorphose nach 60–80 Tagen, Geschlechtsreife mit fünf bis neun Monaten und 35–40 mm Länge. Frisch geschlüpfte Tiere sterben unter Umständen in reinem Leitungswasser, daher Wasser aus eingefahrenen Becken oder zumindest abgestandenes verwenden.

Pipa myersi
TRUEB, 1984

Myers Wabenkröte
Myers's (Surinam) Toad

Verbreitung: Östliches Panama: Einzugsgebiet des Río Chucunaquein der Provinz Darién

Lebensraum und Biologie: *P. myersi* bewohnt seichte (20 cm bis 1 m), fischfreie (Regen-)Tümpel in Tiefland-Wäldern ohne reichlichen Unterwuchs. Der Boden der Tümpel ist sandig, in den flachen Gewässern sammelt sich wenig De-

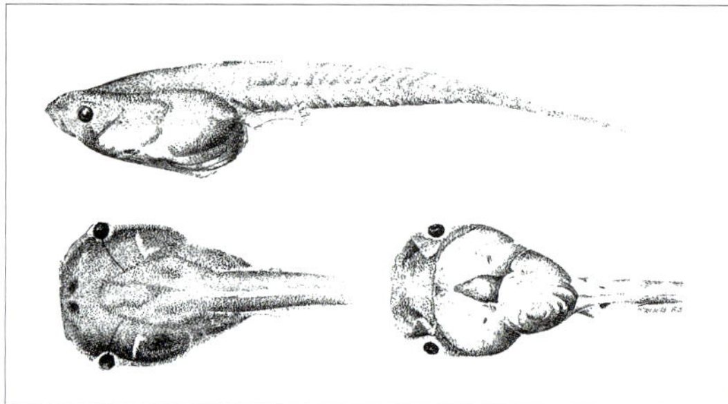

Rund 5 cm lange Kaulquappe von *Pipa myersi*. (Aus: TRUEB 1984, Herpetologica 40 (3))

tritus, jedoch immerhin eine Blattschicht, in der sich die Tiere verbergen; klares, aber braun gefärbtes Wasser; Paarungsverhalten unbekannt; zu dem wahrscheinlich betriebenen Brutpflegeverhalten liegen ebenfalls keine Informationen vor.

Merkmale: Männchen um 35, Weibchen 39–44 mm; extrem abgeflacht; Muskelwülste hinter den Augen kaum ausgeprägt; Tuberkel am Kopf etwas kleiner, an den Gliedmaßen etwas weiter auseinander stehend; Linie zwischen Augen sowie zur Schnauze ohne Tuberkel; kein innerer Metatarsaltuberkel; einzige *Pipa* mit dreigeteilter Fingerspitze; grau-schwarz, Bauch gelbbraun oder schmutzig gelbschwarz, Iris leicht bronzefarben mit schwarzbrauner Fleckung; Larven dunkelgrau mit silbrig weißer Abdomenzeichnung, steigen nachts zur Oberfläche.

Haltung und Zucht: Es liegen keine Daten vor.

Pipa parva
RUTHVEN & GAIGE, 1923

Zwergwabenkröte
Sabana (Surinam) Toad

Verbreitung: Nordöstliches Kolumbien, westliches Venezuela (Maracaíbo-Becken)

Lebensraum und Biologie: Das Typusexemplar wurde interessanterweise im Abfluss eines Dorfes gefunden. Im Nordwesten Venezuelas und Nordosten Kolumbiens beobachtete man, dass die Frösche weitab vom nächsten Wasserloch umherlie-

Kaulquappe von *Pipa parva* Foto: M. Beier

fen oder -hüpften. Die Sätze wirkten eher mühsam. Zwar sprangen die Frösche bis zu 70 cm hoch, überwanden dabei aber nur Distanzen von höchstens 40 cm. *P. parva* bewohnt semiaride bis aride Gebiete, Gegenden mit ausgeprägten Regen- und Trockenzeiten oder dauerfeuchte Regionen. Nutzt für die Eiablage den gesamten Rücken.

Merkmale: Männchen und Weibchen bis ca. 5 cm; Körper und Kopf wenig abgeflacht, abgerundete Schnauze, kaum sichtbare Muskelwülste hinter den Augen; kurze Arme; kein innerer Metatarsaltuberkel, keine Anhänge am Kopf; Finger mit vier Fortsätzen, davon zwei nach innen seitlich verlagert; dorsal gleichmäßig mit Tuberkeln, ventral glatter; Färbung dorsal graubraun, ventral heller, oft stark dunkel gefleckt. Geschlechtsdimorphismus: Männchen mit kräftigeren Armen, bei Weibchen Ringwulst um die Kloake stärker ausgeprägt, die Eier können durch die Bauchhaut schimmern.

Haltung: Temperaturen zwischen 21 und 28 °C, für Zucht sowie die Aufzucht der Quappen am besten 27–28 °C. Im Aquarium erweisen sich die Tiere als sehr munter und suchen auch tagsüber nach Nahrung. Nachts rufen und kämpfen die Männchen das ganze Jahr über. Ein Weibchen kann drei- bis viermal pro Jahr ablaichen. Wie bei

Männchen von *Pipa parva* mit stark gefleckter Bauchseite Foto: M. Beier

P. pipa treten „Wischen", „Pumpen" und Kopfnicken als beruhigende oder stimulierende Verhaltensweisen des Männchens auf. Während der rund einen halben Tag dauernden Verpaarung legt das Weibchen bis zu mehrere Hundert Eier mit 2,0 mm Durchmesser, von denen aber längst nicht alle am Rücken haften bleiben. Die Kaulquappen schlüpfen je nach Temperatur oft bereits nach weniger als zwei Wochen bis etwa einem Monat und wandeln sich einen weiteren Monat später schon um. Die Larven werden anscheinend vom Weibchen nicht gefressen. Schon nach wenigen Monaten sind die Jungtiere geschlechtsreif.

Pipa pipa
(Linné, 1758)

Große Wabenkröte
Surinam(e) Toad

Verbreitung: Trinidad, östliches Venezuela, Guyana, Französisch-Guayana, Surinam, Amazonas-Regionen in Brasilien, Kolumbien, Ecuador, Peru und Bolivien sowie Trinidad und Tobago.

Lebensraum und Biologie: Diese größte Wabenkrötenart bewohnt in aller Regel permanente Gewässer wie Flüsse, Seen, von großen Flüssen überschwemmte Wälder, Abwassersysteme der Städte, manchmal auch seichte Teiche.

Die hervorragend getarnte *P. pipa*, die in ihrer mimetischen Tracht zwischen all den verrottenden Blättern kaum auszumachen ist, wartet meist bewegungslos am Grund auf Beute. Eine bemerkenswerte Konvergenz im Äußeren zeigt sich übrigens zur Fransenschildkröte oder Mata Mata, ebenfalls einem auf Tarnung vertrauenden Lauerjäger. (Manfred Beier merkt hier launig an: „Und wenn man jetzt noch an *Chaca chaca* [Großmaulwels] denkt... faszinierend, wie sich die Konvergenz nicht nur auf das Äußere, sondern sogar auf die Nomenklatur auswirkt!") Die eher nachtaktive Wabenkröte ernährt sich von Fischen – selbst von stacheligen Welsen – und Krebsen sowie Kleingetier. Wie bspw. *H. boettgeri* verfällt auch *P. pipa* manchmal in eine Schreckstellung, die an unsere heimischen Unken denken lässt: Eine sog. Kahnstellung mit durchgedrücktem Rückgrat, die Arme mit gespreizten Fingern über dem Kopf.

Merkmale: Durchschnittlich 140, jedoch im Einzelfall bis 200 mm groß; breiter, flacher Kopf, extrem abgeflachter Körper, kurze Beine, keine deutlichen Muskelwülste hinter den Augen; Hautanhänge am Mund; keine Krallen; gut entwickelter innerer Metatarsaltuberkel, elliptisch, spitz; Bauch lederartig ohne Tuberkel; Sexualdimorphismus: Weibchen etwas kräftiger, länger und dicker, Kloake dicker und runder, ihre Öffnung zeigt schräg nach oben; Kloake der Männchen spitzer und eher nach unten gerichtet. Außerdem besitzen Männchen kräftigere Unterarme, und manchmal ragt ihr Kehlkopf etwas hervor.

Jungtiere haben vier Hemisphären pro Fingerspitze, die sich im Lauf der Entwicklung noch je zweimal teilen, sodass Adulti auf ihren vier Verzweigungen pro Finger insgesamt 16 Spitzchen aufweisen können.

Weibchen von *Pipa pipa* mit Brutwaben
Foto: D. Massemin

Kopfporträt von *Pipa pipa* Foto: D. Massemin

Haltung und Zucht: Becken ab 100 x 50 x 60 cm, Temperaturen um 23–26 °C, im Winter eine Zeit lang 22 °C. Bereits bei einem Wasserstand von nur 35 cm kommt es zu erfolgreichen Nachzuchten, doch wählt man ihn besser höher. Eine Bepflanzung sollte mit kräftigen Arten wie Riesenvallisnerien und Wasserkelch sowie Schwimmpflanzen erfolgen, und wie bei allen Wabenkröten ist eine künstliche oder echte Blattschicht angebracht, bspw. aus Eichenlaub.

Beispielhaft für die *Pipa*-Arten sei hier einmal näher auf das Paarungs- und Brutpflegeverhalten der Tiere eingegangen, das zu den berühmtesten im Tierreich zählt: Dass die Weibchen Junge im Rücken tragen, wusste schon MARIA SYBILLA MERIAN in ihrer „Metamorphosis Insectorum Surinamensium" von 1705 zu beschreiben.

Die Männchen rufen morgens und am späten Nachmittag. Bei Annäherung ans Weibchen vibrieren manchmal die Finger der Tiere. Nicht paarungsbereite Weibchen suchen sich durch wilde Flucht dem Klammern der Männchen zu entziehen bzw. ein erfolgreich klammerndes Tier durch Zittern, rasche Beinbewegungen und -tritte sowie dadurch abzuschütteln, dass sie sich durch enge Spalten quetschen. Hat ein Männchen dagegen ein paarungswilliges Weibchen gefunden, so ruhen die Tiere während der ersten bis zu 24 h im Amplexus meist auf dem Grund. Ein Pärchen im Amplexus holt alle 15 oder 20 min Luft, das Weibchen öfter als das Männchen, das nicht bei jedem Hochschwimmen die Wasseroberfläche erreicht. Sind die Wabenkröten wieder auf den Boden zurückgekehrt, folgen mehrere schluckaufartige Rucke des Männchens. Dabei presst es manchmal den Kopf fest an den Rücken des Weibchens und zieht seinen Griff fester. Drei Stunden nach Beginn des Amplexus beginnt die Rückenhaut des Weibchens anzuschwellen. Seine Kloakenregion schwillt ebenfalls an, und zwar ringförmig auf ca. 4 cm Durchmesser. Es kommt vor, dass das Weibchen Stunden vor und während der ersten paar Turnover mit einem Hinterbein über seinen Rücken kratzt und sich mit den Armen übers Gesicht fährt. Vor Beginn der Turnover-Phase wird das Weibchen sehr unruhig und holt öfters Luft, etwa alle 5 min. Zwischen dem ersten und zweiten Turnover können eineinhalb Stunden vergehen. Die Paarungsdrehungen bestehen aus einer halben Drehung um die Längsachse, sodass das Pärchen einen Moment bauchoben im Wasser treibt, dann folgt eine halbe Drehung über Kopf in die Senkrechte, in der die Eier abgegeben und besamt werden. Danach dreht sich das Paar wieder in Normallage (wobei die Eier auf den Rücken des Weibchens gelangen und dort haften bleiben) und schwimmt zum Boden zurück, während das Männchen seinen Griff etwas lockert, um mit dem Körper anpressende Bewegungen auszuführen, mittels derer es die Eier wohl fester an die Rückenhaut des Weibchens drückt. Während der ersten Turnover werden jedoch noch keine Eier gelegt. Später gibt das Weibchen dann pro Turnover drei bis zehn Eier ab (insgesamt etwa 40–280), die über den Rücken und eventuell bereits eingebettete Eier nach vorn rollen und am ersten Stück Haut kleben bleiben, das sie berühren. Die mit bis zu 6 mm Durchmesser sehr großen Eier (mit Hülle 10–12 mm) selbst sind einige Zeit klebrig. Möglicherweise sorgt ein Schleim, den das Weibchen aus der Kloake absondert, dafür, dass die Eier nicht aneinander und auch nicht am Bauch des Männchens kleben bleiben. ARMBRUST (1979) erwähnt, dass ab und zu beim Turnover sogar noch eine Schraube eingebaut werde. Zwischen einzelnen Turnovers vergehen 3–20 min. Ein „Wischen" des Männchens mit dem Hinterfuß entlang den Flanken bis auf den Hinterkopf des Weibchens, ähnlich wie bei Zwergkrallenfröschen und Krallenfröschen beschrieben, tritt dann auf, wenn das Weibchen beruhigt werden muss oder unvollständige Bewegungsabläufe ausführt, und zwar stets nach Bewegungen des Weibchens, z. B. nach dem Luftholen. Bei *P. pipa* beginnt das Männchen mit diesem Verhalten im Gegensatz zu *Hymenochirus* erst ab der Mitte der eigentlichen Paarung. Aber selbst dann noch, wenn das Weibchen nach dem Ende der Eiablage bereits längere Zeit sein „Ablehnungs-Zittern" gezeigt hat, wischt das Männchen manchmal. Noch lange nach dem letzten Turnover kann das Paar vereinigt umherschwimmen, ab und zu Luft holen, und das Männchen führt mit seinen Armen pumpende Bewegungen aus, z. T. von Kopfnicken begleitet. Solche Bewegungen treten auch zuvor schon auf, um das Weibchen zu beruhigen oder zu stimulieren. Erst, wenn das Weibchen seine unbewegliche Abwehrhaltung einnimmt, löst sich das Männchen schließlich. Von den rund eineinhalb Tage währenden Verpaarungen entfallen nur etwa zwei bis drei Stunden auf die eigentliche Eiablage.

Innerhalb von acht Tagen sinken die Eier vollständig in die Rückenhaut des Weibchens ein, jedoch fallen sehr viele auch herunter. Nach der Eiablage sollte man die anderen Tiere entfernen, da gestörte Weibchen häufig Eier verlieren. Die Weibchen legen ein- bis zweimal pro Jahr. Zur Schlüpfzeit sollten die Weibchen wie die aller Wabenkröten in sehr sauberem, flachem Wasser ohne dichte Schwimmpflanzenbestände gehalten werden, damit die Jungen ungestört an die Wasseroberfläche können. Mit der Zeit gehen die meisten „Wabendeckel" verloren. Die Jungtiere durchbrechen meist zuerst mit dem Kopf die Rückenhaut, schlüpfen dann zwar noch nicht sofort, können jedoch bereits fressen. Sie verlassen nach insgesamt rund 110 Tagen das Muttertier, je nach Temperatur aber auch rund einen Monat früher bzw. später. Die kleinen Wabenkröten messen meist zwischen 14,5 und 18 mm und wiegen um die 0,4 g – doppelt so viel, wie das Gewicht ihres Eies betrug. Sie schwimmen meist sofort an die Oberfläche, um Luft zu holen, und verbringen die erste Zeit ihres Lebens häufig an der Oberfläche treibend. Eine häutige Struktur an der Kloake dient möglicherweise als zusätzliches Atemorgan. Die Jungtiere werden von der Mutter nicht gefressen, es wurde sogar beobachtet, dass versehentlich eingesaugte wieder ausgespuckt wurden.

Fünf Monate nach der Geburt erreichen die Wabenkröten etwa 81 mm und 57 g, drei weitere Monate später 90 mm und 62 g. Männchen rufen bereits mit 15 Monaten, nach zwei Jahren kann man mit ersten Paarungen rechnen.

Pipa snethlageae MÜLLER, 1914

Pará-Wabenkröte
Utinga Toad

Verbreitung: Amazonas-Regionen Brasiliens, Kolumbiens und Perus

Lebensraum und Biologie: Ähnlich wie *P. pipa*, jedoch wenig erforscht, wohl vor allem aufgrund der nur schwer zugänglichen Biotope; Weibchen zeigen nur geringe Anzahl von Waben in der Rückenhaut; Eier messen 5 mm, die Jungen entwickeln sich direkt; wie auch *P. pipa* kann *P. snethlageae* eine Serie von Befreiungsrufen äußern, wenn sie ergriffen wird.

Merkmale: Weibchen 66–92 mm, Männchen etwas kleiner; stark abgeflacht, sehr ähnlich wie *P. pipa*, aber ohne anterioren Hautanhang an der Oberlippe und mit vier einfachen, nicht weiter geteilten Fortsätzen an jeder Fingerspitze; keine deutlichen Muskelwülste hinter den Augen; leder-

***Pipa snethlageae*, Peru** Foto: W. Lamar

artige Haut, Tuberkel lediglich vom Oberschenkel bis zum Fuß; Metatarsaltuberkel weniger stark ausgebildet, rundlich; keine Krallen

Haltung und Zucht: Wenig bekannt. *P. snethlageae* verbringt die meiste Zeit im Aquarium wie *P. pipa* am Beckenboden.

Tropische Krallenfrösche *Silurana* und (Eigentliche) Krallenfrösche *Xenopus*

Während noch in den 70er-Jahren des 20. Jahrhunderts lediglich sechs Arten bekannt waren, ist diese Zahl mittlerweile stark angewachsen. Man erkannte vor allem durch genetische und molekularbiologische Untersuchungen, dass viele „Spezies" in Wirklichkeit mehrere Taxa umfassten, die dann eigenständigen Rang erhielten. Auch wurde intensiv in früher herpetologisch vernachlässigten Gebieten geforscht und dabei manch neue Art entdeckt. Noch stehen wir nicht am Ende dieser Entwicklung, denn in den Aquarien der großen Labors, teilweise aber wohl auch in Liebhaberbecken schwimmen bereits wieder Exemplare neuer, noch unbeschriebener Arten.

Durch die teils extreme äußerliche Ähnlichkeit vieler Taxa bestimmten die Wissenschaftler nicht nur häufig Tiere in Sammlungen falsch, sondern es traten auch andere recht kuriose Pannen auf. Bspw. wurden wissenschaftliche Arbeiten veröffentlicht, die untersuchte Art aber war in Wirklichkeit eine andere als in der Studie angegeben (Brown et al. 1977). Oder es kam vor, dass unter der Bezeichnung *X. laevis victorianus* drei verschiedene Arten zusammengefasst wurden, während für eine andere Art zeitgleich vier unterschiedliche Bezeichnungen im Umlauf waren. Und besonders in der populärwissenschaftlichen Literatur treten immer wieder Verwechslungen auf, und zwar nicht nur, wie ja auch bei den anderen Pipiden, zwischen zwei Arten ein- und derselben Gattung, sondern sogar auch zwischen zwei verschiedenen Pipidengattungen, etwa zwischen *Xenopus* und *Hymenochirus*.

Viele Krallenfrosch-Arten tolerieren sehr unterschiedliche ökologische Bedingungen. Ihre heutige Verbreitung beruht wohl auf zyklischen Klimaänderungen während des Pleistozäns, durch die jeweils das Vordringen bzw. Zurückweichen der Regenwälder ausgelöst wurde. Allerdings beobachtet man noch immer umfangreiche Verschiebungen der Populationen. So haben heute etwa *X. vestitus* und *X. wittei* die Unterart *X. laevis bunyoniensis* in verschiedenen Seen abgelöst, wo diese noch in den 30er-Jahren die vorherrschende Form war.

Fang von *Silurana tropicalis* in Sabe
Foto: B. Colombelli Thiébaud

Auf *Xenopus*-Fang in Koulila Foto: E. Rungger-Brändle

Wahrscheinlich führte durch solche Wanderungen auftretendes sympatrisches Vorkommen verschiedener Krallenfrosch-Arten im Lauf der Evolution durch Hybridisierung zur Entstehung neuer Arten, ein Vorgang, der wohl noch nicht abgeschlossen ist. Während Arten wie *X. laevis* riesige Gebiete besiedeln, kennt man andererseits Endemiten wie *X. ruwenzoriensis*, der bislang lediglich aus dem Semliki-Tal in Uganda nachgewiesen wurde. Welche ökologischen Ansprüche die einzelnen Arten im Einzelnen tatsächlich stellen, ist noch weithin unklar. So treten die fünf Taxa *S. epitropicalis*, *X. fraseri*, *X. andrei*, *X. boumbaensis* und *X. pygmaeus* allesamt im Tiefland-Regenwald des Kongo-Beckens auf, ohne dass man über Verbreitung und Lebensbedürfnisse genau Bescheid wüsste, wenn auch die *Silurana*- und die *fraseri*-Gruppe als typische Waldbewohner gelten. *X. wittei*, *X. vestitus*, *X. laevis victorianus* und *X. l. bunyoniensis* leben bzw. lebten ebenfalls sympatrisch, wobei bis zu drei dieser Taxa jeweils sogar im selben Habitat angetroffen wurden.

Während die oben genannten Waldbewohner recht strikt an diesen Lebensraum gebunden sind und meist nicht allzu weit in die offene Landschaft vorstoßen, zeigen sich Savannenformen wie *X. muelleri* weniger spezialisiert und dringen auch in die Wälder ein.

Krallenfrösche insgesamt bewohnen die unterschiedlichsten Klimazonen (von tropisch bis alpin); die einzelnen Arten besiedeln innerhalb ihres Verbreitungsgebietes die verschiedensten aquatischen Biotope, von Flüssen und Seen über Sümpfe, Teiche und Dämme bis hin zu kleinen Wasserpfützen, Kläranlagen, Brunnen oder selten sogar Höhlen. Allerdings werden große Ströme, schnell fließende Gewässer sowie große Seen eher gemieden. Meist findet man die Tiere in trübem Wasser, sodass die Tiere im Feld kaum beobachtet werden können. In fischreichen natürlichen Gewässern wird man sie selten antreffen, wenn *X. laevis* auch häufig in großer Zahl in künstlich angelegten Teichen zur Fischzucht auftritt und dort zu Problemen führen kann. Überhaupt sind Krallenfrösche typische Kulturfolger, die vom Menschen geschaffene Wasserstellen gerne annehmen. Bspw. Dränagesysteme erlauben eine rasche Verbreitung in neue Areale.

Die ökologische Plastizität der Arten drückt sich auch in der Tatsache aus, dass sie Gewässer mit sehr unterschiedlicher Chemie besiedeln. So trifft man etwa *X. vestitus* in Biotopen mit pH 5,6–8,7 an, und *X. laevis* laicht noch bei pH 9, toleriert unter kurz- und mittelfristigen Änderungen der Hautstruktur Brackwasser, für mehrere Tage 40%iges Meerwasser, d. h. einen Salzgehalt von 14 Promille, solches mit 12 Pro-

Vorkommen von *Xenopus muelleri* bei Iseyin-Ipapo
Foto: E. Rungger-Brändle

mille sogar über Monate (und ist damit eine der salinitätstolerantesten Amphibien überhaupt), lebt in Habitaten von Meeresniveau bis zu 3000 m ü. NN, überdauert in zugefrorenen Teichen ebenso wie in Wüstentümpeln. Die Taxa seines Rassenkreises bewohnen ein Gebiet, das sich über 45 Breitengrade erstreckt. Allzu extremen Bedingungen suchen aber selbst diese Überlebenskünstler auszuweichen. So gräbt sich etwa *X. laevis* bei Wassertemperaturen über 30 °C bis zu 40 cm tief in den Bodengrund ein, wo angenehme 20 °C herrschen. Andererseits wurde er auch schon, wie erwähnt, bei Temperaturen von weniger als 4 °C unter Eis beobachtet – bei 8 °C nimmt *X. laevis* sogar noch Nahrung an. Kurzfristig halten die Tiere Extremwerte zwischen 2 und 50 °C aus, nach anderen Berichten ist sogar eine langfristige Haltung bei 2–3 °C möglich. Was die Tiere allerdings nicht vertragen, sind abrupte starke Temperaturwechsel vor allem von warm nach kalt, die zu Wärmestarre führen können.

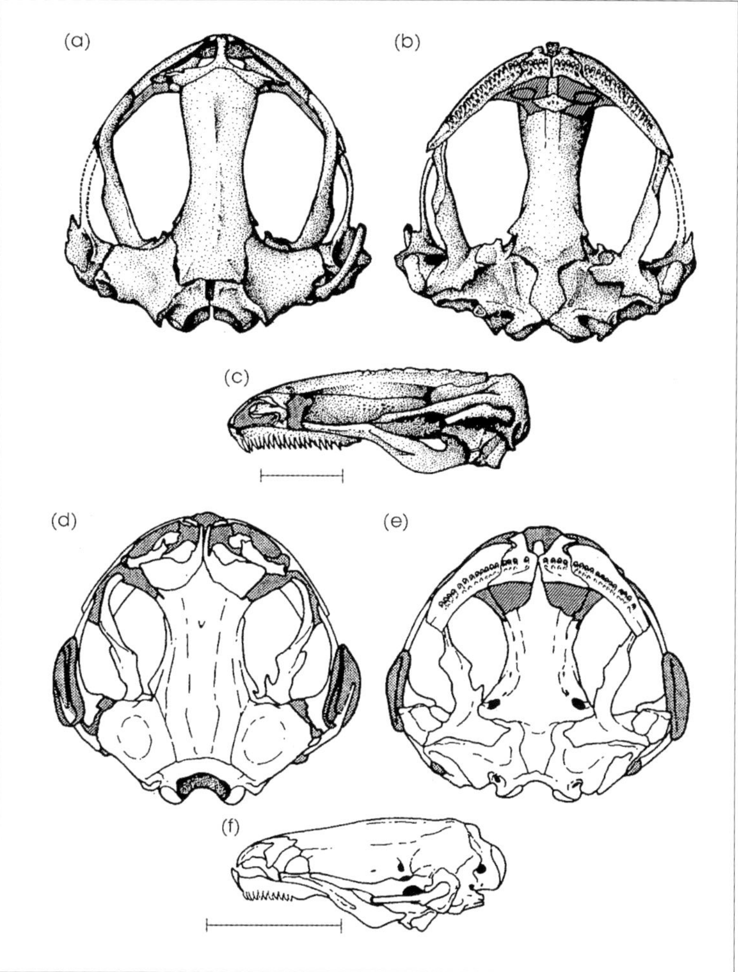

Beispiele für unterschiedliche Schädelformen: Oben: Schädel von *Xenopus muelleri* in dorsaler (a), ventraler (b) und lateraler (c) Sicht. Unten: Schädel von *Silurana epitropicalis* in dorsaler (d), ventraler (e) und lateraler (f) Sicht. Maßstab = 5 mm. (Cannatella & Trueb 1988a Journal of Herpetology 22 (4))

Dass die Tiere eutrophiertes Wasser nicht nur tolerieren, sondern teilweise sogar wohl bevorzugen, wurde bereits mehrfach angesprochen. Erstaunlicherweise fanden Prof. Rungger und Kollegen *Xenopus* sogar in Tümpeln, in denen die einheimischen Frauen Maniok-Knollen wässerten. Das Wasser war daher so stark mit den Zyaniden aus dieser Pflanze angereichert, dass es sogar schon danach roch (pers. Mittlg.).

Bei Krallenfröschen hat die Parasitenfauna einen erstaunlichen Artenreichtum hervorgebracht. Man kennt Parasiten aus über 25 Gattungen und sieben Wirbellosengruppen (Mono- und Digeneen, Cestoden, Nematoden, Milben, Egel und Protozoen), die fast alle Organsysteme des Frosches befallen. Bezeichnenderweise bleiben jedoch ausgerechnet die sonst bei Anuren stark parasitierten Lungen weitgehend verschont – möglicherweise entwickelten die Frösche effektive Abwehrmechanismen, um dieses für sie so eminent wichtige Organ zu schützen. Die

Mehrzahl der Parasiten ist krallenfroschspezifisch, einige sind es sogar für bestimmte Artengruppen oder Arten, mit denen zusammen sie koevolvierten; sie eignen sich somit zur Aufdeckung der Verwandtschaftsverhältnisse der Frösche. Teilweise sind wohl 100 % einer Population von bestimmten Parasiten befallen. Interessanterweise hat ein Parasitenbefall durch Trematoden (*Strigeid metacercariae*) bei einem Krallenfrosch zur Entdeckung bis dahin unbekannter Seitenorgane geführt, die sich infolge der Parasitose verfärbt hatten.

Da die Chromosomenzahlen der einzelnen Taxa für die Einordnung in bestimmte Artengruppen wichtig sind und die Ploidieverhältnisse einen sehr interessanten Aspekt der Krallenfrösche insgesamt ausmachen, sind sie hier den einzelnen Artporträts beigefügt, obwohl sie natürlich dem Pfleger bei der Bestimmung seiner Tiere im Normalfall nichts nutzen.

Allgemeines zur Haltung von Krallenfröschen und Tropischen Krallenfröschen

Obwohl einige Labors große Erfahrung mit den Tieren besitzen, wurden zu den meisten Arten leider keine Daten zu Haltung und Zucht veröffentlicht – Optima für einzelne Taxa (mit Ausnahme von *X. laevis*) wurden offenbar ohnehin nicht systematisch ermittelt, sodass man sich nach den oft ebenfalls recht spärlichen Erkenntnissen aus dem Freiland richten muss. Generell sollte man die Hochlandarten höchstens bei Zimmertemperatur pflegen (vgl. aber Angaben bei *X. vestitus* und *X. wittei*), Arten wie *X. largeni* sollten sogar in gekühltem Wasser gehalten werden, Steppenformen wie *X. muelleri* bei 25–30 °C und Spezies aus den Tieflandwäldern um 25 °C. *X. l. laevis* gedeiht am besten bei Zimmertemperatur (Hilken et al. [1997] geben als Optimum 20–22 °C an), und selbst *X. gilli* verträgt zur Not Tiefsttemperaturen von 12 °C.

Übersicht über einige Körpermerkmale der Krallenfrösche (nach Kobel, Loumont & Tinsley 1996)

	Größe des Weibchens mm (maximal)	Zahl der Lateralorgane ums Auge	Zahl der Lateralorgane dorsal	Augententakel	Anteil des Auges, der vom unteren Lid verdeckt ist	Metatarsaltuberkel	Kloakenlappen beim Weibchen
Silurana tropicalis	43 (55)	8 (5–12)	18–23	mittel	<1/3	Kralle	fusioniert
S. epitropicalis	64 (72)	10 (6–14)	18–23	mittel	<1/3	Kralle	fusioniert
Xenopus l. laevis	110 (130)	17 (12–20)	25–34	kurz	3/4	kurz	3
X. l. poweri	70 (85)	14 (12–16)	19–24	mittel	1/2	kurz	3
X. l. petersii	65 (66)	13 (10–16)	20–25	mittel	1/2	kurz	3
X. l. victorianus	62 (78)	14 (11–18)	19–25	kurz	<3/4	kurz	3
X. l. sudanensis	62 (64)	13 (10–15)	18–24	kurz	1/2	kurz	3
X. gilli	55 (60)	13 (10–15)	20–24	fehlt	1/2	fehlt	3
X. largeni	50 (55)	11 (11–14)	18–19	fehlt	<1/3	fehlt	3
X. muelleri	65 (75)	12 (9–15)	22–27	sehr lang	3/4	lang	3
X. sp. (*muelleri*-ähnlich)	53 (90)	11 (9–14)	19–25	lang	3/4	lang	3
X. borealis	73 (95)	15 (13–17)	23–30	mittel	3/4	lang	2
X. clivii	70 (82)	14 (12–16)	23–28	mittel	3/4	Kralle	2
X. fraseri	42 (51)	8 (7–10)	18–21;	ang	<3/4	Kralle	2
X. pygmaeus	35 (44)	11 (9–13)	15–20	lang	1/2	Kralle	2
X. amieti	53 (57)	11 (10–13)	14–23	mittel	1/2	Kralle	2
X. andrei	40 (45)	11 (9–13)	14–22	lang	1/2	Kralle	2
X. boumbaensis	46 (54)	11 (8–13)	17–21	mittel	3/4	Kralle	2
X. ruwenzoriensis	55 (57)	11 (9–13)	17–21	mittel	1/2	Kralle	2
X. vestitus	47 (55)	10 (9–14)	18–28	mittel	1/3	kurz	3
X. wittei	46 (61)	10 (8–14)	18–25	*mittel	1/2	kurz	3
X. longipes	34 (36)	10 (7–13)	15–24	mittel	1/3	kurz	3

Bei *Xenopus laevis* beispielsweise ist der Metatarsaltuberkel nicht als vierte Kralle ausgebildet. Foto: K. Kunz

Die Aufzucht der Larven erfolgt bei Steppen- und Waldformen am besten bei rund 25–28, beim Rest der Arten etwa um 22 °C. Merkwürdigerweise wurden bei Gruppen von *X. laevis*, die man bei 19, 22 und 24 °C hielt, innerhalb der ersten fünf Monate nach der Metamorphose keine Unterschiede in der Entwicklung beobachtet, ein weiterer Hinweis auf die ökologische Plasitizität der Art.

Bestimmungsschlüssel für afrikanische Pipiden (modifiziert nach Kobel, Loumont & Tinsley 1996)

(Teilweise kommt man nur mit Labormethoden bis zur gesuchten Art.)

1. Haut warzig rau, Schwimmhäute auch zwischen den Fingern 2
- Haut glatt, schleimig, Schwimmhäute nur zwischen den Zehen 3

2. Seitenorgane gut sichtbar, oft aber auch nur schwer sichtbar oder versenkt, keine beweglichen Augenlider . . . *Hymenochirus*
Systematik unklar:
- Flanken mit größereren Wärzchen: *boettgeri*-Rassenkreis
- Flanken ohne größere Wärzchen: *curtipes*-Rassenkreis

Alle aus Regenwald des Kongo-Beckens und angrenzenden Gebieten
- Seitenorgane deutlich sichtbar, unteres Augenlid beweglich. *Pseudhymenochirus merlini*
Guinea-Bissau, Guinea, Sierra Leone

3. Drei Krallen an den inneren Zehen, Metatarsaltuberkel ohne Kralle 4
- Vier Krallen (drei an den inneren Zehen, eine am Metatarsaltuberkel) 10

4. Metatarsaltuberkel deutlich ausgebildet, kegelförmig oder zugespitzt 5
- Metatarsaltuberkel klein, fast nicht vorhanden oder überhaupt nicht sichtbar 6

5. Augententakel länger als halber Augendurchmesser; Rücken grünlich braun, wenige große, rundliche dunkle Flecken
Herkunft: Burkina Faso bis südlicher Sudan . . . . *Xenopus* sp. (*muelleri*-ähnlich)
Herkunft: Ostafrika vom südöstlichen Kenia bis Südafrika . . . . *X. muelleri*

- Augententakel halb so groß wie oder nur weniger länger als Augendurchmesser; Rücken blaugrau bis stahlblau, viele eckige dunkle Flecken; Herkunft: Kenia. *X. borealis*

6. Augententakel nicht oder manchmal als kleiner Kegel ausgebildet; Metatarsaltuberkel nicht deutlich 7
- Augententakel vorhanden, Metatarsaltuberkel deutlich sichtbar 8

7. Unteres Augenlid bedeckt ein Drittel des Auges oder weniger; Herkunft: Südäthiopien, Mendebo-Berge (Bale) . . . *X. largeni*
- Unteres Augenlid bedeckt Auge halb; Herkunft: Kap-Halbinsel und Küste nach Kap Agulhas . . . . *X. gilli*

8. Hintergliedmaßen (After bis zur Spitze der 5. Zehe) 15–20 % länger als Kopf-Rumpf-Länge; fünfte Zehe länger als Tibia . . . . *X. laevis* (in mehreren „Unterarten" vom Kap bis Nigeria und Sudan)
- Hintergliedmaßen genauso lang wie oder 5 % länger als Körper; 5. Zehe gleich lang wie Tibia; Nuclei der Erythrozyten viel größer als bei *X. laevis* 9

9. Rückenseite einschließlich Kopf und Gliedmaßen einfarbig oliv- bis schokoladenbraun, keine Melanophoren-Flecken; Herkunft: Virunga-Vulkane und angrenzende Regionen von Uganda, Ruanda und der Demokratischen Republik Kongo zwischen 1600 und 2600 m ü. NN. . . . . *X. wittei*

- Rücken einschließlich Kopf und Gliedmaßen auf dunkelbrauner Grundfarbe unregelmäßig mit hellen, silbrig goldenen bis bronzefarbenen Chromatophoren gemustert, Kopf heller als Rücken; Herkunft: Virunga-Vulkane und angrenzende Regionen von Uganda, Ruanda und der Demokratischen Republik Kongo, zwischen 1200 und 1900 m ü. NN. . . . . *X. vestitus*

10. Kloakenpapillen des Weibchens ventral fusioniert; unteres Lid bedeckt Auge zu weniger als ein Drittel 11
- Kloakenpapillen frei; unteres Lid bedeckt Auge mindestens zur Hälfte 12

11. Größe der Nuclei der Erythrozyten viel kleiner als bei *X. laevis*; Herkunft: Nigeria westlich des Cross-Flusses bis Senegal. . . . . *S. tropicalis*
- Größe der Nuclei der Erythrozythen gleich wie die von *X. laevis*; Herkunft: Kamerun-Berg bis zur Ostgrenze der Demokratischen Republik Kongo und südlich bis Nordangola . . . . *S. epitropicalis*

12. 5. Zehe deutlich länger als Tibia . . . 13
- Länge der 5. Zehe ungefähr gleich wie die der Tibia . . . . *fraseri*-Ähnliche (mit sieben zurzeit anerkannten Arten, die sich nur über ihre Rufe, den DNA-Gehalt und biochemische Daten sicher bestimmen lassen)

13. Augenlid bedeckt drei Viertel des Auges; 12–16 Seitenorgane ums Auge; Herkunft: Eritrea, Äthiopien. . . . . *X. clivii*
- Lid bedeckt ein Drittel des Auges; 7–10 Seitenorgane ums Auge; 5. Zehe mindestens 130 % der Tibialänge; Herkunft: Oku-See (Kamerun) . . . . *X. longipes*

1) *Silurana*-Gruppe

Die in diese Gruppe gestellten Arten unterscheiden sich von denen der *Xenopus*-Gruppe äußerlich nur wenig. Kennzeichnend sind neben dem Karyogrundtyp von zehn Chromosomen u. a. die kleinen Augen (Durchmesser kleiner als ein Drittel des Augenabstands), die ventral verwachsenen Anallappen des Weibchens sowie die Verschmelzung von erstem und zweitem präsakralem Wirbel. Vermutlich stoßen die Verbreitungsgebiete

Sehr ungewöhnlich gezeichnete *Silurana* mit je einer feinen Linie beiderseits des Rückgrats – ein Wildfang, angeblich aus Accra/Ghana. Nur eine Varietät, oder ein neues Taxon? Foto: K. Kunz

der beiden *Silurana*-Taxa *S. tropicalis* und *S. epitropicalis* im nördlichen Hochland Kameruns zusammen.

Silurana wird oft nur als Untergattung von *Xenopus* geführt. Der abweichende Karyogrundtyp und die doch recht deutlichen anatomischen Unterschiede sowie der weitgehende Fertilisationsblock zu den „echten" *Xenopus* scheinen mir jedoch zu rechtfertigen, die Tiere als Gattung aufzufassen.

Silurana epitropicalis
Fischberg, Colombelli & Picard, 1982

Äquator-Krallenfrosch
Cameroon Clawed Frog
Tetraploid 2n=4X=40

Verbreitung: Östlich und südlich des Mount Kamerun bis zur Ostgrenze der Demokratischen Republik Kongo und dem Norden Angolas; westliche Verbreitungsgrenze unbekannt

Lebensraum: Tiefland-Regenwälder

Merkmale: Von der Schwesterart *S. tropicalis* äußerlich kaum zu unterscheiden; Weibchen im Mittel 64, maximal 72 mm, Männchen 20 % kleiner; 6–14, im Mittel 9,6 Lateralorgane ums Auge, also durchschnittlich mehr als *S. tropicalis*; Grundfarbe dorsal ähnlich wie *S. tropicalis*, aber mit winzigen gelben, olivfarbenen oder schwarzen Flecken; Exemplare aus Kinshasa einheitlich graubraun

Ruf: Lange Serien, quakend: „whawhawha...", etwa fünf „wha" pro Sekunde

***Silurana epitropicalis*, Weibchen (Kinshasa) („Station de Zoologie expérimental" der Universität Genf)**
Foto: S. Chraiti/K. Kunz

Silurana tropicalis
Gray, 1864

Tropischer Krallenfrosch
Tropical Clawed Frog
Diploid 2n=20

Verbreitung: Westafrika von der Casamance im Senegal bis zum Cross-Fluss in Nigeria; östliche Verbreitungsgrenze unbekannt

Lebensraum: In Tiefland-Regenwäldern bewohnt die Art vor allem Waldtümpel, selbst sumpfig faulige. Aber auch ruhige Flussabschnitte und selbst Quellbäche werden angenommen. Kurzfristig besiedeln die Tiere auch Savannentümpel und sogar kleinste Wasseransammlungen. *S. tropicalis* lebt nach Möglichkeit ganzjährig aquatil bzw. vergräbt sich beim Austrocknen des Gewässers im feuchten Schlamm oder Laub. Es gibt auch Beobachtungen, wonach die Frösche während der Trockenzeit aus ihrem Laichgewässer an die Flussufer wandern, wo sie sich tagsüber im flachen Wasser unter Steinen und Wurzelwerk verbergen. Nachts trifft man sie vereinzelt in Rockpools an. In der Regenzeit wandern sie dann auf der Suche nach Laichgewässern in die Wälder, wo die Kaul-

Weibchen einer sehr hellen Form von *Silurana tropicalis*
Foto: K. Kunz

quappen zumeist in großen, klaren Waldtümpeln mit Schwimmblattvegetation aufwachsen. Paarung mit Drehungen ähnlich wie bei *Hymenochirus* oder *Pipa*. Geschlechtsreife unter optimalen Bedingungen bereits nach fünf Monaten.

Merkmale: Weibchen im Mittel 43, maximal 55 mm, Männchen 15 % kleiner; kurze Beine, verhornter Metatarsaltuberkel („4. Kralle"); unteres Augenlid bedeckt weniger als ein Drittel des Auges; 5–12, im Mittel 7,7 Lateralorgane ums Auge; dorsal oliv bis dunkelbraun, keine größeren Flecken, ventral hellgrau bis weißlich, mehr oder weniger dicht dunkel gesprenkelt;

Rückenhaut vor allem am Kopf des Männchens mit vielen winzigen „Wärzchen".

Ruf: Tief, rasselnd, dauert mehrere Sekunden: „roar roar..."

Silurana sp. (*epitropicalis*-ähnlich)

HERRMANN (2001) bildet eine >*Silurana „paratropicalis*"< ab, die er schon 1994 als >„*Silurana paratropicalis*"< erwähnt hatte. Dabei ist zu beachten, dass diese Bezeichnungen zumindest zurzeit keinen gültigen Artnamen darstellen – HERRMANN nutzte hier ganz offenbar, wie schon im Falle von >„Xenopus ethiopii"< (s. u.), Arbeitsnamen aus den Labors seiner Kollegen. Tatsächlich handelt sich bei dieser *Silurana*-Art um eine noch unbeschriebene Form aus dem Westen Kongos, die in der „Station de Zoologie expérimental" der Universität Genf gezüchtet und von Dr. C. Thiébaud bearbeitet wird. Sie ist *epitropicalis*-ähnlich, mit vierter Kralle, kurzen Augententakeln und 40 Chromosomen. Allein anhand des Karyotyps lassen sich die Frösche kaum von *S. epitropicalis* unterscheiden. Lediglich die Sterilität der Nachkommen aus einer Kreuzung beider Taxa zeigt, dass es sich tatsächlich um zwei gute Arten handelt (Dr. CHARLES THIÉBAUD, schriftl. Mittlg.).

Silurana sp. (epitropicalis-ähnlich), Weibchen (Nkoemuone) („Station de Zoologie expérimental" der Universität Genf) Foto: S. Chraiti/K. Kunz

Silurana sp. (epitropicalis-ähnlich), Weibchen (Nkoemuone) („Station de Zoologie expérimental" der Universität Genf) Foto: S. Chraiti/K. Kunz

2) *Xenopus*-Gruppe

Die Arten dieser Gruppe unterscheiden sich von denen der *Silurana*-Gruppe u. a. durch ihren Karyogrundtyp von 18 Chromosomen, acht nicht fusionierte präsakrale Wirbel, größere Augen (Durchmesser etwa halb so groß wie der Augenabstand), nicht verwachsene Kloakallappen, die aneinander stoßen oder sich überlappen, und einen bei manchen Arten auftretenden kleinen dritten Kloakallappen. Rücken- und Bauchfärbung sind lateral meist scharf abgesetzt.

2 a) *laevis*-Untergruppe

Arten der *laevis*-Untergruppe zeichnen sich u. a. durch folgende Merkmale aus: Tetraploider Chromosomensatz (2n=2X=36), kräftige und lange Beine, kaum sichtbarer oder kleiner Metatarsaltuberkel; Augententakel fehlen oder sind kürzer als der halbe Augendurchmesser.

Xenopus laevis (Daudin, 1803)

Großer Krallenfrosch
African Clawed Frog; Clawed Toad; Clawed Frog; Common Platanna; Platanna; Plathander; Upland Clawed Frog; in englischsprachigen Internetforen meist abgekürzt als „ACF" (African Clawed Frog)

Die systematische Stellung der als *X. laevis* eingestuften Tiere ist sehr schwierig zu beurteilen. Einerseits sind die geographischen Formen in Hinblick auf ihr Äußeres und den Ruf so weit voneinander entfernt, dass man von einer Trennung auf Artniveau ausgehen muss. Andererseits produzieren diese Formen fruchtbare Nachkommen, wenn man sie untereinander kreuzt. Momentan werden sie deshalb alle noch unter der Kategorie des *laevis*-Rassenkreises geführt. *X. l. laevis* jedoch ist von den übrigen Taxa genetisch so stark distanziert, dass man dieser Form wohl Artrang zugestehen muss. Auch *petersii* wird neuerdings zunehmend als valide Art betrachtet (Channing 2001). Da aber eine umfassende Revision bislang noch nicht durchgeführt wurde und zurzeit nicht abzusehen ist, ob *Xenopus petersii* allgemein als eigenständige Art anerkannt wird, bleibe ich im Folgenden bei der bislang noch üblichen Einordnung.

Xenopus laevis*, Albino („Station de Zoologie expérimental" der Universität Genf) Foto: K. Kunz

Was die Temperaturen des Verbreitungsgebietes angeht, ist *X. laevis* nicht eng spezialisiert. Er kommt mit relativ kühlen Werten ebenso zurecht wie in Gebieten, die so heiß sind wie die von *X. muelleri* bewohnten. Man trifft die Art dementsprechend in klaren, kalten und schnell strömenden Bergflüssen ebenso wie in seichten, warmen und schlammigen Wasserlöchern, auf weichem oder felsigem Untergrund und sowohl in saurem als auch in alkalischem Wasser.

Haltung und Zucht: Im Gegensatz zu vielen Literaturangaben pflegt man *X. l. laevis* (in der Regel kommt man nur an Exemplare der Nominatform) am besten bei Zimmertemperatur. Die Tiere laichen im Bereich zwischen 13 und 28 °C, bevorzugt aber zwischen 18 und 22 °C. Aufzucht der Larven bei 22–24 °C. Die Savannenform *X. l. sudanensis* sollte wärmer gepflegt werden. *X. laevis* erreicht die Geschlechtsreife bei optimaler Haltung bereits mit sechs Monaten, doch realistischer sind ein bis zwei Jahre. Albinos sind in der Haltung empfindlicher als der Wildtyp.

X. l. bunyoniensis Loveridge, 1932

Verbreitung: Südwesten Ugandas und Ruandas

Lebensraum und Biologie: Diese Unterart besiedelt(e?) Hochlandseen ab 1800 m ü. NN. Vermutlich ist sie jedoch mittlerweile ausgestorben, möglicherweise verdrängt durch *X. wittei*, *X. vestitus* und *X. laevis victorianus*. Doch spielen vielleicht auch andere Ursachen eine Rolle: Bspw. Parker (1932) berichtet von schwer parasitierten

X. l. bunyoniensis und vermutet Zwergwuchs aufgrund von Mangelernährung. Mancherorts führte wohl auch das Aussetzen von Fischen zum Erlöschen der Populationen.

Merkmale: Dorsal mit unregelmäßigen dunklen Flecken, ventral ebenfalls meist stark gefleckt; vor allem untere Bauchregion gelb gefärbt; relativ lange Beine

Ruf: Unbekannt

X. l. laevis
(Daudin, 1803)

Verbreitung: Namibia mit Ausnahme des Nordwestens, Südafrika, Lesotho, Swaziland, südöstliches Botswana, Simbabwe, nordöstliches Mosambik, wahrscheinlich westliches Hochland Malawis

Merkmale: Weibchen 110, max. 130 mm, Männchen 25 % kleiner; Rückenfärbung variabel, von feiner Sprenkelung über eine komplexe Marmorierung bis hin zu größeren runden oder unregelmäßigen Flecken, von gelblich bis dunkel; Bauchfärbung gelblich weiß ohne Flecken bis hin zu dicht gefleckt

Ruf: Sehr lange Triller, Impulsrate und Zahl der Impulse in der ersten Hälfte des Trillers höher, die zweite Hälfte rasselnd: „riitrrriitrrr...“; etwa 1–2 „riitrrr“ pro Sekunde

Xenopus l. laevis, Weibchen („Station de Zoologie expérimental“ der Universität Genf) Foto: S. Chraiti/K. Kunz

X. l. petersii
du Bocage, 1895

Verbreitung: Namibia und nördliches Botswana durch Sambia nördlich bis Dem. Rep. Kongo und möglicherweise bis Malawi und westliches Simbabwe

Merkmale: Weibchen 65, max. 80 mm, Männchen 25 % kleiner; Rückenfarbe dunkel graubraun mit wenigen kleinen und unregelmäßigen Flecken; ventral von ungefleckt bis zu stark mit großen unregelmäßigen Malen gezeichnet

Ruf: Unbekannt

X. l. poweri
Hewitt, 1927

Verbreitung: Nördliches Namibia, Angola mit Ausnahme des Nordwestens, Okawango (Botswana), Sambia, südöstliche Demokratische Republik Kongo, eventuell südwestliches Tansania (Uzungwe-Berge)

Merkmale: Weibchen 65 bis max. 79 mm, Männchen 20 % kleiner; dorsal dunkel olivbraun, mit 8–15 runden, dunklen Flecken auf dem Rücken und einigen auf den Beinen; Bauchseite ungefleckt bis stark mit Melanophoren gesprenkelt

Ruf: Kurze, tiefe und rasselnde Triller: „gra, gra, gra...“; ca. 4–5 „gra“ pro Sekunde

Xenopus laevis poweri, Männchen („Station de Zoologie expérimental“ der Universität Genf) Foto: S. Chraiti/K. Kunz

X. l. sudanensis
Perret, 1966

Verbreitung: Jos-Plateau und östliches Nigeria, Hochland von West- und Zentralkamerun sowie der Zentralafrikanischen Republik

Lebensraum: Typische Savannenform

Merkmale: Weibchen 57, max. 66 mm, Männchen 20 % kleiner; dorsal oliv, fein mit kleinen und einigen größeren rundlichen dunklen Flecken gezeichnet, kleine Flecken auch auf der Dorsalseite der Beine; ventral mit wenigen Flecken auf den Oberschenkeln und im unteren Bauchbereich

Ruf: Rasselnde ungleichmäßige Triller: „critr-tr-tr-tritr..."

***Xenopus laevis sudanensis*, Weibchen (Ngaoundere) („Station de Zoologie expérimental" der Universität Genf)**
Foto: S. Chraiti/K. Kunz

***Xenopus laevis sudanensis*, Männchen (Ngaoundere) („Station de Zoologie expérimental" der Universität Genf)**
Foto: S. Chraiti/K. Kunz

X. l. victorianus
Ahl, 1924

Verbreitung: Nördliches Tansania, Burundi, Ruanda, östliche Demokratische Republik Kongo, Uganda und angrenzender Sudan, südwestliches Kenia

Lebensraum: Meist zwischen 800 und 1400 m ü. NN

Merkmale: Weibchen 62, max. 78 mm, Männchen 25 % kleiner; Färbung sehr variabel: Rückenfärbung gelblich bis grünbraun, einfarbig oder mit kleinen Punkten gesprenkelt, einige größere Flecken auf Rücken und Gliedmaßen; ventral nur schwach gefleckt, manchmal nur an Beinen oder Bauch; manchmal helles Band am Be-

***Xenopus laevis victorianus*, Weibchen (Kytanga) („Station de Zoologie expérimental" der Universität Genf)**
Foto: S. Chraiti/K. Kunz

***Xenopus laevis victorianus*, Männchen (Kytanga) („Station de Zoologie expérimental" der Universität Genf)**
Foto: S. Chraiti/K. Kunz

cken; Kopf breit, von parabolischer bis mehr abgerundeter Form

Ruf: Schnelle Serien sehr kurzer Triller: „drick-drick, drick..."

Xenopus laevis ssp.

Eine noch unbeschriebene Unterart von *X. laevis* aus dem Malawi-See, die in der „Station de Zoologie expérimental" der Universität Genf gezüchtet und von Dr. C. Thiébaud bearbeitet wird.

***Xenopus laevis* ssp., Weibchen („Station de Zoologie expérimental" der Universität Genf)** Foto: S. Chraiti/K. Kunz

Merkmale: Weibchen 55, max. 60 mm, Männchen ca. 30 % kleiner; Metatarsaltuberkel sehr schwach ausgeprägt, keine Augententakel; unteres Lid bedeckt Hälfte des Auges; Kopf zugespitzt, stark lang gezogene Schnauze; dorsal gelblich grünbraun, dunkelgrau oder je nach Beleuchtung hell- oder dunkelbraun, dunkle Flecken oft in Längsreihen, längliche Flecken hinter den Augen, unterer Teil des Rückens mit unregelmäßigen dunklen Flecken, Beine gesprenkelt; ventral ungefleckt bis stark gefleckt, helle Netzzeichnung, oft leuchtend gelb oder gelblich braun, Beine weiß granuliert

Ruf: 1–3 kurze Triller pro Sekunde: „vrii, vrii, vrii..."

Xenopus gilli
Rose & Hewitt, 1927

Kap-Krallenfrosch
Cape Clawed Frog; Cape Clawed Toad; Cape Platanna

Verbreitung: Ursprünglich Kap-Halbinsel und Küstenstreifen bis Kap Agulhas, Südafrika; heute nur noch auf der Kap-Halbinsel und im Gebiet von Betty's Bay/Kleinmond; die einzige Pipidenart, die in der Roten Liste der bedrohten Arten der IUCN geführt wird. Ihr Status wird in der Version 2000 als „verwundbar" angegeben, ist also aktuell nicht „kritisch bedroht" oder „bedroht", es besteht aber in der näheren Zukunft ein hohes Risiko, dass sie aussterben könnte.

Lebensraum und Biologie: *X. gilli* besiedelt in seinem Verbreitungsgebiet, das von mediterranem Klima mit winterlichen Regenfällen gekennzeichnet ist, oligotrophes (nährstoffarmes) Schwarzwasser in häufig temporären Tümpeln mit einem pH bis hinab zu 3,4, doch liegen die Mittelwerte zwischen 5,0 und 6,6. Die Art ist stark gefährdet, zum einen durch Habitatwandel (z. B. Einführung neuer Pflanzenarten, deren Eintrag von Biomasse die Wasserchemie verändert) und -zerstörung, zum anderen durch Hybridisierung mit *X. laevis*. Bis 1989 war *X. gilli* in 60 % der ursprünglich besiedelten Habitate ausgerottet, heute steht er in Südafrika unter Schutz. Wurde schon im sandigen Boden ausgetrockneter Tümpel eingegraben gefunden; den Erstbeschreibern zufolge weniger aquatisch als *X. laevis*.

Xenopus gilli Foto: J. Fleck

Xenopus largeni
Tinsley, 1995

(1994 von Herrmann als >„Xenopus ethiopii" (Tinsley)< erfasst, was natürlich keinen gültigen Artnamen darstellt – Herrmann hatte hier ohne Autorisierung den Arbeitsnamen aus dem Labor Tinsleys verwendet.)

Largens Krallenfrosch

Verbreitung: Bale-Berge in Südäthiopien

Lebensraum und Biologie: Besiedelt im Hochland um 2600 m ü. NN sowohl seichte Lachen als auch größere Tümpel und andere Gewässertypen, teilweise syntop mit *X. clivii*; Wassertemperatur sinkt zeitweise bis auf mindestens 8 °C. Die Paarungszeit erstreckt sich zumindest über März und April. Kurios übrigens die Geschichte der (Wieder-)Entdeckung dieses Taxons, die mir Prof. Rungger erzählte: Tinsley & Co. kannten eine Beschreibung, die einen Kilometerstein als Landmarke eines Fundortes nannte. Trotz langer Suche in diesem Gebiet fanden sie allerdings keine Frösche – bis sie den umgekippten besagten Kilometerstein umdrehten, denn darunter saßen gleich mehrere der feuchten Kameraden. Ein Musterbeispiel für exakte Literaturangaben...

Merkmale: Genetisch innerhalb der Gruppe recht isoliert. Weibchen 55 cm, Männchen ca. 30 % kleiner; Metatarsaltuberkel kaum entwickelt; Augententakel fehlen oder nur als kleine Kegel angedeutet; unteres Augenlid klein, bedeckt weniger als ein Drittel des Auges; heller Zwischenaugenfleck; Rücken dunkelbraun oder oliv ohne größere Flecken, aber mit unregelmäßig verteilter, feiner schwarzer Punktierung; ventral dunkelgelb, mit unregelmäßigen kleinen Flecken aus Melanophoren bis zur Kehle. Die Larven sind sehr einfach anzusprechen, da es sich bei ihnen um die einzigen *Xenopus*-Kaulquappen ohne Tentakel handelt.

Ruf: 0,5 s dauernde Triller: „whriiing, whriiing...", nach anderen Quellen langsamer, tief rollender Triller von 0,8 s Länge, rund 43 Töne pro Ruf und rund 25 Rufe pro Minute

Haltung und Zucht: Bei wechselndem Licht- und Temperaturregime laichten die Tiere spontan im späten Frühjahr bei steigender Lichtdauer und Temperaturen von 18–20 °C. Aufzucht der Quappen bei 22 °C.

Xenopus sp. (*laevis*-artig)

Eine große, noch unbeschriebene Art aus dem Kongo, die in der „Station de Zoologie expérimental" der Universität Genf gezüchtet und von Dr. C. Thiébaud bearbeitet wird. 36 Chromosomen.

Xenopus sp. (_laevis_-ähnlich), Weibchen („Station de Zoologie expérimental" der Universität Genf)
Foto: S. Chraiti/K. Kunz

Xenopus sp. (_laevis_-ähnlich), Männchen („Station de Zoologie expérimental" der Universität Genf)
Foto: S. Chraiti/K. Kunz

2 b) *muelleri*-Untergruppe

Die *muelleri*-Untergruppe umfasst große, kräftige Arten von 65–95 mm Länge, die allesamt tetraploid sind (2n=2X=36). Sie zeigen einen deutlich ausgeprägten, kegelförmigen oder spitzen Metatarsaltuberkel mit oder ohne verhornte Klaue und mittellange bis lange Augententakel, die einem bis zwei Dritteln des Augendurchmessers entsprechen. Das untere Augenlid bedeckt drei Viertel des Auges.

Xenopus muelleri (Peters, 1844) und *Xenopus* sp. (*muelleri*-ähnlich)

Müllers Krallenfrosch
Müller's Clawed Frog; Mueller's Clawed Frog; Muller's Clawed Frog; Tropical Platanna; Northern Platanna

Verbreitung: Es existieren zwei deutlich getrennte Populationen:

X. muelleri „Ost": Unterhalb 800 m ü. NN im südöstlichen Kenia (Mombasa, Simba-Höhen), Tansania inklusive beider Küsten des Tanganyika-Sees, Sansibar und Mafia, Sambia, Malawi, Okawango (Botswana), Simbabwe, Mosambik, östliches Südafrika nördlich St. Lucia/Empangeni

X. muelleri „West": Von Burkina Faso östlich bis südlicher Sudan

Obwohl die Ost- und die West-Form sehr ähnlich aussehen, unterscheiden sie sich in Ruf und Parasitenfauna sowie in ihrer Genetik so stark voneinander, dass sie mittlerweile als getrennte Arten betrachtet werden. Bei >*X. muelleri* ‚West'< handelt es sich also tatsächlich um *Xenopus* sp. (*muelleri*-ähnlich), der von Dr. C. Thiébaud bearbeitet wird. Ich führe beide Taxa hier dennoch zusammen auf, da den meisten diese Einteilung noch geläufig sein dürfte.

Lebensraum und Biologie: *X. muelleri* ist vor allem in trockenheißen Gebieten außerhalb des Regenwaldes und der Savannen mit größeren Gehölzbeständen anzutreffen, dringt jedoch auch in den Wald vor. Besiedelt werden temporäre oder permanente Gewässer, selbst Tieflandflüsse. In der Trockenzeit wandern die Frösche manchmal aus ihren Steppentümpeln an die Flussufer oder verbergen sich unter den feuchten Blättern austrocknender Wasserstellen und wohl auch im Schlamm. Bei Einsetzen heftiger Regenfälle wechseln die Tiere dann wieder in die Savanne. *X. muelleri* und *Xenopus* sp. treten mit anderen Arten sympatrisch auf. Schiotz (1963) schreibt, in Ibadan (Nigeria) habe er mehrfach *X. muelleri* (*Xenopus* sp.) und *X.* (*S.*) *tropicalis* in unmittelbar benachbarten Wasserlöchern angetroffen, jedoch nie in ein- und demselben.

Xenopus sp. (muelleri-ähnlich), Männchen (Nigeria) („Station de Zoologie expérimental" der Universität Genf)
Foto: S. Chraiti/K. Kunz

Xenopus muelleri, Weibchen (Ifakara) („Station de Zoologie expérimental" der Universität Genf)
Foto: S. Chraiti/K. Kunz

Merkmale: Weibchen 53, max. 75 mm, (*Xenopus* sp.: 65 [90]), Männchen 20 % kleiner; Metatarsaltuberkel kegelförmig und spitz; Augententakel misst zwei Drittel des Augendurchmessers; dorsal oliv bis graubraun mit fünf bis acht großen rundlichen Flecken, die mit zunehmendem Alter verblassen; Bauchseite gräulich, ungefleckt bis stark gefleckt, scharfe Trennlinie zwischen Dorsal- und Ventralfärbung

Ruf: Es existieren zwei unterschiedliche Ruftypen:

1) Eine Wiederholung zweipulsiger, leiser Töne, die an das Klappern eines (Holz-)Löffels auf einer Pfanne erinnern: „tick-tick-tick..." oder „pink, pink". Pro Sekunde etwa 4–8 „tick"

2) 2 Töne pro Sekunde mit je 5–12 Impulsen: „trra, traa..."

Xenopus borealis PARKER, 1936

Gelbgefleckter Krallenfrosch; Nördlicher Krallenfrosch
Marsabit Clawed Frog

Verbreitung: Kenia

Lebensraum und Biologie: Die Vorkommen liegen fast stets über 1500 m ü. NN – am Mt. Kenya bspw. in mehr als 3000 m ü. NN –, lediglich bei Marsabit auch niedriger. In diesem Hochlandlebensraum besiedelt *X. borealis* alle möglichen Gewässertypen, nur in schnell fließendem Wasser findet man ihn selten. Die Art zeigt eine Vorliebe für faulige, stark eutrophierte Tümpel. *X. borealis* scheint sich ganzjährig fortzupflanzen.

Merkmale: Weibchen 73, max. 95 mm, Männchen ca. 20 % kleiner; Metatarsaltuberkel kegelförmig, aber kleiner als bei *X. muelleri*; Augententakel misst etwa Hälfte des Augendurchmessers; dorsal dunkelbraun bis stahlblau, 30–40 unregelmäßige Flecken, die am unteren Rücken und den Beinen dichter stehen; ventral weiß, mehr oder weniger gefleckt

Ruf: Lange Serien einzelner lauter Klicks (ca. 2/s, manchmal bis zu 12/s), die an das Geräusch eines aufspringenden Tischtennis-Balls erinnern: „tack, tack..."

Xenopus borealis (Marsabit), Paar im Amplexus („Station de Zoologie expérimental" der Universität Genf)
Foto: S. Chraiti/K. Kunz

Xenopus clivii PERACCA, 1898

Äthiopischer Krallenfrosch
Eritrean Clawed Frog

Verbreitung: Eritrea, Äthiopien

Lebensraum und Biologie: Bewohnt Habitate von 820–3500 m ü. NN. Paarungszeit erstreckt sich zumindest auch über März und April; ökologisch hoch anpassungsfähige Art

Merkmale: Genetisch innerhalb der Gruppe recht isoliert. Weibchen 70, max. 82 mm, Männchen ca. 25 % kleiner; Metatarsaltuberkel mit

Xenopus clivii, Weibchen („Station de Zoologie expérimental" der Universität Genf)
Foto: S. Chraiti/K. Kunz

schwarzer Klaue; Augententakel misst etwa ein Drittel des Augendurchmessers; Rücken graubraun mit 15–30 unregelmäßigen Flecken; Bauch gefleckt oder uni. Gliedmaßen mit länglichen Flecken, Brunftschwielen des Männchens erstrecken sich im Gegensatz zu denen aller anderen *Xenopus*-Arten bis zur Brust.

Ruf: Rollende Triller (1/s): „qua, qua..."

2 c) Untergruppe der *fraseri*-Ähnlichen

Unter diese Kategorie fallen kleine bis mittelgroße Arten mit einem Chromosomensatz von 2n=36, 72 oder 108. Metatarsaltuberkel mit schwarzer Klaue; Gliedmaßen und Zehen relativ kurz und dünn; Rücken gräulich, vor allem bei Jungtieren mit einem typischen quer verlaufenden oder verlängerten dunklen Medianband hinter den Augen; die Augenlider sind groß, die Augententakel lang. Da die genauen Verbreitungsgrenzen all dieser Arten noch nicht erforscht wurden, besteht bei Exemplaren aus benachbarten Gebieten die Möglichkeit, dass sie zu noch unbeschriebenen Arten zählen.

Nach neueren Erkenntnissen scheinen *fraseri*- und *laevis*-Gruppe näher miteinander verwandt zu sein, als bislang angenommen.

***Xenopus amieti*, Männchen (Galim)** Foto: K. Kunz

***Xenopus amieti*, Weibchen mit Markierung (Galim)** Foto: K. Kunz

Xenopus amieti
Kobel, Du Pasquier, Fischberg & Gloor, 1980

Amiets Krallenfrosch
Volcano Clawed Frog

Oktoploid: 2n=4X=72

Verbreitung: Westkamerun vom Manengouba bis Kumbo

Lebensraum und Biologie: Man findet die Art zwischen dem Tieflandregenwald und den trockenen montanen Wäldern und Savannen in einer Vielzahl verschiedener Biotope, bspw. in hoher Populationsdichte in verbliebenen Wasserlöchern zugewachsener Seen oder in Sümpfen, künstlichen Fischteichen oder im Uferbereich von Seen, in Höhenlagen von 600–2400 m ü. NN. Paarungszeit vermutlich während der sommerlichen Regenfälle.

Merkmale: Weibchen 53, max. 57 mm, Männchen ca. 25 % kleiner; Augententakel kleiner als halber Augendurchmesser; unteres Lid bedeckt Hälfte des Auges; Rücken dunkel graubraun oder grau, manchmal golden punktiert, oft Querband hinter den Augen vorhanden; wenige unregelmäßige dunkle Flecken auf Rücken und Beinen; ventral gelb und cremefarben, silbrig, dunkel marmoriert

Ruf: Etwa 2 kurze, hohe metallische Triller („cri, cri...") pro Sekunde

Xenopus andrei
Loumont, 1983

Andres Krallenfrosch
Andre's Clawed Frog

Oktoploid: 2n=4X=72

Verbreitung: Kamerun, nördliches Gabun, westliche Zentralafrikanische Republik

Lebensraum: Küstenregenwälder

Merkmale: Weibchen 40, max. 45 mm, Männchen ca. 5–10 % kleiner; ähnelt *X. fraseri* sehr stark, aber unteres Lid bedeckt nur Hälfte des Auges. Meine eigenen Tiere aus dem Bestand der „Station de Zoologie expérimental" der Universität Genf zeigen an den Flanken einen leichten Goldglanz.

Ruf: Halbsekündige Triller: „riing, riing...", 70 pro Minute Umklammerungsruf meiner Tiere ziehend-rollend, „njeeeep, njeeeep". Der Ruf klingt, wie wenn man über eine tiefe Gitarrensaite kratzt, ca. 0,5 s, alle 1–2 Sekunden. Weibchen (mutmaßlich) lässt einen Summton als Abwehrlaut ertönen. Männchen ruft auch während des Schwimmens. Beim Umsetzen von 20 °C warmem in 24 °C aufweisendes Wasser ließ mein Männchen mehrmals eine Ruffolge hören, die wie „tack-tack" klang. Auch bei dieser Art wischt das Männchen übrigens über den Kopf des Weibchens. Rufphasen während der ganzen Nacht.

***Xenopus andrei*, Weibchen (Longyi)** Foto: K. Kunz

Dasselbe Weibchen wie links, ventral Foto: K. Kunz

***Xenopus andrei*, Männchen (Longyi)** Foto: K. Kunz

Dasselbe Männchen wie links, ventral Foto: K. Kunz

Xenopus boumbaensis
Loumont, 1983

Boumba-Krallenfrosch
Mawa Clawed Frog
Oktoploid: 2n=4X=72

Verbreitung und Lebensraum: Regenwald des oberen Boumba-Tals in Kamerun

Merkmale: Sehr ähnlich wie *X. fraseri*; Augen etwas größer; Weibchen 46, max. 54 mm, Männchen 25–30 % weniger; unteres Lid bedeckt drei Viertel des Auges; dorsal gelblich oliv, länglicher Mediantleck zwischen und hinter den Augen, Augententakel rund 0,9 mm lang; zahlreiche kleine Flecken auf Rücken und Gliedmaßen; ventral glänzen meine Tiere silbrig.

Xenopus boumbaensis, markiertes Weibchen (Moloundou)
Foto: K. Kunz

Xenopus boumbaensis, Weibchen ventral (Moloundou)
Foto: K. Kunz

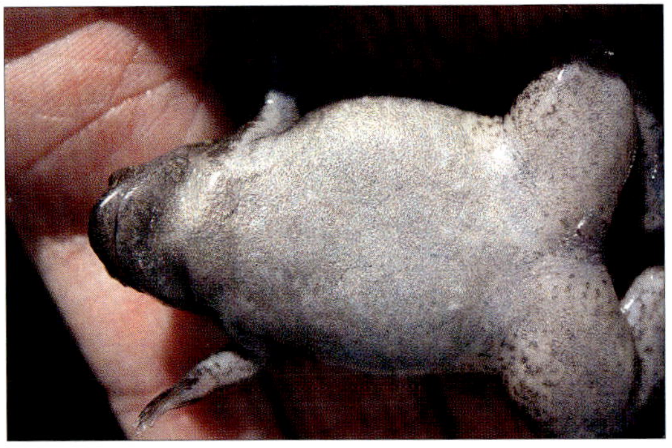

Xenopus boumbaensis, Männchen (Moloundou)
Foto: K. Kunz

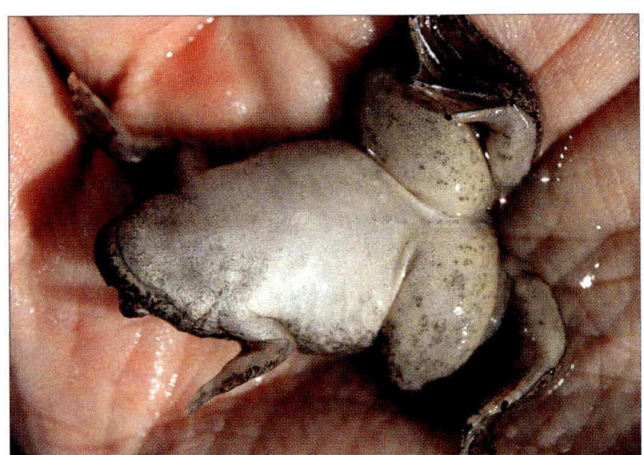

Xenopus boumbaensis, Männchen ventral (Moloundou)
Foto: K. Kunz

Ruf: 1–2 einzelnde metallische Impulse „crick, crick…“ von 0,002 s Dauer, rund 70 pro Minute; die Rufe meiner Tiere klingen, wie wenn man mit einem porösen Stein auf einen anderen klopft. Auch tagsüber erfolgen Rufe und Klammerversuche. Der Ruf beim Klammern hört sich genau wie der Anzeigeruf an.

Xenopus fraseri
Boulenger, 1905

Fraserscher Krallenfrosch, Frasers Krallenfrosch
Fraser's Clawed Frog
Tetraploid: 2n=2X=36

***Xenopus fraseri*, Männchen (Yaoundé)** Foto: K. Kunz

***Xenopus fraseri*, Weibchen (Yaoundé)** Foto: K. Kunz

Verbreitung: Im zentralen Südkamerun und nördlichen Gabun

Lebensraum: Inland-Regenwälder meist unterhalb von 800, teilweise aber bis zu 1300 m ü. NN

Merkmale: Weibchen 42, max. 51 mm, Männchen 20–25 % kleiner; Augententakel misst zwei Drittel des Augendurchmessers; unteres Lid bedeckt die Hälfte bis zu drei Vierteln des Auges; 8,7 (7–11) Lateralorgane um das Auge; schmächtige Gliedmaßen; dorsal graubraun, häufig mit dunklem Querband hinter den Augen; unterer Rückenbereich und Gliedmaßen mit Wurmzeichnung; Bauch weißlich, Oberschenkel rötlich

Ruf: Sehr lange, klagende Triller: „iii ... iiing, ii ... iiing...", 150 Pulse pro Sekunde

Xenopus pygmaeus
Loumont, 1986

Pygmäen-Krallenfrosch
Bouchia Clawed Frog
Tetraploid: 2n=2X=36

Verbreitung: Zentralafrikanische Republik bis nordöstliche Demokratische Republik Kongo

Lebensraum: Sümpfe im Regenwaldgebiet, sympatrisch mit *X. muelleri*, *X. andrei* und *S. epitropicalis*

Merkmale: Ähnelt stark *X. andrei*; Weibchen 35, max. 44 mm, Männchen 5–10 % kleiner; unterscheidet sich von *X. fraseri* durch das kürzere Lid, das nur ein Drittel bis zur Hälfte des Auges bedeckt, und durch die höhere Zahl von Lateralor-

***Xenopus pygmaeus*, Weibchen (Dem. Rep. Kongo) („Station de Zoologie expérimental" der Universität Genf)**
Foto: S. Chraiti/K. Kunz

***Xenopus pygmaeus*, Männchen (Dem. Rep. Kongo) („Station de Zoologie expérimental" der Universität Genf)**
Foto: S. Chraiti/K. Kunz

ganen um das Auge [10,7; (9–13)]; dorsal grau, grünlich oder braun, besonders an den Beinen mit leicht rötlichem Anflug, unterer Rückenbereich marmoriert; Rückenzeichnung besteht oft aus zwei parallelen oder hufeneisenförmig nach hinten zusammenlaufenden dunklen Streifen oder einem Querband hinter den Augen oder einem Medianband oder einer Kombination aus Quer- und Medianband; ventral weißlich grau, ungefleckt

Ruf: Lange knatternde Triller mit 30 Impulsen pro Sekunde: „cracrracrocra..."

Xenopus ruwenzoriensis TYMOWSKY & FISCHBERG, 1973

Ruwenzori-Krallenfrosch
Uganda Clawed Frog
Dodekaploid: 2n=6X=108

Verbreitung: Semliki-Tal in Uganda

Merkmale: Weibchen 55, max. 57 mm, Männchen 20–25 % kleiner; ähnelt sehr stark *X. pygmaeus*, ist jedoch größer, besitzt kürzere Augententakel und eine mehr bräunliche oder graue Rückenfärbung mit wenigen, großen Flecken; oft dunkles, graubraunes Querband hinter den Augen, bei Jungtieren am deutlichsten sichtbar; Bauch weißlich grau mit wenigen dunklen Flecken, Oberschenkel ventral oft gelblich und stark gefleckt

Xenopus ruwenzoriensis*, Männchen (Semliki-Wald) („Station de Zoologie expérimental" der Universität Genf) Foto: S. Chraiti/K. Kunz

Xenopus ruwenzoriensis*, markiertes Weibchen (Semliki-Wald) („Station de Zoologie expérimental" der Universität Genf) Foto: S. Chraiti/K. Kunz

Ruf: Zwei kurze, hohe metallische Triller: „cri, cri..." pro Sekunde

Xenopus sp. (*fraseri*-ähnlich)

Eine noch unbeschriebene Art aus dem Kongo mit 72 Chromosomen, vierter Kralle und langen Augententakeln, die in der „Station de Zoologie expérimental" der Universität Genf gezüchtet und von Dr. C. Thiébaud bearbeitet wird.

***Xenopus* sp. (*fraseri*-ähnlich), Weibchen („Station de Zoologie expérimental" der Universität Genf)** Foto: S. Chraiti/K. Kunz

Xenopus sp. (fraseri-ähnlich), Männchen („Station de Zoologie expérimental“ der Universität Genf)
Foto: S. Chraiti/K. Kunz

***Xenopus vestitus*, Weibchen (Aus: Tinsley 1973, J. Zool., Lond. 169)**

2 d) *vestitus/wittei*-Untergruppe

Sie umfasst zwei nahe verwandte, je nach Auffassung oktoploide oder allotetraploide Arten mit 2n=72, die wahrscheinlich aus der Hybridisierung je zweier Arten hervorgingen, wobei der gemeinsame Vorfahre wohl eine *laevis*-Unterart war. Die Tiere zeigen einen kleinen Metatarsaltuberkel. Das untere Lid bedeckt ein Drittel bis die Hälfte des Auges, die Augententakel messen ein Drittel des Augendurchmessers, die Zahl der Lateralorgane ums Auge beträgt 8–14; obwohl beide Arten einander morphologisch stark ähneln, besitzen sie deutlich verschiedene Färbungen und Rufe.

Xenopus vestitus
Laurent, 1972

Geschmückter Krallenfrosch
Kivu Clawed Frog

Verbreitung: Hochland um die Virunga-Vulkane, Ruanda, Uganda und angrenzende Demokratischen Republik Kongo

Lebensraum: Besiedelt in 1200–2100 m ü. NN (selten tiefer) Flüsse, temporäre Sümpfe, große Seen; Kulturfolger; sowohl in relativ dichtem Wald als auch in offenem Gelände anzutreffen; im Areal bspw. Regenfälle von 75–110 mm im Jahr, mittlere Höchst- und Tiefsttemperaturen bei 24 bzw. 10 °C, pH 7,4–8,5; sympatrisch mit *X. laevis victorianus*, *X. l. bunyoniensis* und *X. wittei*; bei Expeditionen im November wurden Pärchen im Amplexus gefunden, doch erstreckt sich die Laichperiode möglicherweise über längere Zeit.

Merkmale: Weibchen 47, max. 55 mm, Männchen ca. 20 % kleiner; dorsal braun mit charakteristischer heller, silbrig goldener bis bronzefarbener Musterung; Kopf oft heller („Kappe“) und vom Rumpf durch ein dunkles Querband abgesetzt; häufig Zwischenaugenband, dunkle Schnauze, aber helle Schnauzenspitze; ventral inklusive Kehle häufig stark gefleckt bis fast gänzlich dunkel, lediglich einen hellen Brustfleck und ein helles Band in der Beckenregion ausgenommen, die durch ein ebenfalls helles Medianband verbunden sind; Kopf keilförmig bis spitz zulaufend mit recht langer Schnauze; relativ kleine Augen weit lateral, mit Zwischenaugenfleck; winzige weiße Pünktchen über die Körperoberfläche verteilt, besonders viele auf der Schnauze

Ruf: Halbsekündige Triller: „tring, triing...“

Haltung und Zucht: Laicht spontan bei einer Haltung unter konstanten Bedingungen (22 °C, reichliche Füttertung mit *Tubifex*). Beim Ablaichen nach Hormongaben legen die Weibchen rund 250 Eier, manchmal bis zu 500.

Xenopus wittei
Tinsley, Kobel & Fischberg, 1979

Wittes Krallenfrosch
Witte's Clawed Frog

Verbreitung: Hochland um die Virunga-Vulkane, Ruanda, Uganda und angrenzende Demokratische Republik Kongo

Lebensraum und Biologie: Besiedelt in Höhen von 1600–2600 m ü. NN verschiedene Biotope wie Wasserlöcher, Weiher, Seen, Flüsse; teilweise bis zu pH 8,7 und hohe Konzentrationen von Fe-, Mn- und Al-Ionen; im undurchdringlichen Wald ebenso wie in der Bambus-Zone, Papyrus-Sümpfen oder Lavafeldern anzutreffen; Kulturfolger, auch in gerodeten Gebieten; teilweise in hoher Populationsdichte: So fanden sich in der Falle eines Fischers 271 Exemplare; sympatrisch bis syntop mit *X. laevis victorianus*, *X. l. bunyoniensis* und *X. vestitus*. Weibchen mit reifen Ovarien und Männchen mit Brunftschwielen wurden in verschiedenen Gegenden in den Monaten von Januar bis April, August und Dezember gesammelt, Kaulquappen fand man im August und Mai, teilweise in allen Stadien.

Merkmale: Weibchen 46, max. 61 mm, Männchen ca. 20 % kleiner; Rücken einfarbig dunkel- bis schokoladenbraun, graugrün, gelbgrün oder oliv ohne Musterung; ventral gelblich weiß, hellgelb, gelblich orange oder rötlich orange, mit wenigen kleinen Flecken, besonders auf den Beinen, bis zu stark gefleckt, inklusive Kehle; Ventralseite manchmal auch dunkelbraun; wenn Ventralseite stark dunkel gefleckt, häufig je ein helles Querband in der Beckenregion und zwischen den Armen, verbunden durch eine ebenso helle Medianlinie; Bauchfärbung scharf von der der Oberseite abgegrenzt, die Trennlinie zwischen Dorsal- und Ventralfärbung kann genau lateral bis mehr ventral oder dorsal verlaufen; Haut manchmal transparent, sodass innere Organe durchscheinen; Kopf abgerundet (von halbkreisförmig bis lang gezogen parabolisch) mit relativ größeren Augen, die weit lateral stehen und einen größeren Abstand zueinander aufweisen als bei der

Xenopus wittei, Männchen (Echuya x Mulehe)
Foto: K. Kunz

Xenopus wittei, Weibchen (Echuya x Mulehe) Foto: K. Kunz

Schwesterart; recht große Unterschiede zwischen einzelnen Populationen, bspw. von den Tieren aus Echuya im Vergleich zu anderen ugandischen Artgenossen.

Ruf: lange „klingelnde" Triller: „trrrirrrirrri..."

Haltung und Zucht: Im Labor wurden die Tiere bei 14–16 °C und 13 cm Wasserstand gehalten sowie mit Rindfleisch und Grillen gefüttert. Es kam zu Paarungen, wenn das 50 cm hohe Becken aufgefüllt wurde oder wenn es Sonnenlicht erhielt. Mein Pärchen dagegen meidet Sonnenlicht und schwimmt bei starkem Sonneneinfall unruhig und Schutz suchend umher. In einem Bericht über eine andere Haltung wurden als Temperatur dauerhaft 22 °C und als Nahrung *Tubifex* genannt, und man induzierte die Paarung mit Hormongaben, da die Tiere unter diesen Verhältnissen nicht spontan laichten. Der Nachwuchs erreichte unter konstanten Bedingungen (22 °C, Licht, reichliche Fütterung) die Geschlechtsreife in neun Monaten.

2 e) *longipes*-Untergruppe

Die einzige Art dieser „Gruppe" weist Körpermerkmale auf, die sie zwischen *Silurana* und *Xenopus* stehen lässt: So zeigt sie u. a. wie *Silurana* kleine „Wärzchen" auf Kopf und Rücken, aber acht freie präsakrale Wirbel, große Augen und Charakteristika des Karyotyps wie *Xenopus*. Der Bau des Schädels dagegen unterscheidet sich von dem aller anderen Krallenfrosch-Arten.

Xenopus longipes
Loumont & Kobel, 1991

Langfüßiger Krallenfrosch
Savanna(h) Clawed Frog

Dodekaploid: 2n=6X=108

Verbreitung: Oku-See in Kamerun

Lebensraum: In 2220 m ü. NN; die Ränder des Sees sind mit Bergwald bewachsen, der große See selbst ist oligotroph. Nach Regenfällen konnte man beobachten, wie die Tiere zu Hunderten die Köpfe aus dem Wasser streckten; Fänge zu Ende April 1990 erbrachten unterernährt wirkende Exemplare

Aussehen: Weibchen 34, max. 36 mm, Männchen ca. 15 % kleiner; große Augen, unteres Augenlid bedeckt ein Drittel des Auges; Augententakel misst ein Drittel des Augendurchmessers; Beine lang und dünn, lange Füße mit dunklen Schwimmhäuten, fünfte Zehe ein Drittel länger als der Unterschenkel, Metatarsaltuberkel mit schwarzer Klaue; Rücken dunkel karamell bis braun oder goldbraun, kann stark mit kleinen und einigen großen Flecken gesprenkelt und marmoriert sein; ventral dicht schwarz marmoriert, Bauch und Kehle oft beinahe schwarz, ansonsten weißlich, gräulich bis leuchtend orange; Haut wie bei *Silurana* mit winzigen keratinisierten Wärzchen übersät, bei Männchen dichter.

Ruf: unbekannt

Haltung und Zucht: Möglicherweise eine etwas heikle Art, von der meines Wissens keine Laborpopulation aufgebaut werden konnte.

Xenopus longipes, Weibchen (Aus: Loumont & Kobel 1991, Revue suisse Zool. 98/4)

Beziehung der Pipiden zum Menschen

Pipiden stehen in vielfältiger Beziehung zum Menschen. So tragen sie etwa durch das Verzehren von Mückenlarven zur Bekämpfung der Malaria bei. In Afrika werden große Mengen bestimmter *Xenopus*-Arten mancherorts in Fallen geködert, um sie als Nahrung oder Fruchtbarkeitsmedizin zu nutzen. Sie werden nach dem Fang oft im kochenden Wasser getötet und in der Sonne oder über mit Holz beheizten Öfen getrocknet oder aber in Blättern eingerollt und in Suppe gegart.

Durch das Anlegen von Bewässerungs- oder Dränagesystemen bietet der Mensch den Tieren häufig ideale Lebensbedingungen und erleichtert ihre Ausbreitung entlang solcher Strukturen, was besonders *Xenopus* und *Pipa* zu nutzen wissen. Vertreter beider Gattungen wurden aber auch bereits als ernst zu nehmende Schädlinge in Fischkulturen beschrieben, da die Larven mit den Jungfischen um das Futter konkurrieren und erwachsene Frösche als Räuber auftreten. *Xenopus laevis* bspw. wird in Südafrika deshalb durch Barrieren vom Eindringen in die Teiche abgehalten oder durch Raubfische bekämpft. Andererseits führte das Aussetzen von Fischen wohl zumindest in manchen Fällen zum Zusammenbruch von *Xenopus*-Populationen. Und vor allem die Zerstörung ihrer Lebensräume bedroht einige Arten: So wurde der Kap-Krallenfrosch durch die Vernichtung bzw. Verfälschung seiner Biotope (sowie die Vermischung mit *X. laevis*) beinahe ausgerottet, wie oben bereits erwähnt.

In vielen Gegenden der Welt außerhalb Afrikas hat es *Xenopus* als Ausreißer oder über absichtlich ausgesetzte Individuen geschafft, zumindest zeitweise mehr oder weniger stabile Populationen aufzubauen, so etwa in elf US-amerikanischen Staaten (wo daher teilweise die Haltung von *X. laevis* ebenso wie die der Zwergkrallenfrösche und Wabenkröten verboten ist, um Faunenverfälschung vorzubeugen), Chile, auf Ascension, der Isle of Wight, im südwestlichen und -östlichen England, Südwales, den Niederlanden und selbst Deutschland (bei Hamburg). Auch *Hymenochirus boettgeri* wurde in den USA schon im Freiland gefunden.

Xenopus laevis und *Hymenochirus boettgeri* werden in gewaltigen Stückzahlen für den Aquaristikhandel gezüchtet und stellen somit auch einen gewissen wirtschaftlichen Faktor dar.

Ein ganz besonderes Kapitel im Verhältnis des Menschen zu den Pipiden bildet die Forschung. Amphibien, ihre Embryonen und Kaulquappen spielen seit langem in der biologischen und biomedizinischen Forschung eine herausragende Rolle. Die in aller Regel äußere Entwicklung dieser Klasse prädestiniert sie zu ausgezeichneten Studienobjekten. Ein weiterer Vorteil, der Amphibien-Embryonen besonders für Transplantationsexperimente geeignet macht, liegt in der Energieversorgung der Zellen; jede besitzt nämlich einen eigenen Dottervorrat und ist dadurch in der Lage, in einem übertragenen Gewebeverband oder sogar als Einzelzelle zu überleben und sich weiter zu differenzieren – selbst in Salzlösung.

Mit *Xenopus laevis* wurde um die Jahrhundertwende erstmals eine aquatische Froschart gezüchtet, die seit den späten dreißiger Jahren eine kaum zu überschätzende Bedeutung für die Bioforschung gewinnen sollte. Seinem Einzug in die Laboratorien in aller Welt lag ursprünglich die Entdeckung zu Grunde, dass sich diese Art vorzüglich zu präzisen Schwangerschaftstests eignete. Bei diesem sog. „Hogben-Test" wurde Weibchen von *X. laevis* etwas Harn vermutlich schwangerer Frauen in den dorsalen Lymphsack injiziert. Der im Urin tatsächlich Schwangerer enthaltene Gehalt des Hormons Choriongonadotropin induzierte bei den Krallenfröschen eine Laichabgabe. In der Folge wurden vor allem in England große Mengen von *X. laevis* importiert, sodass bereits die Befürchtung auftauchte, er könne ausgerottet werden, denn es wollte keine regelmäßige Zucht gelingen. Dieses Problem bekam man jedoch in den Griff, als bekannt wurde, dass die Frösche durch Hormoninjektionen bei beiden Geschlechtern gezielt zum Ablaichen gebracht werden konnten. Nun war es möglich, den Großen Krallenfrosch zu beliebigem Zeitpunkt und in beliebiger Anzahl zu „produzieren", zumal auch die Haltung der Tiere und besonders der Kaulquappen ständig verbessert wurde. Allerdings rückte im Laufe der Zeit der ursprüngliche Zweck dieser Zuchtbemühungen, nämlich der Schwangerschaftsnachweis, in den Hintergrund.

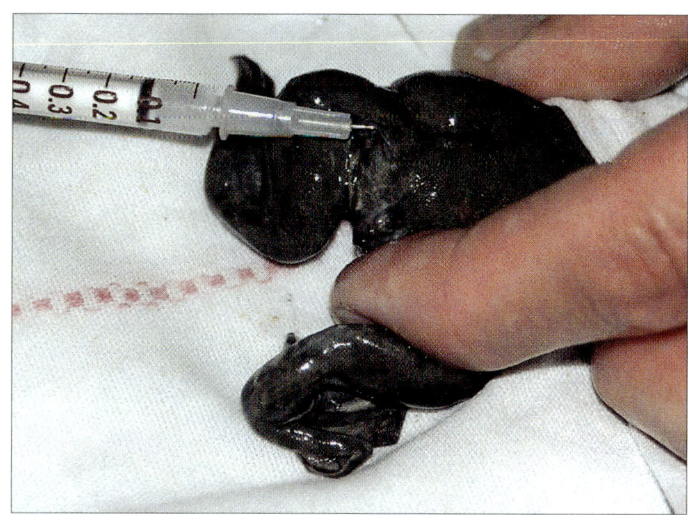

André Solaro injiziert an der „Station de Zoologie expérimental" der Universität Genf einem *Xenopus borealis* Hormone, um ihn zum Laichen zu stimulieren. Foto: K. Kunz

Seit den 50er-Jahren avancierte *X. laevis* aufgrund seiner einfachen Haltung und Zucht zum „Forschungsfrosch" schlechthin. Es folgten Untersuchungen über sein Verhalten, seine Embryonalentwicklung, Metamorphose, Regeneration, Hormon- und Sinnesphysiologie, Molekularbiologie, Genetik etc. *X. laevis* war das erste Wirbeltier, das erfolgreich geklont wurde, machte an Bord des Space Shuttle mehrfach Reisen ins All, und die pharmazeutische Industrie beginnt, wie erwähnt, die natürlichen Antibiotika im Hautsekret der Frösche für Salben zu nutzen. Man setzt besonders die Kaulquappen als Bioindikator für die dauerhafte und hoch sensible Testung der Qualität von Trinkwasser und natürlichen Gewässern und zur Detektion giftiger Substanzen ein, außerdem in der Medizin- und Pharmaforschung und in der universitären Didaktik.

Heute sind es auch und besonders die Eizellen, die in der Genetik-Forschung genutzt werden: Man implantiert sozusagen das „Programm" zur Herstellung bestimmter Zellkomponenten anderer Lebewesen, selbst von Pflanzen, in Krallenfrosch-Eizellen, die diese Komponenten dann produzieren.

Die Flut von Arbeiten über *X. laevis*, die jährlich in einschlägigen Zeitschriften erscheint, steigt ins Unermessliche. So weist bspw. eine Site im Internet ein Verzeichnis von über 27.000 (!) Artikeln über *X. laevis* auf (http://www3.ncbi.nlm.nih.gov/htbin-post/Entrez/query?db=m&form=4&term=xenopus[WORD,S]), und zur Entwicklung der Embryonen existieren gleich drei Normentafeln.

In jüngster Zeit gewinnt die Genforschung zunehmend an Bedeutung. Gerade für die Untersuchung genetischer Sachverhalte am Gesamtorganismus bietet *X. laevis* jedoch einige gravierende Nachteile. Zum Ersten besitzt er ein tetraploides Genom; es sind also Gene in zusätzlichen Kopien vorhanden, die aber nicht unbedingt auch funktionalen Charakter tragen müssen. Diese Tatsache erschwert es erheblich, Mutanten zu erzeugen, da unter Umständen vier Kopien eines Gens ausgeschaltet werden müssen. Auch die Erforschung der Genregulation an sich wird dadurch kompliziert, denn man muss herausfinden, welche Genloci wirklich aktiv und welche nur Pseudogene sind.

Der zweite Nachteil besteht in der langen Generationsdauer des Großen Krallenfrosches. Zwar kann er die Geschlechtsreife unter Umständen bereits nach acht Monaten erreichen, jedoch sind in der Praxis ein bis zwei Jahre realistischer. Dadurch werden alle Experimente, die sich über mehrere Generationen von Tieren erstrecken sollen, praktisch undurchführbar.

Eine hervorragende Alternative beginnt nun, sich in *Silurana tropicalis* abzuzeichnen. Gewisse Eigenheiten machen ihn dem Großen Krallenfrosch in den Augen der Gentechniker überlegen: Denn nicht nur, dass *S. tropicalis* ein diploides Genom aufweist; dieses ist mit nur 20 Chromosomen und 1,7 x 10^9 Basenpaaren (gegenüber 36 Chromosomen und 3,1 x 10^9 Basenpaaren bei *X. laevis*) auch wesentlich übersichtlicher.

Die Größe ihres Genoms und die Anzahl an Chromosomen lassen *S. tropicalis* auch gegenüber den beiden anderen wichtigen Wirbeltiermodellen für die Genforschung positiv abschneiden (Maus mit 40 Chromosomen und 3 x 10^9 Basenpaaren und Zebrabärbling mit 50 Chromosomen und 1,6 x 10^9 Basenpaaren).

Weitere Vorteile von *S. tropicalis* sind vor allem praktischer Natur. Mit 4–5 cm Körperlänge bleibt sie nämlich etwa halb so groß wie *X. laevis* und kann daher effizienter gehalten werden: Ein Laborstandard sieht bspw. 96 Exemplare von *X. laevis* oder 400 *S. tropicalis* pro 515 Liter vor. Und während *X. laevis* bei einer Laichabgabe etwa 300–1000 Eier produziert, kann ein Gelege von *S. tropicalis* 1000–3000 Eier umfassen, die zwar kleiner als die von *X. laevis* sind, sich aber noch gut manipulieren lassen. Dieser Umstand trifft auch auf die Kaulquappen von *S. tropicalis* zu, deren Metamorphose schneller als die von *X. laevis* verläuft und die weniger Variationen von Gelege zu Gelege und von Tier zu Tier aufweisen. Die Zellen von *S. tropicalis* bieten dem Forscher geringeren Widerstand, da sie weniger zäh und deshalb besser schneidbar sind. Und schlussendlich hofft man, die ohnehin kurze Generationszeit von nur fünf Monaten bei *S. tropicalis* durch Perfektion des Pflegemanagements sogar noch auf drei bis vier Monate drücken zu können. Experimenten über mehrere Generationen von Tropischen Krallenfröschen stünde damit nichts mehr im Wege. Dabei kommt den Forschern zugute, dass die Arbeits- und Untersuchungsmethoden, die für *X. laevis* entwickelt wurden, aufgrund der engen Verwandtschaft direkt auf *S. tropicalis* übertragen oder zumindest leicht angepasst werden können.

Daher kann man prognostizieren, dass *S. tropicalis* in absehbarer Zeit (neben der Bedeutung für die klassischen Forschungsgebiete wie Entwicklungsbiologie, Sinnesphysiologie usw.) zum Wirbeltier-Modell der Zukunft für molekulare und genetische Studien avancieren wird.

Ein wichtiges Nahziel auf diesem Weg haben die Biologen bereits erreicht: Es gelang ihnen, das an *X. laevis* erprobte Verfahren zur Erzeugung transgener Frösche für *S. tropicalis* zu modifizieren, sodass man nun schnell, einfach und in großen Mengen transgene Tiere erzeugen kann. Zu diesem Zweck wird DNA in isolierte Kerne von Spermien eingebracht, die dann in unbefruchtete Eizellen transplantiert werden. An solcherart gewonnenen transgenen Tieren lassen sich bspw. nach Mutationen die verantwortlichen Strukturen leicht nachweisen, was die Erstellung von Genkarten erleichtert.

Auch die Methoden, haploide (mit der Hälfte des normalen Chromosomensatzes ausgestattete) und gynogenetische (mit normalem Chromosomensatz ausgestattete, jedoch durch Parthenogenese, also Jungfernzeugung entstandene) Tiere zu produzieren, erwiesen sich als für *S. tropicalis* leicht übertragbar. Solche haploiden und gynogenetischen Frösche eignen sich besonders zur Aufdeckung rezessiver Mutationen.

Diese wenigen Einblicke in die ehrgeizigen Forschungsprojekte lassen bereits die gewaltigen Möglichkeiten ahnen, die *S. tropicalis* für die Genforschung und damit langfristig auch für die Humanmedizin bietet.

Besonders spektakulär sind auch die zurzeit durchgeführten vor allem genetisch-embryologischen Studien an Krallenfröschen *Xenopus* und *Silurana*, bei denen ein Gen, das kontrolliert, wo ein Protein aktiv ist, mit einem grün fluoreszierenden Quallenprotein kombiniert wird. Es resultieren dann bspw. Tiere, bei denen Augen und Nervensystem neongrün leuchten.

Zurzeit wird langsam damit begonnen, auch *H. boettgeri* als geeigneten Modellorganismus zu entdecken, bei dem besonders der Vergleich der Forschungsergebnisse zu den bei *Xenopus* und *Silurana* erzielten von hohem Interesse ist, zumal sich *Hymenochirus* durch einige anatomische und entwicklungsbiologische Besonderheiten auszeichnet. Eine wichtige Voraussetzung für zuverlässige Ergebnisse schafft gerade Dr. WENDY OLSON durch die Einrichtung einer Normtafel für die Entwicklung der Kaulquappen.

Hier wurde entscheidende Grundlagenarbeit zur Systematik von *Xenopus* und *Silurana* geleistet: „Station de Zoologie expérimental" der Universität Genf, die Hochburg der Krallenfrosch-Forschung, die diesen Zweig jedoch wohl leider in der Zukunft abgeben wird.
Foto: K. Kunz

Pipiden in der Pädagogik

Früher gehörte es einfach dazu: Im Frühjahr brachte der Lehrer Laich oder Kaulquappen von Grasfrosch und Erdkröte mit in die Klasse, wo die Kinder dann staunend das Wunder der Umwandlung beobachteten. Heute kann oder will der Biologielehrer meist aus verschiedenen Gründen dieses Erlebnis seiner Klasse nicht mehr verschaffen: Bspw. hat nicht jeder Lehrer den Teich vor der Haustür, und außerdem gilt es, gesetzliche Hürden zu nehmen.

Wer als engagierter Pädagoge die Kinder dennoch nicht leer ausgehen lassen möchte, der sollte unbedingt auf Pipiden zurückgreifen: Die leichte Haltung und Zucht einiger Arten sowie der in der Regel sehr geringe Platzbedarf prädestinieren sie geradezu fürs Schulaquarium. Wer nur ein ganz kleines Eckchen frei hat, kann ein Becken für Zwergkrallenfrösche einrichten. Wem ein größeres Aquarium zur Verfügung steht, hat zusätzlich die Wahl zwischen dem immer im Handel erhältlichen Großen Krallenfrosch und mit ein bisschen Glück und Aufmerksamkeit den beiden Wabenkröten-Arten *Pipa parva* und *P. carvalhoi* sowie der nur für sehr große Becken geeigneten *P. pipa*.

Kann man an Zwergkrallenfröschen und Großem Krallenfrosch den „normalen" Weg über das Ei und die Kaulquappe bis zum fertigen Frosch demonstrieren und dabei auch noch zwei völlig verschiedene und dazu sehr merkwürdige und interessante Larventypen vorstellen, so wird die bizarre Brutpflege der Wabenkröten mit Sicherheit alle Kinder vollends in ihren Bann schlagen. Bereits in der Grundschule oder sogar im Kindergarten kann man so anfangen, die Kinder für die Natur zu sensibilisieren und zu begeistern, doch eignen sich Pipiden natürlich auch hervorragend für Unterrichtseinheiten bis hin zum Leistungskurs Biologie. Dass auf diesem Gebiet offenbar noch einiges an Aufklärungsarbeit zu leisten ist, belegt ein Artikel aus „Biologie in der Schule" (STAEK 1998): Der Autor schlägt vor, Terrarien einzurichten und darin Krallenfrösche zu halten...

Adressen

1) Zeitschriften

REPTILIA
Terraristik-Fachmagazin
Natur und Tier - Verlag GmbH
An der Kleimannbrücke 39/41
48157 Münster
Tel.: 0251/13339-0
E-Mail: verlag@ms-verlag.de
www.ms-verlag.de
Erscheinungsweise:
zweimonatlich

DATZ
Die Aquarien- und Terrarienzeitschrift
Eugen Ulmer GmbH & Co.
Postfach 700561
70574 Stuttgart (Hohenheim)
Erscheinungsweise:
monatlich

herpetofauna
herpetofauna-Verlags GmbH
Römerstr. 21
71384 Weinstadt
Erscheinungsweise: zweimonatlich

***elaphe,* Salamandra**
Zeitschriften der DGHT (s. u.), die alle Mitglieder kostenlos erhalten
Erscheinungsweise: vierteljährlich

2) Verbände

Deutsche Gesellschaft für Herpetologie und Terrarienkunde e.V. (DGHT)
Geschäftsstelle; Postfach 1421; 53351 Rheinbach
Tel.: 02225/703333; Fax: 02225/703338
E-Mail: gs@dght.de; www.dght.de

Verband Deutscher Vereine für Aquarien- und Terrarienkunde e.V. (VDA)
Geschäftsstelle; Hans Stiller
Luxemburger Strasse 16; 44789 Bochum
Tel.: 0234/381650; Fax.: 0234/382590
E-Mail: HansStiller@aol.com; www.vda-online.de

3) Untersuchungsstellen für Kotproben, Abstriche, verendete Tiere etc., z. B.:

Kotproben, Sektionen und andere Untersuchungen können von Tierärzten oder von veterinärmedizinischen Untersuchungsstellen, die es in vielen Städten gibt, vorgenommen werden. Überregional bekannt sind folgende Einrichtungen:
1. Exomed - Am Tierpark 64, 10319 Berlin
2. GEVO Diagnostik, Jakobstr. 65, D-70794 Filderstadt
3. Universität München, Institut für Zoologie, Fischereibiologie und Fischkrankheiten der tierärztlichen Fakultät, Kaulbachstr. 37, D-80539 München
4. Staatliches Untersuchungsamt Hessen, Abteilung Parasitologie, Druseltalstr. 67, 34131 Kassel

Glossar

Aktionspotenzial: elektrisches Potenzial an einer Zellmembran, das der Weiterleitung von Erregung dient
Akinese: Bewegungslosigkeit
adult: geschlechtsreif
carnivor: Fleisch fressend
Chromatophore: Trägerzelle von Pigmenten
Chromosomen: fadenartige Strukturen im Zellkern, die aus Desoxyribonukleinsäure und Proteinen (Histonen) bestehen und die Erbsubstanz enthalten.
DNA: Desoxyribonukleinsäure; kodiert die Erbinformation
Dominanz: Übergewicht eines Erbmerkmal-Trägers (Allels) gegenüber der Wirkung eines rezessiven. Das als dominant bezeichnete Allel wirkt weitgehend merkmalsbestimmend.
dorsal: die Rücken- bzw. Oberseite betreffend
Erythrozyt: Rotes Blutkörperchen
Gonaden: Keimdrüsen; produzieren die Keimzellen, aus denen sich Nachkommen entwickeln. Syntheseort von Geschlechtshormonen.
Habitat: Wohnraum eines Organismus
heterozygot: gemischterbig
homozygot: reinerbig
Hybridisierung: Kreuzung, Verbastardisierung
hydrostatisch: ein hydrostatisches Organ dient der Austarierung eines Körpers im Wasser
lateral: seitlich
Melanophore: Zelle, die schwarzes Pigment enthält
Metamorphose: Umwandlung; hier: von der Kaulquappe zum Frosch
Mimese: Nachahmung anderer Objekte zum Zweck der Tarnung
morphologisch: die Körpergestalt betreffend
Nominatform: diejenige Unterart, zu der das Individuum gehört, anhand dessen die Art beschrieben wurde
Nucleus: Zellkern
Pinealorgan: Epiphyse, Zirbeldrüse; ursprünglich zur Lichtwahrnehmung befähigt
Polyploidie: Vervielfachung von Chromosomensätzen
rezessiv: Gegenteil von „dominant“, siehe dort
sympatrisch: im gleichen Gebiet lebend
syntop: am gleichen Ort lebend, hier bspw. gemeinsames Vorkommen zweier oder mehrerer Arten im gleichen Waldtümpel
Taxon: jede mit einem gültigen oder ungültigen wissenschaftlichen Namen belegte Organismengruppe
Tibia: Unterschenkel
ventral: die Bauch- bzw. Unterseite betreffend

Zwei spezialisierte *Xenopus*-Arten: Links der in seiner südafrikanischen Heimat u. a. durch Habitatzerstörung bedrohte *X. gilli*, der vorwiegend Habitate mit saurem Wasser besiedelt Foto: J. Fleck, **rechts der Hochlandbewohner *X. largeni*, Männchen** Foto: S. Chraiti/K. Kunz

Literatur

In manchen der zitierten Arbeiten liegen meiner Meinung nach Verwechslungen vor, hier einige Beispiele: Zumindest in den Beiträgen von ANONYMUS (1991), DAUL (1982), DEGHESELLE (1995), ORÁC (1980, 1981, 1987), PAPSDORF (1971) sowie PICKERSGILL & WATSON (1995) handelt es sich aller Wahrscheinlichkeit nach nicht um *H. curtipes*, sondern um *H. boettgeri*. Aufgrund der Tatsache, dass PAPSDORF (1971) Fotos von *H. boettgeri* als solche von *H. curtipes* ausgibt, ist es möglich, dass es sich auch bei den später von ihm geschilderten Tieren (PAPSDORF 1972) nicht um *H. curtipes* handelte. Die von YUHAS (1961) erwähnten Frösche gehören wohl statt zu *H. boulengeri* ebenfalls zum *boettgeri*-Rassenkreis, und die von GUTEKUNST (1968) und RADEK (1997) vorgestellten sind nicht *X. gilli*, sondern *Hymenochirus*. COBORN (1992) bildet *H. boettgeri* als *X. laevis* ab, HERRMANN (1994) scheint dasselbe Tier einmal als *X. borealis* und einmal als *X. borealis* x *X. laevis* auszugeben, und in HERRMANN (2001) findet sich gar dasselbe *Xenopus*-Foto je einmal mit der Legende „*Silurana epitropicalis*" und „*Xenopus boumbaensis*". Ob es sich bei den in US-amerikanischen Studien genannten Fröschen tatsächlich um *H. curtipes* handelt, ist äußerst zweifelhaft, da die Kaulquappen oft eindeutig dem *boettgeri*-Typ zuzurechnen sind. Die tatsächliche Artzugehörigkeit von Krallenfröschen in Artikeln vor allem älteren Datums ist vielfach unklar.

Ich ziehe es dennoch vor, all diese Arbeiten – derart kommentiert – aufzulisten, um Ihnen zu ermöglichen, sich ein eigenes Bild zu machen, zumal viele immer wieder unkritisch zitiert werden.

Für Anfänger besonders geeignete Bücher, Zeitschriftenbeiträge und Web-Sites, die sich mit der Einrichtung und Pflege der Becken sowie der Haltung, Zucht, Fütterung und Gesunderhaltung der Frösche befassen, sind mit * markiert.

AHL, E. (1924): Über einige afrikanische Frösche. – Zoologischer Anzeiger 60: 269–273

AKANI, G.C. & L. LUISELLI (2001): Ecological studies on a population of the water snake *Grayia smythii* in a rainforest swamp of the Niger Delta, Nigeria. – Contributions to Zoology 70 (3): http://logos.uba.uva.nl/cgi-bin/t/text/text-idx?c=ctz;sid=e8a36dfda25bdbe75d051c4757e96a8c;rgn=main;idno=m7003a02;view=text (Stand: 05.10.2002)

ALEXANDER, S.S. & C.W. BELLERBY (1935): The effect of captivity upon the reproductive cycle of the South African Clawed Toad (*Xenopus laevis*). – Journal of experimental Biology 12: 306–314

ANDRES, G. & E. ROESSLER (1970): Übertragung von artspezifischen Verhaltenskomponenten durch xenoplastische Transplantation von Gehirnanlagen zwischen *Xenopus laevis* und *Hymenochirus boettgeri* (Amphibia, Anura). – Revue suisse de Zoologie 77: 959–962

* ANDRES, G., A. BRETSCHER, F.E. LEHMANN & D. ROTH (1949): Einige Verbesserungen in der Haltung und Aufzucht von *Xenopus laevis*. – Experientia 5 (83): 83–84

ANONYMUS (1991): Antwort der Redaktion auf eine Leserfrage. – Tropical Fish Hobbyist. Juni 1991: 173

* ARMBRUST, W. (1979): *Pipa pipa* – das unbekannte Wesen. – Das Aquarium 21: 282–287

ARNOULT, J. & M. LAMOTTE (1968): Les Pipidae de l'Oust africain et du Cameroun. – Bulletin de l'Institut francaise d'Afrique Noire 30 Serie A (1): 270–306

AVILA, V.L. & P. G. FRYE (1977): Feeding behavior in the African Clawed Frog (*Xenopus laevis* DAUDIN). – Herpetologica 33 (2): 152–161

BAARD, E.H.W. (1989): The Status of Some Rare and Endangered Endemic Reptiles and Amphibians of the Southwestern Cape Province, South Africa. – Biological Conservation 49: 161–168

BAEZ, M. (1977): Consideraciones sobre la osteologia y el Status taxonomico de los Pipidos sudamericanos vivientes (Amphibia, Anura). – Physis, Secc. C 35 (91): 321–336

BAIRD, T.A. (1983): Influence of Social and Predatory Stimuli on the Air-breathing Behavior of the African Clawed Frog, *Xenopus laevis*. – Copeia 2: 411–420

BALINSKY, B.I. (1969): The reproductive ecology of amphibians of the Transvaal Highveld. – Zoologica Africana 4 (1): 37–93

BARRIO, C.L. & O. FUENTES (2000): *Pipa parva*. Distribution. – Herpetological Review 31 (3): 183

BARTLETT, A.D. (1896): Notes on the Breeding of the Surinam Water-Toad (*Pipa americana*) in the Society's Gardens. – Proceedings of the Zoological Society London: 595–597

BEDDARD, F.E. (1895): On some Points in the Anatomy of *Pipa americana*. – Proceedings of the Zoological Society London: 827–841

* BEIER, M. (2002): Haltung und Zucht der Zwergwabenkröte *Pipa parva*. – REPTILIA, Münster, 7 (1): 64–71

BELLERBY, C.W. (1934): A Rapid Test for the Diagnosis of Pregnancy. – Nature 133: 494–495

- (1938): Experimental Studies on the Sexual Cycle of the South African Clawed Toad (*Xenopus laevis*). II. – Journal of experimental Biology 15: 82–90

BERK, L. (1938): Studies in the Reproduction of *Xenopus laevis*. – South African Journal of Medical Sciences 3: 72–77

BERNADINI, G., M. PRATI & E. BONETTI (Hg.) (1999): Atlas of Xenopus Development

BEUTELSCHIESS, J. & C. BEUTELSCHIESS (1986a): Bemerkungen zur Aufzucht von Kaulquappen. – Sauria 8 (4): 7–11

* - (1986b): Pflege und Zucht des Zwergkrallenfrosches *Hymenochirus boettgeri*. – herpetofauna, Weinstadt, 8 (40): 6–13

BEUTELSCHIESS, J., F. GLAW, S.K. HETZ, K.-H. JUNGFER, D. PAPENFUSS, B. PIEPER & U. SCHMIDT (2001): Allgemeine Haltungsrichtlinien für Anuren. – Herstellung und Vertrieb durch die DGHT (Adresse siehe oben)

BLES, E.J. (1901): On the Breeding of *Xenopus laevis* DAUDIN. – Proceedings of the Cambridge Philosophical Society 11: 220–222

BOCAGE, J.V.B. DU (1895): Herpétologie d'Angola et du Congo

BOGENSCHÜTZ, H. (1965): Extraoculare Steuerung des Farbwechsels bei Kaulquappen. – Experientia 21 (8): 451

* BÖHM, O. (1978): Es müssen nicht immer Fische sein. – Das Aquarium 111: 370–374

BÖHME, W. (1994): Frösche und Skinke aus dem Regenwald Südost-Guineas, Westafrika. – herpetofauna, Weinstadt, 92 (16): 11–19

BOULENGER, G.A. (1896): A new Genus of Aglossal Batrachians. – Annals and Magazine of Natural History 18 (6): 420

- (1899): On *Hymenochirus*, a new Type of Aglossal Batrachians. – Annals and Magazine of Natural History, Zoologie, Botany 4 (7): 122–125

- (1900): A List of the Batrachians and Reptiles of the Gaboon (French Congo), With Description of new Genera and Species. – Proceedings of the Zoological Society London: 433–456

- (1905a): On a Collection of Batrachians and Reptiles made in South Africa by Mr. C.H.B. Grant, and presented to the British Museum by Mr. C.D. Rudd. – Proceedings of the Zoological Society of London 2: 248–255

- (1905b): Report on the batrachians collected by the late L. Fea in West Africa. – Annali del Museo civico di storia naturale Giacomo Doria 3 (2): 157–158

* BREMER, H. (1997): Aquarienfische gesund ernähren

BROCAS, J. & F. VERZÁR (1961): The Ageing of *Xenopus laevis*. – Experientia 17 (9): 421

BROWN, D.D., I.B. DAWID & R.H. REEDER (1977): *Xenopus borealis* Misidentified as *Xenopus mulleri*. – Developmental Biology 59: 266–267

BRUYN, L. DE, M. KAZADI & J. HULSELMANS (1996): Diet of *Xenopus fraseri* (Anura, Pipidae). – Journal of Herpetology 30 (1): 82–85

BUCHACHER, C.O. (1993): Field studies on the small Surinam toad, *Pipa arrabali*, near Manaus, Brazil. – Amphibia-Reptilia 14 (1): 59–69

- (unveröffentlicht): Histologische Untersuchungen bei *Pipa arrabali* (Anura: Pipidae)

BÜNTEN, G., H. HEUWINKEL & H. GREVEN (1992): Zur Hydroakustik von *Pipa carvalhoi* (Miranda-Ribeiro, 1937). – Salamandra 28 (1): 72–85

CANNATELLA, D.C. & L. TRUEB (1988a): Evolution of pipoid frogs. Morphology and Phylogenetic Relationship of *Pseudhymenochirus*. – Journal of Herpetology 22 (4): 439–456

- (1988b): Evolution of pipoid frogs: intergeneric relationships of the aquatic frog family Pipidae (Anura). – Zoological Journal of the Linnean Society 94: 1–38

CANNATELLA, D.C. & R.Q. DE SÁ (1993): *Xenopus laevis* as a model organism. – Systematic Biology, 42 (4): 476–507

CARAMASCHI, U. (1989): Notes on the Type Specimen of *Pipa carvalhoi* (MIRANDA-RIBEIRO, 1937) (Anura, Pipidae). – Journal of Herpetology 23 (2): 192–193

CARUS, J.V. (1896): Bruträume der Wabenkröte. – Zoologischer Anzeiger 19 (495): 3–54

CARVALHOI, A.L. de (1939): Notas sôbre *Hemipipa carvalhoi* MIR.-RIB. (Batrachia Anura: Pipidae). – Boletim biologico 4 (3): 394–414

CHABANAUD, P. (1920): Contribution à l'étude de la faune herpétologique de l'Afrique occidentale. Note préliminaire sur les résultats d'une mission scientifique en Guinée francaise (1919–1920). – Bulletin du Comite d'etudes historiques et scientifiques de l' Afrique occidentale francaise 3: 489–497

- (1921): Contribution a l' etude de la faune herpetologique de l' Afrique occidentale. Deuxieme Note. – Bulletin du Comite d'etudes historiques et scientifiques de l' Afrique occidentale francaise 4: 445–472

CHANNING, A. (2001): Amphibians of Central and Southern Africa.

COBORN, J. (1992): The proper care of amphibians

COPP, N.H. & T. MCKENZIE (1984): Effects of Light-Deprivation on Development of Photopositive Behavior in *Xenopus laevis* Tadpoles. – The Journal of Experimental Zoology 230: 219–228

CORNER, M.A. (1984): Spontaneous Swimming Rhythms in Larval Anurans (*Xenopus laevis* and *Discoglossus pictus*). – Journal of Comparative Psychology 98 (4): 368–371

CRAYON, J.J. & R.L. HOTHEM (1998): *Xenopus laevis* (African Clawed Frog). Predation. – Herpetological Review 29 (3): 165–166

CROUS, H.P. (1999): The diversity and abundance of parasites associated with *Xenopus laevis* (DAUDIN, 1803) in selected habitats

DAINTON, B.H. (1988): Cold Tolerance and Thyroid Activity in Developing Tadpoles of *Xenopus laevis*. – Journal of Herpetology 22 (3): 301–306

DALTON, R. (2002): Frogs put in the gender blender by America's favourite herbicide. – Nature 416: 665–666

DATHE, F. (1984): *Pipa carvalhoi* (MIRANDA RIBEIRO, 1937) Brasilianische Zwergwabenkröte. – Aquarien-Terrarien 8: 287

DAUDIN, F.M. (1803): Histoire naturelle des rainettes, des grenouilles et des crapauds

* DAUL, G. (1982): Wasserlebende Frösche der Gattungen *Xenopus* und *Hymenochirus*. – Das Aquarium 154: 203–207

DEBAN, S.M. & W.M. OLSON (2002): Suction feeding by a tiny predatory tadpole. – Nature 420: 41–42

DEGHESELLE, R. (1995): *Hymenochirus curtipes* (Dwergklauwkikker). – Terra 32 (1): 9–12

DEUCHAR, E.M: (1975): *Xenopus*: The South African Clawed Frog

* DICKINSON, W.H. (1949): The African Clawed Toad, *Xenopus laevis*, in Captivity. – Herpetologica 5: 51–52

DODD, J.M. (1950): Ciliary Feeding Mechanisms in Anuran Larvae. – Nature 165: 283

DROIN, A. & M. FISCHBERG (1980): Abnormal limbs (*abl*), a recessive mutation affecting the tadpoles of *Xenopus l. laevis*. – Experientia 36: 1286–1288

DUBOIS, A. (1983): Classificacion et nomenclature supragenerique des amphibiens anoures. – Bulletin mensuel de la Societe linneenne de Lyon 52: 270–276

DUELLMANN, W.E. & L. TRUEB (1986): Biology of Amphibians

EEUWIJK, L.J.M. VAN: (1974): Ervaringen met het kwecken van de dwergklauwkikker *Hymenochirus boettgeri*. – Lacerta 32 (5): 79–84

EHRL, A., F. SCHÜTTE & A. HERBIG (1986): Scanning Electron Micrography of the Digital Tip of *Pipa pipa* (Anura: Pipidae). – Studies in Herpetology: 259–262

EHRL, A., F. SCHÜTTE & A. HERBIG (1987): Morphology and development of fingertips in frogs of the genus *Pipa* (Anura: Pipidae). – Proceedings of the 4th Ordinary General Meeting of the SEH: 123–126

EIBL-EIBESFELD, I. (1962): Die Verhaltensentwicklung des Krallenfrosches (*Xenopus laevis*) und des Scheibenzünglers (*Discoglossus pictus*) unter besonderer Beücksichtigung der Beutefanghandlungen. – Zeitschrift für Tierpsychologie 19 (4): 385–393

* EIJSDEN, E.H.T. VAN (1975a): De voortplantling van de Westafrikaanse klauwkikkers. I. *Xenopus tropicalis* (Gray), II *Hymenochirus b. boettgeri* (Tornier). – Lacerta 34 (2): 19–24

* - (1975b): De vootplantling van de Westafrikaanse klauwkikkers. II *Hymenochirus b. boettgeri* (Tornier). – Lacerta 34 (3): 27–32

EISENBERG, T. (2003): Wie sollte eine fachgerechte Quarantänte durchgeführt werden? – REPTILIA, Münster, 39 (7): 66–71

ELEPFANDT, A. (1982): Accuracy of Taxis Response to Water Waves in the Clawed Toad (*Xenopus laevis* Daudin) with Intact or with Lesioned Lateral Line System. – Journal of Comparative Physiology 148: 535–545

- (1984): The role of ventral lateral line organs in water wave localization in the clawed toad (*Xenopus laevis*). – Journal of Physiology A 154: 773–780

- (1985a): Naturalistic Conditioning Reveals Good Learning in a Frog (*Xenopus laevis*). – Naturwissenschaften 72: 492–493

- (1985b): Water wave frequency discrimination in the clawed frog, *Xenopus laevis*. – Journal of comparative physiology Rh A 157: 255–261

- (1986): Wave frequency recogniton and absolute pitch for water waves in the clawed frog, *Xenopus laevis*. – Journal of comparative physiology Rh A 158: 235–238

- (1987): Lateral-line response to water surface waves in the clawed frog, *Xenopus laevis*. – Journal of comparative physiology Rh A 160: 667–682

ELKAN, E. & R.W. MURRAY (1951): New Lateral Line Sensory Organs in *Xenopus laevis* Daudin. – Nature 168: 477

ESCHER, K. (1925): Das Verhalten der Seitenorgane der Wirbeltiere und ihrer Nerven beim Übergang zum Landleben. – Acta Zoologica 6: 307–414

ESTES, R. (1975a): Fossil *Xenopus* from the Paleocene of South America and the Zoogeography of Pipid Frogs. – Herpetologica 31: 263–278

- (1975b): *Xenopus* from the Palaeocene of Brazil and its zoogeographic importance. – Nature 254: 48–50

ESTES, R., Z.V. _PINAR & E. NEVO (1978): Early Cretaceous Pipid tadpoles from Israel (Amphibia: Anura). – Herpetologica 34 (4): 374–393

* ESTERBAUER, H. (1982): Zwergkrallenfrosch – *Hymenochirus boettgeri*. – Aquaria 29 (10): 161–164

EVANS, B.J., J.C. MORALES, M.D. PICKER, D. J. MELNICK & D. B. KELLEY (1998): Absence of Extensive Introgression between *Xenopus gi*lli and *Xenopus laevis laevis* (Anura: Pipidae) in Southwestern Cape Province. – Copeia 1998(2): 504–509

EWER, D.W. (1959): A Toad (*Xenopus laevis*) without Haemoglobin. – Nature 183: 271

* FILEK, W. VON (1985): Frösche im Aquarium

FISCHBERG, M. & H.R. KOBEL (1978): Two new poyploid *Xenopus* species from western Uganda. – Experientia 34 (8): 1012–1014

FISCHBERG, M., COLOMBELLI, B. & J.-J. PICARD (1982): Diagnose preliminaire d'une espece nouvelle de *Xenopus* du Zaire. – Alytes 1 (4): 53–55

FISCHER, W.J., W.A. KOCH & A. ELEPFANDT (2000): Sympatry and hybridization between the clawed frogs *Xenopus laevis laevis* and *Xenopus muelleri* (Pipidae). – Journal of Zoology, London 252 (1): 99–107

FLAJNIK, M.F., EL HSU, J.F. KAUFMANN & L. DU PASQUIER (1987): Changes in the immune system during metamorphosis of *Xenopus*. – Immunology Today 8 (2): 58–64

* FOHRMAN, K. (2000): Handbuch Aquaristik. Grundlagen für Einsteiger und Fortgeschrittene

FORHMANN, U. & C. HINTZE-PODUFAL (1987): Anatomische Untersuchungen an ausgewählten Missbildungen von *Xenopus laevis* (DAUDIN). – Zoologische Jahrbücher Abteilung für Anatomie u. Ontogenie der Tiere 115: 127–146

* FREYSE, KARL (1982): Erfolgreiche Zucht von *Pipa carvalhoi*. – Aquarien, Terrarien 11: 391–392

* FRIEDERICH, U. & W. VOLLAND (1998): Futtertierzucht. Lebendfutter für Vivarientiere

* FRIESE, W.K. (1933): Beobachtungen über *Xenopus laevis* DAUD. (Krallenfrosch) im Freien und in der Gefangenschaft. – Blätter für Aquarien- und Terrarienkunde: 57–59

* FRITZ (1924): Über die Zucht des Krallenfrosches. – Blätter für Aquarien- und Terrarienkunde 35: 89–91

FROST, D.R. (Hg.) (1985): Amphibian Species Of The World

FRYE, P.G. & L. AVILA (1979): Food-initiated behaviour of the African Clawed Frog (*Xenopus laevis*): effect of population density. – Herpetologica 35 (1) 30–37

GAL, J. M. & R.W. BLAKE (1986): Hydrodynamic drag of two frog species: *Hymenochirus boettgeri* and *Rana pipiens*. – Canadian Journal of Zoology 65 (5): 1085–1090

- (1988) Biomechanics of frog swimming. I. Estimation of the propulsive force generated by *Hymenochirus boettgeri*. – J. Exp. Biol: 138, 399.

* GASCHE, P. (1943): Die Zucht von *Xenopus laevis* DAUDIN und ihre Bedeutung für die biologische Forschung. – Revue suisse de Zoologie 50: 262–269

* - (1944): Der südafrikanische Krallenfrosch *Xenopus laevis*. – Natur und Volk 74 (1/2): 1–11

GASCON, C. (1992): Spatial distribution of *Osteocephalus taurinus* and *Pipa arrabali* in a central amazonian forest. – Copeia 3: 894–897

GERBES, L. (1958): Über den Einfluß der Temperatur auf die Entwicklung des Krallenfrosches (*Xenopus laevis* DAUD.). – Zoologische Jahrbücher Abteilung für allgemeine Zoologie und Physiologie der Tiere 67: 373–406

GINES, H. (1958): Representantes de la familia Pipidae (Amphibia, Salientia) en Venezuela. – Memoria de la Sociedad de Ciencias Naturales La Salle 18: 5–18

GOLDEN, D.R., G.R. SMITH & J.E. RETTIG (2000): Effects of age and group size on habitat selection and activity level in *Xenopus laevis* tadpoles. – Transactions of the Nebraska Academy of Sciences 26: 23–27

GOSNER, K.L. (1960): Simplified Table for Staging Anuran Embryos and Larvae with Notes on Identification. – Herpetologica 16: 183–190

GRADWELL, N. (1975): The Bearing of Filter Feeding on the Water Punping Mechanism of *Xenopus* Tadpoles (Anura: Pipidae). – Acta Zoologica 56: 119–128

GRAY, J.E (1864a): Note on the Clawed Toads (*Dactylethra*) of Africa). – Proceedings of the Zoological Society London: 458–464

- (1864b): Notice of a new Genus (*Silurana*) of frogs from West Africa. – Annals and Magazine of Natural History 14: 315–316

GREVEN, H. & I. LAUMEIER (1952): A Comparative SEM-Study on the Teeth of 10 Anuran Species. – Anatomischer Anzeiger 164: 103–116

GRIMM, H. (1951): Zur Sexualbiologie des Krallenfrosches (*Xenopus laevis* Daudin). – Zoologischer Anzeiger 148: 46–47

* - (1952): Beobachtungen über Bewegungsnormen, Ernährung und Fortpflanzung des Krallenfrosches. – Zeitschrift für Tierpsychologie 9: 230–244

GROFF, J.M., A. MUGHANNAM, T.S. MCDOWELL, A. WONG, M.J. DYKSTRA, F.L. FRYE & R.P. HEDRICK: An epizootic of cutaneous zygomycosis in cultured dwarf African clawed frogs (*Hymenochirus curtipes*) due to *Basidiobolus ranarum*. – Journal of Medical and Veterinary Mycology 29: 215–223

* GROßE, W.R. (1977): Der große Krallenfrosch, *Xenopus laevis* (DAUD.). – Arbeitsmaterial Kulturbund der Deutschen Demokratischen Republik, Zentrale Arbeitsgruppe Cichliden, 4: 10–13

* - (1983a): Aquatile Amphibien. Der große Krallenfrosch. – elaphe: 26–29

* - (1983b): Die kleine Wabenkröte. – elaphe 1: 11–13

* - (1986): Aquatile Amphibien. – elaphe 83: 50–51

* - (1989): Haltung und Vermehrung des Großen Krallenfrosches (*Xenopus laevis* Daud.) – elaphe 11 (2): 29–31; 11 (3): 49–53

* - (1993): Wabenkröten im Aquarium. – elaphe 12: 18–21

Gruschwitz, M., S. Lenz & W. Böhme (1991): Zur Kenntnis der Herpetofauna von Gambia (Westafrika). – herpetofauna, Weinstadt, 74 (13): 13–22

Guille, M. (Hg.) (1999): Molecular Methods in Developmental Biology: *Xenopus* & Zebrafish

* Gula, W. (2000): Pflanzen fürs Aquarium

Gurdon, J.B., T.R. Elsdale & M. Fischberg (1958): Sexually Mature Individuals of *Xenopus laevis* from Transplantation of Single Somatic Nuclei. – Nature 182: 64–65

Gutekunst, H. (1969): Pflege und Zucht des Zwergkrallenfrosches (*Xenopus gilli*). – Die Aquarien- und Terrarienzeitschrift 22: 312–315

Haacke, W.D. & F. Coley (1982): A cave inhabiting *Xenopus laevis* from the Cango Valley near Oudtshoorn, Cape Province, South Africa. – Journal of the Herpetological Association of Africa 28: 26

Haas, R. (1961): Observations of the African Frog *Hymenochirus Boulengeri*. – The Aquarium 30 (2): 620–623, 626

* Haefelfinger, H.-R. (1969): Ein Frosch, der Kinder prophezeit. – Aquarien-Magazin 6: 236–240

Hausen, P. & M. Riebesell (1991): The Early Development of *Xenopus laevis*. An Atlas of the Histology

Heatwole, H. (1963): The frog genus *Pipa* in Panama. – Copeia 2: 436–438

* Hecker, G. (1986): Die Zucht von Zwergkrallenfröschen der Gattung *Hymenochirus*. – Das Aquarium 200: 95–96

Herrmann, H.-J. (1994): Amphibien im Aquarium

- (2001): Terrarien Atlas Bd. 1

* Herrmann, H.-P. (1988): Wabenkröten. – Die Aquarien- und Terrarienzeitschrift 8: 284–285

Hewitt, J. (1927): Further descriptions of reptiles and batrachians from South Africa. – Rec. Albany Mus. 3: 371–415

* Hilken, G., F. Iglauer & H.P. Richter (1997): Der Krallenfrosch *Xenopus laevis* als Labortier

Hintze-Podufal, C. & H. Schroer: (1989) Aspects of *Hymenochirus boettgeri* development. – Fortschritte der Zoologie 35: 283–286

* Höbel, G. (2002): Zwergkrallenfrösche im Aquarium. – DATZ 55(5): 58–59

* Hogjaard, A. (1940): Zucht von Krallenfröschen (*Xenopus*) im Aquarium. – Das Aquarium: 53–53 und 55–56

* Horst, K. (1992): Pflanzen im Aquarium. Ihre Funktion und Pflege

Iwasawa, H. & S. Tanaka (1993): Effects of Bullfrog Pituaries on the Reproductive Phenomena of the Surinam Toad *Pipa pipa*. – Science Reports of Niigata University Series D (Biology) 30: 31–34

- (1994): Notes on the Reproductive and Growth of the Surinam Toad *Pipa pipa*. – Science Reports of Niigata University Series D (Biology) 31: 1–12

Izecksohn, E. (1976): Uma nova espécie de *Pipa*, do estado do Amazonas, Brasil (Amphibia, Anura, Pipidae). – Revista brasileira de biologia 36 (2): 507–510

Jackson, J.A. & R.C. Tinsley (1998): Hymenochirine anurans (Pipidae) as transport hosts in camallanid nematode life-cycles. – Systematic Parasitology 39 (2): 141–151

* Jahn, J. (1982): Die Wabenkröte *Pipa*. – Der Zoofreund 46: 10–12

* Jarofke, D. & H.-J. Herrmann (1997): Amphibien. Biologie, Haltung, Krankheiten, Bioindikation.

Joger, U. (1982): Zur Herpetofaunistik Kameruns (II). – Bonner zoologische Beiträge 33 (2–4): 313–341

Jungersen, H.F.E. (1891): Remarks on the Structure of the Hand in *Pipa* and *Xenopus*. – The Annals And Magazine Of Natural History 8 (6): 193–206

* Junghans, W. (1920): Pflege und Zucht des Krallenfrosches. – Blätter für Aquarien- und Terrarienkunde 31: 227–230 und 243–246

* Kahmann, H. (1949): Die Haltung und Fortpflanzung des Krallenfrosches, *Xenopus laevis*, im Freiland. – Die Deutsche Aquarien- und Terrarienzeitschrift 2 (4): 72–76

Karplus, I. & D. Samuel (1978): The Effect of Exposure to Black Background and to a-MSH on Black-White Background Preference in the Amphibian *Xenopus laevis* (Daudin). – Hormones and Behavior 11: 151–159

Karplus, I., D. Algom & D. Samuel (1981): Acquisition and retention of dark avoidance by the toad, *Xenopus laevis* (Daudin). – Animal Learning and Behavior 9 (1): 45–49

* Kasselmann, C. (1999): Aquarienpflanzen

Katz, L.C., M.J. Potel & R.J. Wassersug (1981): Structure and mechanisms of schooling in tadpoles of the Clawed Frog, *Xenopus laevis*. – Animal Behaviour 29: 20–33

Kelley, D.B. (1982): Female Sex Behaviors in the South African Clawed Frog, *Xenopus laevis*: Gonadotropin-Releasing, Gonadotropic, and Steroid Hormones. – Hormones and Behavior 16: 158–174

Kelley, D.B. & M.L. Tobias (1997): Vocal Communication in *Xenopus laevis*. – In: M.D. Hauser & M. Konishi (Hg.): The Design of Animal Communication: 9–35

Klaver, C. (1985): The „fish-frog“ and the Surinam toad. – Archives of Natural History 12 (2): 201–202

Kobayashi, H, T. Watanabe, N. Terashita, S. Handa & N. Furuno (1989): Vertebral Abnormalities Following Heat Shock in *Xenopus* Embryos. – Development, Growth & Differenciation 31 (1): 65–70

Kobel, R.H. (1985): Sex determination in polyploid *Xenopus*. – South African Journal of Science 81: 205–206

Kobel, H.R., B. Barandun & C. Thiébaud (1998): Mitochondrial rDNA Phylogeny in *Xenopus*. – Herpetological Journal 8: 13–17

Kobel, H.R. & L. Du Pasquier (1986): Genetics of polyploid *Xenopus*. – Trends in Genetics: 310–315

Kobel, H.R., L. Du Pasquier, M. Fischberg & H. Gloor (1980): *Xenopus amieti* sp. nov. (Anura: Pipidae) from the Cameroons, another case of tetraploidy. – Revue suisse de Zoologie 87 (4): 919–926

Kobel, H.R., C. Loumont & R.C. Tinsley (1996): The extant species. – In: Tinsley, R.C. & H.R. Kobel (Hg.): The Biology of *Xenopus*.

* Kotthaus, A. (1933): Über Lebensweise, Pflege und Zucht von *Xenopus laevis*. – Blätter für Aquarien- und Terrarien-Kunde 44: 59–61

Kramer, G. (1933): Untersuchungen über die Sinnesleistungen und das Orientierungsverhalten von *Xenopus laevis* Daud. – Zoologische Jahrbücher (Physiologie) 52: 629–676

* Krause, H.J. (1998): Handbuch Aquarienwasser. Diagnose, Therapie, Aufbereitung

* Krefft, G. (1948): Frösche im Aquarium. – Wochenschrift für Aquarien- und Terrarienkunde 42: 61–70

* KUNZ, K. (1996): Zur Haltung und Zucht des Zwergkrallenfrosches *Hymenochirus boettgeri* (TORNIER, 1896). – herpetofauna, Weinstadt, 18 (104): 15–18

- (1999): Bemerkungen zum Amplexus bei *Hymenochirus boettgeri* (TORNIER, 1896). – elaphe N.F. 7 (3): 16–19

* - (2000): (Antwort auf eine Leserfrage über Zwergkrallenfrösche) – REPTILIA, Münster, 5 (3): 83–84

* - (2001 a): Zur Haltung und Vermehrung von Krallenfröschen (*Silurana* spec.). Teil 1: Systematik, Beschreibung und Haltung. – REPTILIA, Münster, 6 (2): 68–73

* - (2001 b): Zur Haltung und Vermehrung von Krallenfröschen (*Silurana* spec.). Teil 2: Aufzucht der Kaulquappen und Jungfrösche, Diskussion und Literatur. – REPTILIA, Münster, 6 (3): 68–72

- (2002 a): Über einige Fehlbestimmungen von Zwergkrallenfröschen der Gattung *Hymenochirus* in der Literatur. – REPTILIA, Münster, 7 (4): 73–77

- (2002 b): Herbizid verursacht Fehlbildungen bei Fröschen. – Naturwissenschaftliche Rundschau 9 (55): 499–500

- (im Druck): Spontanes Laichen eines separierten Weibchens von *Hymenochirus boettgeri* (TORNIER, 1896). – REPTILIA, Münster

- (im Druck) Der „kommende Frosch“ – *Silurana tropicalis* als Genmodell der Zukunft. – DATZ

LAFFERTY, K.D. & J.P. CARL (1997): Predation on the Endangered Tidewater Goby, *Eucyclogobius newberryi*, by the Introduced African Clawed Frog, *Xenopus laevis*, with Notes on the Frog's Parasites. – Copeia 1997(3): 589–592.

LAMOTTE, M. (1963): Contribution à l'étude des Batraciens del Ouest africain. 17. Le dévelopement larvaire de *Hymenochirus (Pseudhymenochirus) merlini*. – Bulletin de l'Institut Francaise d'Afrique Noire, Dakar 15A/3: 944–953

LAURENT, R.F. (1972): Amphibians. – Explor. Parc natn. virunga, 2 (22): 1–125

LAVES, W. (1940): Biologischer Schwangerschaftsnachweis mit Hilfe eines Frosches. – Die Umschau 44 (12): 187–188

LEJA, M. (1981): Abnormes Anschwellen eines Weibchens der Wabenkröte. – Das Aquarium 150: 662–663.

- (1982): Rätselhafte Lauterzeugung bei Pipiden. – Die Aquarien- und Terrarienzeitschrift 35 (5): 199

* - (1983): Aufzucht von Pipiden-Kaulquappen mit Bäckerhefe. – Die Aquarien- und Terrarienzeitschrift: 318

* - (1984): Blähungen bei Amphibien. Mögliche Ursachen und Behandlungen. – Das Aquarium 180: 318–320

* - (1987): Zum Fressverhalten aquatiler Frösche: Nehmen sie auch Trockenfutter? – Die Aquarien- und Terrarienzeitschrift 40 (3): 133–134

LE QUANG TRONG, Y. (1974): Étude de la peau et des glandes cutanées de *Xenopus tropicals* GRAY. – Bulletin de l'I.F.A.N. 36 (2): 407–426

* LERCH, K. (1948): Zuchterfolge bei *Xenopus laevis* DAUDIN. – Wiener klinische Wochenschrift: 259–261

LESCURE, J., P. CERDAN, DE MASSARY, J.-C. & C. MARTY (1998): Découverte d'un Amphibien très rare en Guyane francaise. – Revue fr. Aquariol. 25 (1–2):45–46

* LESLIE, J.M. (1890): Notes on the Habits and Oviposition of *Xenopus laevis*. – Proceedings of th Zoological Society London: 69–71

LOBOS, G. & C. GARÍN (2002): *Xenopus laevis* (African Clawed Frog). Behaviour. –Herpetological Review 33(2): 132

LODI, G, D. DONNA, B. DORE, P. USAI & M. BICIOTTI (2000): Skin morphology and function in *Xenopus laevis* exposed to a saline Environment for up to one week. – European Journal of Morphology 38(3): 176–185

LOUMONT, C. (1983): Deux espèces nouvelles de *Xenopus* du Cameroun (Amphibia, Pipidae). – Revue suisse de Zoologie 90 (1): 169–177

- (1984): Current distribution of the genus *Xenopus* in Africa and future prospects. – Revue suisse de Zoologie 91 (3): 725–746

- (1986): *Xenopus pygmaeus*, a new diploid pipid frog from rain forest of equatorial Africa. – Revue suisse de Zoologie 93 (3): 755–764

LOUMONT, C. & H.R. KOBEL (1972): Phénotypes matroclines des hybrides réciproques entre *Xenopus fraseri* (Boulenger) et *Xenopus muelleri* (PETERS). – Revue suisse de Zoologie: 1077–1090

- (1991): *Xenopus longipes* sp. nov., a new poyploid pipid from western Cameroon. – Revue suisse de Zoologie 98 (4): 731–738

LOVERIDGE, A. (1925): Notes on East African Batrachians, collected 1920–1923, with Description of four new Species. – Proccedings of the Zoological Society of London: 763–791

- (1932): New races of a skink (*Siaphos*) and frog (*Xenopus*) from the Uganda protectorate. – Proceedings of the Biological Society of Washington 45: 113–116

MANACAS, S. (1947): Batráquios aglossos da Guiné Portuguesa. – Anais / Junta das Missinoes Geograficos e de Investigaciones Coloniais 2 (3)

* MARCHETTI, C. (1970a): Das Froschportrait: Der Zwergkrallenfrosch. – Aquarien-Magazin 4: 193

* - (1970b): Kennt man sie noch – die Krallenfrösche? – Aqua Terra 7 (1): 7–10

MAYER, C. (1824): Beiträge zu einer anatomischen Monographie der *Rana Pipa*. – Verhandlungen der Kaiserlichen Leopoldinisch-Carolinischen Akademie der Naturforscher 12, 1. Abt.: 527–552 und Abbildungen

MC CALLUM, M.L. (1998): A Comparison of the feeding behavior of two pipids, *Xenopus laevis*, and *Hymenochirus boettgeri* with emphasis on the use of the forelimbs. – Bulletin of the Maryland Herpetological Society 34 (1): 29–33

* MCCOID, M.J. (1980): Observations of Feral Populations of *Xenopus laevis* (Pipidae) in Southern California. – Bull. Southern California Acad. Sci. 79 (2): 82–86

* - (1985): An observation of reproductive behavior in a wild population of African Clawed Frogs *Xenopus laevis*, in California. – California fish and game 71 (4): 245–250

MCCOID, M.J. & T.H. FRITTS (1989): Growth and fatbody cycles in feral populations of the African Clawed Frog, *Xenopus laevis* (Pipidae), in California with comments of reproduction. – The Southwestern Naturalist 34 (4): 499–505

MEASEY, G.J. (1998): Terrestrial Prey Capture in *Xenopus laevis*. – Copeia 1998(3): 787–791

* MEASEY, G. J. & R. C. TINSLEY (1997): Mating Behavior of *Xenopus wittei* (Anura: Pipidae). – Copeia 3: 601–609

MEERMANN, J.C. (1983): Tabel vor de klauwkikkers van het geslacht *Xenopus*. – Lacerta 41 (6): 94–99

* MEIJER, J. (1982): *Xenopus laevis*, de klauwkikker. – Lacerta 40 (10/11): 194–196

MENZIES, J.I. (1967): An ecological note on the frog *Pseudhymenochirus merlini* CHABANAUD in Sierra Leone – Journal of the West African Science Association 12: 23–28

MERKLE, S. & W. HANKE (1988): Long-term starvation in *Xenopus laevis* DAUDIN – I. Effects on general metabolism. – Comp. Biochem. Physiol. 89B: 719–730

MERTENS, R. (1940): Amphibien aus Kamerun. – Senckenbergiana 22 (3/4): 103–135

- (1967): Ergänzende Bemerkungen über Zwergkrallenfrösche. – Die Aquarien- und Terrarienzeitschrift 20: 92

- (1970): Über den Kapkrallenfrosch, *Xenopus gilli*. – Die Aquarien- und Terrarienzeitschrift 23: 21–23

MEUSEL, W. (1955): *Hymenochirus*, ein zungeloser Frosch. – Aquarien, Terrarien 2: 114–115

MICHALOWSKI, J. (1959): Über das Vorkommen von jugendlichem Hermaphroditismus bei *Xenopus laevis* DAUD. – Biologisches Zetralblatt 3: 498–502

MIKAMO, K. & E. WITSCHI (1964): Masculinization and Breeding of the WW *Xenopus*. – Experientia 20 (11): 622–623

MILLER, K. & J.J. CAMILLIERE (1981): Physical training improves swimming performance of the African Clawed Frog *Xenopus laevis*. – Herpetologica 37 (1): 1–10

MINSUK, S.B. & R.E. KELLER (1996): Dorsal Mesoderm Has a Dual Origin and Forms by a Novel Mechanism in *Hymenochirus*, a Relative of *Xenopus*. – Developmental Biology 174 (1): 92–103

MISHIMA, S. (1969): A Simplified Method of Feeding of *Xenopus laevis*. – The Snake 1: 46–47

MONARD, A. (1940): Resultats de la Mission scientifique du Dr. Monard en Guinée Portugaise 1937–38. VI Batraciens. – Arquivos do Museu Bocage: 81–83

* MÜLLER, J. (1991): Erfahrungen mit dem Zwerg-Krallenfrosch *Hymenochirus boettgeri*. – Die Aquarien- und Terrarienzeitschrift 8 (44): 497–499

MÜLLER, L. (1914): On a new Species of the Genus *Pipa* from Northern Brazil. – Annals and Magazine of Natural History 14 (8): 102

MÜLLER, L. (1924): Neue oder seltene Reptilien und Batrachier der Zoologischen Sammlung des bayerischen Staates. – Zoologischer Anzeiger 58: 291–297

MÜLLER, M.J. (1996): Handbuch ausgewählter Klimastationen der Erde

MUNSEY, L.D. (1972): Salinity Tolérance of the african pipid frog, *Xenopus laevis*. – Copeia 1972(3): 584–586

MYERS, G.S. & A.L. DE CARVALHO (1945): Notes on some new or little-known Brazilian amphibians. With an examination of the history of the Plata Salamander, *Ensatina platensis*. – Boletim do Museu Nacional 35: 1–24

NEILL, W.T. (1963): Notes on *Pipa snethlageae* MÜLLER, and a range extension. – Herpetologica 19 (4): 275–276

* NIETZKE, G. (1974): Liebenswerter Zwergkrallenfrosch *Hymenochirus boettgeri*. – Das Aquarium 63: 407–408

* – (1989): Die Terrarientiere I

NIEWKOOP, P.D. & J. FABER (Hg.) (1997): Normal Table of *Xenopus laevis* (DAUDIN): A Systematical and Chronological Survey of the Development from the Fertilized Egg till the End of Metamorphosis

NOBLE, G.K. (1924): Contributions to the Herpetology of the Belgian Congo based on the collection of the American Museum Congo Expedition, 1905–1915, Part III Amphibia. – Bulletin of the American museum of natural history 49: 154–157 und Tafel 23

- (1925): A new genus of Surinam Toads (Pipidae). – American Museum Novitates 164: 1–3

OCHSÉ, W. (1948): Die Zucht des Südafrikanischen Krallenfrosches *Xenopus laevis* DAUDIN. – Gynaecologia 126: 57–77

OIKAWA, T., K. SUZUKI, T R. SAITO, K. W. TAKAHASHI & K. TANIGUCHI (1998): Fine Structure of Three Types of Olfactory Organs in *Xenopus laevis*. – The Anatomical Record 252: 301–310

OLSON, W. (1996): Larval development and staging of *Hymenochirus boettgeri* (Amphibia: Anura: Pipidae): Tapping the Pipid Potential. – American Zoologist 36 (5): 285

- (1997) Heterotopic elements in *Hymenochirus boettgeri* (Amphibia: Anura: Pipidae). – American Zoologist 37 (5): 199A

- (in Vorbereitung): Larval development and staging of *Hymenochirus boettgeri* (Amphibia, Anura: A new model organism)

*OLSSON, R. & ÖSTERDAHL, L. (1960): Aquarium Behaviour and Breeding of *Hymenochirus*. – Nature 188: 869

ORÁC, M. (1980): „Fische“ mit vier Beinen: Zwergkrallenfrösche. – Aquarien-Magazin.: 464–466

- (1981) Keeping and breeding the Dwarf African Clawed frog *Hymenochirus curtipes*. – Tropical Fish Hobbyist 29 (8): 4–13

- (1987): Der Zwergkrallenfrosch *Hymenochirus curtipes*. Erfahrungen bei der Zucht. – Aquarien-Terrarien Nr. 8: 277–279

* ÖSTERDAHL, L. & OLSSON, R. (1963): The sexual behaviour of *Hymenochirus boettgeri*. – Oikos 14 : I: 35–43

* OTT, G. (1986): Im Gesellschaftsaquarium zu pflegen: Zwergkrallenfrösche der Gattung *Hymenochirus*. – Das Aquarium 200: 91–94

* PAPSDORF, H. (1971): Zwergkrallenfrösche – Systematik, Lebensweise, Haltung und Zucht. – Aquarien-Terrarien 18: 268–269; 303–304; 339

- (1972): Spontanes Ablaichen bei *Hymenochirus curtipes*. – Aquarien, Terrarien 19 (5): 173

PARKER, H.W. (1932): Scientific results of the Cambridge Expedition to the East African Lakes, 1930–1. 5. Reptiles and Amphibians. Journal of the Linnean Society London 38: 213–229

- (1936a): Reptiles and Amphibians collected by the Lake Rudolf Valley Expedition, 1934. – Annals and Magazine of Natural History 10 (18): 594–609

– (1936b): The Amphibians of the Mamfe Division, Cameroons I. – Proceedings of the Zoological Society of London: 135–163

PATERSON, N.F. (1945): The skull of *Hymenochirus curtipes*. – Proceedings of the Zoological Society of London 115: 327–354

- (1960): The inner ear of some members of the Pipidae (Amphibia). – Proceedings of the zoological society London 134: 509–546

PEARL, C.A., M. CERVANTES, M. CHAN, U. HO, R. SHOJI & E. O. THOMAS (2000): Evidence for a Mate-Attracting Chemosignal in the Dwarf African Clawed Frog *Hymenochirus*. – Hormones and Behaviour 38 (1): 67–74

PEFAUR, J.E. & A.J. CARDOSO (1992): *Pipa carvalhoi* (NCN). Behavior. – (Herpetological review 23 (2): 58

PERRACA, M.G. (1898): Descrizione di una nuova specie di Amfibio del Ge. *Xenopus* WAGL. Dell'Eritrea. – Bolletino dei Musei di Zoologia ed Anatomia comparata. 13 (321): 1–4

PERRET, J.L. & R. MERTENS, R. (1958): Étude d'une collection herpétologique faite au Cameroun de 1952 à 1955. – Bulletin de l‘ Institut francaise d‘ Afrique Noire19a (2): 548–601

PERRET, J.L. (1966): Les Amphibiens du Cameroun. – Zoologische Jahrbücher, Abt. für Systematik, Ökologie und Geographie der Tiere 93: 289–464

PETERS, W.(1844): Bericht über die zur Bekanntmachung geeigneten Verhandlungen der Königl. Preuß. Akademie der Wissenschaften zu Berlin: 32–37

PICKER, M.D. (1980): *Xenopus laevis* (Anura: Pipidae) Mating systems – A preliminiary synthesis with some data on the female phonoresponse. – South African Journal of Zoology 15: 150.158

- (1983): Hormonal Induction of the Aquatic Phonotactic Response of *Xenopus*. – Behaviour 84 (1/2): 74–90

PICKER, M.D. & A.L. DE VILLIERS (1989): The Distribution and Conservation Status of *Xenopus gilli* (Anura:Pipidae). – Biological Conservation 49: 169–183

PICKERSGILL, M. & C.A. WATSON (1995): Notes on the breeding habits of *Hymenochirus curtipes* Noble, 1924 (Amphibia: Anura, Pipidae). – The Herptile: Journal of the International Herpetological Society. 20 (2) Art 6.: 82–87

PRINSLOO, J.F., H.J. SCHONBEE & J.G. NXIWENI (1981): Some Observations on Biological and Other Control Measures of the African Clawed Frog *Xenopus laevis* (Daudin) (Pipidae, Amphibia) in Fish Ponds in the Transkei. – Water SA 7 (2): 88–96

PRONYCH, S. & R. WASSERSUG (1994): Lung use and development in *Xenopus laevis* tadpoles. – Canadian Journal of Zoology 72: 738–743

* RABB, G.B. (1960): On the Mating and Egg-laying Behavior of the Surinam Toad, *Pipa pipa*. – Copeia 4: 271–276

RABB, G.B. (1960): On the unique sound production of the Surinam Toad, *Pipa pipa*. – Copeia 4: 368–369

* - (1961): The Surinam Toad. *Pipa pipa*'s aquatic ballet implants eggs in female's back. – Natural History 70: 40–45

* - (1969a) Fighting Frogs. – Brookfield Bandarlog 37: 4–5

* - (1969b): Frogs and Pipid Frogs. – Brookfield Bandarlog 37: 3

* - (1969c): Tads to Toads. – Brookfield Bandarlog 37: 11–13

* RABB, G.B. & RABB, M.S. (1963a): On the behaviour and breeding biology of the African pipid frog *Hymenochirus boettgeri*. – Zeitschrift für Tierpsychologie 20 (2): 215–241

* - (1963b): Additional Observations on Breeding Behavior of the Surinam Toaad, *Pipa pipa*. – Copeia (4): 636–642

- (1965): Effects of isolation on reproductive behavior in the pipid frog *Xenopus laevis*. – American Zoologist 5: 685

* RABB, G.B. & R. SNEDIGAR (1960): Observations on Breeding and Development of the Surinam Toad, *Pipa pipa*. – Copeia 1: 40–44

* RADEK, G. (1967): Krallenfrösche daheim. – Die Aquarien- und Terrarienzeitschrift 20: 24–27

* - (1972): Aufzucht von Krallenfroschquappen mit Trockenfutter. – Tatsachen und Informationen aus der Aquaristik (TI) 6 (17): 16

RADA DE MARTINEZ, D. (1984): *Pipa*, un interesante genero de anfibios suramericanos. – Natura 76: 19–20

RAU, R.E. (1978): The Development of *Xenopus gilli* Rose & Hewitt (Anura, Pipidae). – Annals of the South African Museum 76 (6): 247–264

RAVERTY, S. & T. REYNOLDS (2001): Cutaneous chytridiomycosis in dwarf aquatic frogs (*Hymenochirus boettgeri*) originating from southeast Asia and in a western toad (*Bufo boreas*) from northeastern British Columbia. – Can. Vet. J. 42 (5):385–386

* REHACEK, W. (1922). Der Krallenfrosch und seine Zucht. – Blätter für Aquarien- und Terrarien-Kunde 33: 212

* REICHENBACH-KLINKE, H.-H. & W. KÖRTING (1993): Krankheiten der Aquarienfische

REUMER, J.W.E. (1985): Some aspects of the cranial osteology and phylogeny of *Xenopus* (Anura, Pipidae). – Revue suisse de Zoologie 92 (4): 969–980

- (1986): Note on the taxonomic status of *Xenopus ruwenzoriensis* (Pipidae, Amphibia). – Revue suisse de Zoologie 93 (3): 641–645

RÖDEL, M.-O. (1996): Amphibien der Westafrikanischen Savanne.

ROSE, W. & J. HEWITT (1927): Description of a new species of *Xenopus* from the Cape Peninsula. – Transactions of the Royal Society of South Africa 14: 343–347 und Abb. 16

RÖSSLER, E. (1976): Übertragung von Verhaltensweisen durch Transplantation von Anlagen neuroanatomischer Strukturen bei Amphibienlarven. – Zeitschrift für Tierpsychologie 41: 244–265

RUNGGER, D. (2002): *Xenopus helveticus*, an endangered species? – Int. J. Dev. Biol. 46 (1 Spec No): 49–63

RUNGGER, D., H. ACHERMANN & M. CRIPPA (1979): Transcription of spacer sequences in genes coding for ribosomal RNA in *Xenopus* cells. – Proc. Natl. Acad. Sci. USA 76(8): 3957–3961

RUSSELL, W.M.S. (1954a): Experimental Studies Of The Reproductive Behaviour Of *Xenopus laevis*. – Behaviour 7: 113–188

- (1954b): Experimental Studies Of The Reproductive Behaviour Of *Xenopus laevis*. – Behaviour 15: 253–283

RUTHVEN, A.G. & H.T. GAIGE (1923): Description of a new species of *Pipa* from Venezuela. – Occasional Papers of the Museum of Zoology 136:1–2

SÁ, R.O. DE & D.M. HILLIS (1990): Phylogenetic Relationships of the Pipid Frogs *Xenopus* and *Silurana*: An Integration of Ribosomal DNA and Morphology. – Molecular Biology and Evolution 7: 365–376

* SANDER, M. (1998): Aquarientechnik in Süß- und Seewasser

SAVAGE, R.M. (1965): External Stimulus for the Natural Spawning of *Xenopus laevis*. – Nature 205: 618–619

- (1971): The natural stimulus for spawning in *Xenopus laevis* (Amphibia). – Journal of Zoology. Proccedings of the Zoological Society of London 165: 245–260

SAVELHEV, S.V., A. KOROLEV & V.V. BESKOVA (1988): Über die Möglichkeit der Existenz eines Paarungsstimulators in den Schwielen der Hintergliedmaßen von *Pipa pipa*. – Veröffentlichungen des Naturhistorischen Museums Schleusingen 3: 99

SEIDMAN, S. & H. SOREQ (1996): Transgenic *Xenopus*: Microinjection Methods and Developmental Neurobiology. – Neuromethods 28

SCHIOTZ, A. (1963): The Amphibians of Nigeria. – Videnskabelige Meddelelser Dansk Naturhist. Forening Kopenhagen 125: 1–91 und Tafeln 1–4

- (1964): A Preliminary list of amphibians collected in Sierra Leone. – Videnskabelige meddelelser fra Dansk naturhistorik forening i Koebenhavn. Kopenhagen 127: 19–35

* SCHLIEWEN, U. (1999): Kleine Aquarien

SCHLISIO, W., K. JÜRSS & LUDWIG SPANHOF (1973): Osmo- und Ionenregulation von *Xenopus laevis* DAUD. nach Adaptation in verschiedenen osmotisch wirksamen Lösungen. – Zoologische Jahrbücher für Physiologie 77: 275–290

SCHNEIDER, D. (1957): Die Gesichtsfelder von *Bombina variegata*, *Discoglossus pictus* und *Xenopus laevis*. – Zeitschrift für vergleichende Physiologie Bd. 39: 524–530

* SCHNEIDER, L. (1956): Eine neue Methode über die Aufzucht von Larven des Krallenfrosches *Xenopus laevis* Daudin. – Zoologischer Anzeiger 156: 70–74

SCHONBEE, H.J., V.S. NAKANI & J. PRINSLOO (1979): The Use of Cattle Manure and Supplementary Feeding in Growth Studies of the Chinese Silver Carp in Transkei. – South African Journal of Science 75: 489–495

* SCHUBERT, P. (1986): Einige Ergänzungen zur Zucht des Zwergkrallenfrosches. – elaphe 84: 73

SCHÜRKES, I., V. WASONGA & S. LÖTTERS (2002): Auf Herpeto-Safari in Kenia. – REPTILIA, Münster, 37 (7/5): 55–62

* SCHÜTTE, F. & A. EHRL (1987): Zur Haltung und Zucht der großen südamerikanischen Wabenkröte *Pipa pipa* (LINNAEUS, 1758) (Anura: Pipidae). – Salamandra 23 (4): 256–268

* SEBESTA, F. (1920): Zur Aufzucht des gespornten Krallenfrosches (*Xenopus calcaratus* BUCHHOLZ et PETERS). – Blätter für Aquarien- und Terrarienkunde 31: 106–107

SEEHAUSEN, O. (1987): Lurchherpetologische Beobachtungen im Regenwald Südkameruns. Teil 2: Das Inland. – Sauria 91: 3–7

* SENFFT, W. (1910): Die Züchtung von Spornfröschen. – Die Umschau 44 (26): 412–413

* - (1939): Beobachtungen bei der Aufzucht des Krallenfrosches, *Xenopus fraseri* BLGR. – Blätter für Terrarienkunde 50: 247–249

SHAPIRO, A.H. & Z. ZWARENSTEIN (1934): A rapid test for pregnancy on *Xenopus laevis*. – Nature 133: 762

SHANNON, P. & D. L. KRAMER (1988): Water depth alters respiratory behaviour of *Xenopus laevis*. – The Journal of Experimental Biology 137: 597–602

SIMMONDS, M.P. (1985): African Clawed Toad Survey. – Bulletin of the British Herpetological Society 13: 1–2

SLATER, M.A. (1895): Notes on the Breeding of the Surinam Water-Toad (*Pipa surinamensis*) in the Society's Reptile-House. – Proceedings of the Zoological Society London: 86–88

SOCHUREK, E. (1954): *Xenopus gilli* – Ein Erstimport aus Kapstadt. – Die Aquarien- und Terrarienzeitschrift 7: 272

* SOKOL, O.M. (1959): Studien an pipiden Fröschen. I. Die Kaulquappe von *Hymenochirus curtipes* NOBLE. – Zoologischer Anzeiger 162 (5/6): 154–160

- (1960): Zur Myologie von zwei afrikanischen Pipiden unter besonderer Berücksichtigung einer südamerikanischen Art. – Dissertation, Wien

* - (1962): The Tadpole of *Hymenochirus boettgeri*. – Copeia 2: 272–284

- (1969): Feeding in the pipid frog *Hymenochirus boettgeri* (TORNIER). – Herpetologica 25 (1): 9–24

- (1975): The phylogeny of anuran larvae: A new look. – Copeia 1: 1–23

- (1977): On the free swimming Pipa larvae, with a Review of Pipid Larvae an Pipid Phylogeny (Anura: Pipidae). – Journal of Morphology 15: 357–426

STAEK, L. (1998): Praktisches Arbeiten im Biologieunterricht. Teil 4: Halten und Pflegen von Lebewesen. – Biologie in der Schule, 47 (4): 193–196

STORCH, V. & U. WELSCH (1993): Kükenthals Leitfaden für das zoologische Praktikum

* SUGHRUE, M. (1969): Underwater Acrobats. – Brookfield Bandarlog 37: 6–10

SWISHER, J.E. (1969): Spawning turnovers in *Xenopus tropicalis*. – American Zoologist 9: 573

THIÉBAUD, C. (1983): A reliable new cell marker in Xenopus. – Dev. Biol 98(1): 245–249

THIÉBAUD, C. & M. FISCHBERG (1977): DNA Content in the Genus *Xenopus*. – Chromosoma 59: 253–257

TINSLEY, R.C. (1973): Studies on the ecology and systematics of a new species of clawd toad, the genus *Xenopus*, from western Uganda. – Journal of Zoology London: 169:1–27

- (1975): The morphology and distribution of *Xenopus vestitus* (Anura: Pipidae) in Central Africa. – Journal of Zoology, London 175: 473–492

- (1995): A new species of *Xenopus* (Anura:Pipidae) from the highlands of Ethiopia. – Amphibia-Reptilia 16 (4): 375–388

TINSLEY, R.C. & H.R. KOBEL (Hg.) (1996): The Biology of *Xenopus*.

TINSLEY, R.C & J.A. JACKSON (1998): Correlation of parasite speciation and specificity with host evolutionary relationships. – International Journal for Parasitology 28 (10): 1573–1582

TINSLEY, R.C., H.R. KOBEL & M. FISCHBERG (1979): The biology and systematics of a new species of *Xenopus* (Anura: Pipidae) from the highlands of Central Africa. – Journal of Zoology, London 188: 69–102

* TOMEY, W.A. (1974): Zwergkrallenfrösche – graziöse Ballettmeister. – Aquarien-Magazin 8: 383–385

TOBIAS, M. L., S. S. VISWANATHAN & D. B. KELLEY (1998): Rapping, a female receptive call, initiates male-female duets in the South African clawed frog. – Proc. Natl. Acad. Sci. USA 95: 1870–1875

TORNIER, G. (1897): Die Kriechtiere Deutsch-Ostafrikas. – Beiträge zur Systematik und Descendenzlehre

TRUEB, L. (1984): Description of a new species of *Pipa* (Anura: Pipidae) from Panama. – Herpetologica 40 (3): 225–234

TRUEB, L. & D.C. CANNATELLA (1982): The Cranial Osteology and Hyolaryngeal Apparatus of *Rhinophrynus dorsalis* (Anura: Rhinophrynidae) With Comparisons to Recent Pipid Frogs. – Journal of Morphology 17: 11–40

- (1986): Systematics, Morphology and Phylogeny of Genus *Pipa* (Anura: Pipidae). – Herpetologica, 42 (4): 412–449

TRUEB, L., L.A. PUGENER & M.A. MAGLIA (2000): Ontogeny of the bizarre: An osteological description of *Pipa pipa* (Anura: Pipidae), with an account of skeletal development in the species. – Journal of Morphology 243 (1): 75–104

TRUEB, L. & D. MASSEMIN (2001): The osteology and relationships of *Pipa aspera* (Amphibia: Anura: Pipidae), with notes on its natural history in French Guiana. – Amphibia-Reptilia. 22(1):33–54

TYMOWSKA, J. & M. FISCHBERG (1973): Chromosome Complements of the Genus *Xenopus*. – Chromosoma 44: 335–342

TYMOWSKA, J. & H.R. KOBEL (1972): Karyotype analysis of *Xenopus muelleri* (PETERS) and *Xenopus laevis* (DAUDIN), Pipidae. – Cytogenetics 11: 270–278

TYMOWSKA, J. (1973): Karyotype analysis of *Xenopus tropicalis* GRAY, Pipidae. – Cytogenetics and Cell Genetics 12: 297–304

- (1977): A comparative study of the karyotypes of eight *Xenopus* species and subspecies possessing a 36-chromosome complement. – Cytogenetics and Cell Genetics 18: 165–181

TYMOWSKY, J., M. FISCHBERG & R.C. TINSLEY (1977): The karyotype of the tetraploid species *Xenopus vestitus* LAURENT (Anura: Pipidae.) – Cytogenetics and Cell Genetics 19: 344–354

UECK, M. (1967): Der Manicotto glandulare („Drüsenmagen") der Anurenlarve in Bau, Funktion und Beziehung zur Gesamtlänge des Darmes. – Zeitschrift für wissenschaftliche Zoologie 176 (3–4): 173–270

* VERBAND DEUTSCHER VEREINE FÜR AQUARIEN- UND TERRARIENKUNDE E.V. (VDA) & DEUTSCHE GESELLSCHAFT FÜR HERPETOLOGIE UND TERRARIENKUNDE E.V. (DGHT) (Hg.) (2000): Sachkundenachweis Süsswasseraquaristik, Meerwasseraquaristik, Terraristik

VIERTEL, B. (1987): The Filter Apparatus of *Xenopus laevis*, *Bombina variegata*, and *Bufo calamita* (Amphibia, Anura): A Comparison of Different Larval Types. – Zoologische Jahrbücher, Abteilung für Anatomie 115: 425–452

VIGNY, C. (1977a): Etude comparee de 12 especes et sousespeces du genre *Xenopus*. – Dissertation Universität Geneve

- (1977b): Hérédité du 4e ongle et du tubercule métatarsien dans le genre *Xenopus*. – Revue suisse de Zoologie 84 (1): 181–185

- (1977c): Nouveau critère de détermination dans le genre *Xenopus*: répartition des bourrelets sensoriels chez 14 espèces et sous-espèces. – Revue suisse de zoologie. Genf, 84 (2): 309–317

- (1979d): Morphologie larvaire de 12 espèces et sousespèces du genre *Xenopus*. – Revue suisse de Zoologie 86 (4): 877–891

- (1979e): The mating call of 12 species and sub-species of the genus *Xenopus* (Amphibia : Anura). – Journal of Zoology 188: 103–122

WACHTEL, H. (1982): Können Frösche wittern? – Aquarien-Magazin 6: 16–17

WALCKER, R.B. (1968): The amphibians of Zaria, in the northern Guinea Savannah, Nigeria. – Copeia, 1968: 164–167

* WALLS, J.G. (1995): Das große Buch der Frösche, Kröten und Unken

WASSERSUG, R. & C.M. HESSLER (1971): Tadpole behaviour: Aggregation in larval *Xenopus laevis*. – Animal Behaviour 19: 386–389

WASSERSUG, R.J. (1976): Oral morphology of Anuran larvae: Terminology and General Description. – Occasional Paper of the Museum of Natural History, The University of Kansas 48: 1–23

WEBER, R. (1962): Induced Metamorphosis in Isolated Tails of *Xenopus* Larvae. – Experientia 18 (2): 84–85

WELDON, C. (1999): The sustainable utilisation of the African clawed frog, *Xenopus laevis* (DAUDIN)

WETZEL, D.M. & D.B. KELLEY (1983): Androgen and Gonadotropin Effects on Male Mate Calls in South African Clawed Frogs, *Xenopus laevis*. – Hormones and Behavior 17: 388–404

* WEYGOLDT, P. (1976a): Beobachtungen zur Biologie und Ethologie von *Pipa* (*Hemipipa*) *carvalhoi* Mir. RiB. 1937. (Anura, Pipidae). – Zeitschrift für Tierpsychologie 40: 80–99

* - (1976b): Beobachtungen zur Fortpflanzungsbiologie der Wabenkröte *Pipa carvalhoi* MIRANDA RIBEIRO. – Zeitschrift des Kölner Zoos 19 (3): 77–84

WICKBON, T. (1950): The chromosomes of *Pipa pipa*. – Hereditas 36: 363–366

* WINKE, E.H. (1914): Die Wabenkröte (*Pipa americana* LAUR.). – Blätter für Aquarien- und Terrarienkunde 25 (24): 417–421

* WISHEU, N. (1973): Zwerg-Krallenfrösche als Pfleglinge. – Die Aquarien- und Terrarienzeitschrift 26: 64–65

WITHGOTT, J. (2002): Amphibian Decline – Ubiquitous Herbicide emasculates Frogs. – Science 296: 447–448

WITTE, G.F. DE (1930): Liste des Batraciens du Congo Belge (Collection du Musée du Congo Belge à Tervueren). – Revue de Zoologie e de botanique africaines / cercle Zoologique congolais 2 (19): 232–274

WOLTERSTORFF, W. (1914): Zum *Pipa*-Import. – Blätter für Aquarien- und Terrarienkunde 25 (28): 495

WRIGHT, K.M (Hg.), B.R. WHITAKER & K.N. WRIGHT (2001): Amphibian Medicine and Captive Husbandry

YAGER, D. (1982): A novel mechanism for underwater sound production in *Xenopus borealis*. – American Zoologist 22: 887

YUHAS, P.J. (1961): Breeding of the African water frog. – Tropical Fish Hobbyist 9 (8): 10–14

* ZELLER (1953): Über die Aufzucht von Krallenfröschen! – Aquarien- und Terrarien-Zeitschrift 12: 325

ZIELINSKI, W.J. & BARTHALMUS, G.T (1989): African clawed frog skin compounds: antipredatory effects on African and North American water snakes. – Animal Behavior 38: 1083–1086

ZIMMEREMAN, L., D. SHOOK, N. HIRSCH, M. OFFIELD, K. CURRAN, R. KELLER & R. GRAINGER (1998): *Silurana* (*Xenopus*) *tropicalis*: A new amphibian model for vertebrate developmental genetics. – Developmental Biology 198 (1): 175

ZUTPHEN, L.F.M VAN (1995): Grundlagen der Versuchstierkunde

Web-Sites (Stand: März 2003):

Im Sinne der Übersichtlichkeit hier nur eine sehr kleine Auswahl interessanter Sites, die jedoch ihrerseits viele nützliche Links bieten:

* http://forum.aquariumhobbyist.com/aquaticfrogs/
* http://minerva.acc.Virginia.EDU/~develbio/trop/
* http://research.amnh.org/herpetology/amphibia/index.html
* http://www.dght.de
  http://www.jcu.edu.au/school/phtm/PHTM/frogs/chart.htm
* http://www.kingsnake.com/forum/frog/
* http://www.pipidae.de und www.pipidae.net
* http://www.t-eisenberg.de
* http://www.tuempeln.de
* http://www.xenopus.com
* http://www.xlaevis.com/
  http://www3.ncbi.nlm.nih.gov/htbin-post/Entrez/query?db=m&form=4&term=xenopus [WORD,S]